인성과 창의성을 중시하는
유대인의
탈무드식 자녀교육법

인성과 창의성을 중시하는
유대인의
탈무드식 자녀교육법

2014년 6월 20일 초판 2쇄 인쇄
2014년 6월 25일 초판 2쇄 발행

지은이 이대희
편집기획 이원도
교정 홍미경, 이혜림, 이준표
제작 이경진, 서동욱
영업관리 윤국진, 이장호
발행인 이원도
발행처 베이직북스
E-mail basicbooks@hanmail.net
주소 서울 마포구 동교동 165-8 LG팰리스 1508호
등록번호 제313-2007-241호
전화 02) 2678-0455
팩스 02) 2678-0454
ISBN 979-11-85160-03-0 13370
값 15,000원

*잘못된 책이나 파본은 교환하여 드립니다.

인성과 창의성을 중시하는

유대인의
탈무드식
자녀교육법

이대희 지음

베이직북스

프롤로그 | 가장 오래된 최고의 자녀교육법

　에드워드 기번(Edward Gibbon)은 《로마제국 쇠망사》에서 천년제국 로마가 붕괴한 중요한 원인으로 가정의 붕괴를 지적했다. 가정에서 자녀교육이 사라짐으로 해서 가정의 신성함과 권위가 무너졌고 자녀들은 방황하게 되었으며, 그것이 결국 사회 문제가 되면서 나라가 망하는 결정적 요인이 되었다는 것이다. 반면에 로마가 정복했던 유대인은 수천 년 동안 고난의 역사 속에서도 굳건히 살아남아 지금까지 세계적으로 영향력을 과시하는 민족이 되었다.

　유대인은 로마 이전부터 주변의 열강들에 의해 식민지가 되고 포로로 붙잡혀가는 등 많은 고난을 겪었다. 앗수르, 애굽, 바벨론, 페르시아, 헬라 등 강대국에 의해 수도 없이 나라를 빼앗기는 수모를 겪었지만 그 속에서 사라지지 않고 당당하게 지금까지 살아남은 고대국가는 오직 이스라엘 밖에 없다.

　아무것도 가진 것 없이 이리 저리 떠돌면서도 흔들리지 않고 결국 나라를 굳건하게 세운 유대인의 비결은 가정에서의 자녀교육에 있다.

유대인은 비록 국가는 없어도 가정은 존재했다. 흩어진 유대인의 각 가정이 곧 국가였다. 가정이 성전이었고 가정의 식탁이 제단이었다. 부모는 교사요, 제사장이었고 또한 가정은 예배 장소요, 학교였다. 가정을 통해 유대인은 수천 년 동안 역사와 전통과 종교와 민족의 정체성을 자손대대로 이어왔다. 반면에 가정을 무시하고 국가 권력에 나라의 미래를 맡겼던 고대 제국들은 역사에서 모두 사라졌다.

필자는 오래 전부터 유대인 교육에 관심을 갖고 있었다. 수천 년 동안 유대인을 이끌어온 아주 오래된 유대인의 자녀교육의 비밀을 찾고 싶어서 오래 전부터 현지 이스라엘을 직접 방문하여 탐구하고 미국에 있는 유대인 회당 등을 돌아보았다. 그리고 필자의 전공인 신학과 성서학을 배경으로 유대인 서적과 자료들을 연구하면서 부족하지만 유대인 교육에 대한 내용을 정리하게 되었다.

유대인 교육의 비밀은 오늘 우리 한국인에게도 의미가 있다고 생각한다. 한국과 거의 비슷한 환경과 역사와 문화를 갖고 있는 유대인의 교육은 서구의 어떤 나라의 교육과 비교해도 차별성이 있고 시간을 들여 깊이 있게 연구할 가치가 충분히 있다. 물론 우리 상황과 다른 점이 있기에 그대로 적용하는 것은 무리가 있지만 그 속에 담긴 교육의 철학과 원리는 오늘날 우리에게 주는 교훈이 많다.

왜냐하면 한국 역시 유대인처럼 오천년 역사의 전통을 가지고 있고, 세계로 흩어져 있던 이스라엘이 1948년에 비로소 독립국가를 세운 것처럼 우리나라 역시 수천 년의 역사를 가진 나라지만 한 순간에 일제 식민지로 35년의 고난을 당하다가 1945년에 해방이 되었다. 1950년에 다시 전쟁까지 경험하면서 폐허에서 완전히 새롭게 나라가 건설된 상황이 되었다. 역사적 시점으로 생각하면 이스라엘과 한국은 거의 비슷한 환경이다.

특히 교육은 우리 한국인에게는 특별한 관심분야다. 유대인은 실패 속에서 교육에 집중하면서 결국 세계를 지배하는 민족이 되었다. 우리나라 역시 교육에 집중하면서 60년의 짧은 기간에 세계 경제 대국 15위라는 기적을 이루었다. 가진 것 없는 작은 나라가 수많은 열강의 침략과 전쟁, 분단이라는 혹독한 역사 속에서도 이렇게 세계적으로 주목을 받는 나라로 성장한 비결은 바로 교육이다. 이스라엘이 IT와 기술력으로 성공을 이루었듯이 우리나라도 IT와 기술 산업이 중심이 된 것은 모두 교육을 통해 이룬 결과다.

그러나 이스라엘이 교육의 긍정적 효과를 완벽하게 누리고 있는 것과 달리 한국사회는 경제성장과 놀라운 교육의 열정에도 불구하고 많은 사회적 문제를 안고 있다. 자살, 이혼, 가출, 흡연, 음주, 성폭력, 저출산 등의 비율이 세계 최고를 유지하면서 행복지수는 하위권을 맴돌고 있다. 교육의 열정과 비례하여 사회적 문제가 계속 되고 있다. 행복한 교육이 되어야 함에도 서로를 피곤하게 만드는 경쟁과 입시중심의 잘못된 교육이 현재 한국교육의 현실이다. 이것을 해결하기 위해 많은 교육전문가와 국정책임자들이 여러 가지 방안을 내놓고 있지만 해결이 만만치 않다.

그렇다면 이것을 어떻게 해결할 수 있을까? 이것은 필자에게도 자녀를 키우면서 고민한 오랜 숙제였다. 그러다가 유대인 교육에 주목하게 되었고 유대인보다 더 나은 자손대대로 물려줄 수 있는 한국인 자녀교육시스템(탈무드교육과 같은)을 준비하고 있다. 핀란드 등 북유럽교육이 한국교육의 해결 모델로 종종 소개되고 있지만 그들은 대부분 학교교육에 초점이 있다는데 한계가 있다.

근본적인 해결은 학교교육이 아닌 가정교육에 있다. 가정에서 출발하지 않으면 교육의 문제를 풀기는 어렵다. 유대인은 오래 전부터 학교보다 가정교육에 초점을 두고 교육을 해왔다. 이런 면에서 현재 우리가 주목해야 할 모델이라 생각된다. 유대인처럼 가정과 자녀교육에 오랜 역사와 경험과 실천적인 노하우를 가진 나라는 없다.

지금 한국사회는 1인 가족이 늘어나고 있으며 갈수록 노령화되면서 가정의 위기가 쓰나미처럼 밀려오고 있다. 가정교육이 살아나야 하는데 이것을 위한 대안이 마땅치 않다. 대안을 찾기 위해서는 먼저 성공한 모델을 찾아 연구하면서 거기서 오늘 우리의 방향을 바로잡고 새로운 밑그림을 그려야 한다. 이런 측면에서 유대인 교육은 지금 우리가 연구해 볼 충분한 가치가 있다.

요즈음 한국사회는 창조경제와 창의적인 나라건설이라는 국가적 비전을 설정하고 창의성에 대한 관심이 많다. 이것을 이루기 위해서 가장 먼저 해결해야 할 것은 가정에서 창의적 교육이다. 그렇지 않으면 잠시 유행처럼 사라지는 구호가 될 수 있다. 어릴 때부터 가정에서 창의적 소양을 기르고 그것을 창출해 내는 뿌리와 같은 인성교육이 중요하다. 창의적인 발명으로 유명한 유대인 교육은 알고 보면 가정에서부터 시작된 교육이다. 단순히 기술적인 교육이 아니라 어릴 때부터 기초를 다져온 인성 교육이 그 핵심이다.

현재 한국교육이 당면한 가장 심각한 문제는 인성 교육이다. 이것을 실현하기 위해서는 학교에서 실시하는 인성 프로그램으로는 태생적인 한계가 있다. 가정에서 부모와 자녀가 함께 배우고 실천하는 시간을 갖는 것이 더 중요하다. 이것을 위해서 가정 속에서 이루어지는 유대인의 가정교육의 노하우는 우리에게 큰 도움이 된다. 그것을 통해 통찰을 얻어 우리 실정에 맞는 가정의 전통과 문화를 만들어 가는 것이 과제다.

이 책은 학부모들이 이런 가정교육의 그림을 그리는데 큰 도움을 줄 것이다. 유대인 교육의 노하우와 그들만의 비법을 설명하면서 그것을 한국적 상황에서 어떻게 적용할 수 있는지 나름대로 정리한 방안을 tip으로 요소요소에 배치하여 제시했다. 이것을 참고하여 각자 가정에서 교육의 지침을 만들어 가면 좋은 자녀교육의 방안이 생길 수 있을 것이다.

잠시 유행처럼 사라지는 자녀교육법이 아니라 역사적으로 가장 우수한 교육법으로 검증된 유대인의 교육은 부모라면 한번쯤 습득할 필요가 있다. 유대인 교육은 수천 년의 역사를 가진 교육이지만 우리가 잘 알다시피 현재에도 그대로 적용되어 그 효과가 세계적으로 입증되고 있다. 가정교육을 통해 다져진 유대인의 창의력과 탁월성, 그 영향력은 굳이 설명하지 않아도 우리가 익히 잘 알고 있다.

유대인의 교육은 많은 돈을 들일 필요가 없고 각자의 가정에서 누구나 실천할 수 있다는 점에서 모든 부모에게 희망이 된다. 특히 아무 것도 가진 것 없이 자녀를 교육해야 하는 안타까운 상황에 처한 수많은 중산층과 저소득층에게는 이 책은 충분히 소중한 샘물 같은 역할을 할 수 있을 것으로 확신한다.

우리 한국사회가 교육으로 인해 빈부격차가 점점 더 벌어지는 불행한 모습이 아니라 오히려 교육으로 모두가 행복하고 희망을 가질 수 있는 그런 사회가 되기를 소망해 본다. 필자도 유대인 교육의 유용한 원리와 지침을 자녀교육에 적용하여 실제로 좋은 결과와 혜택을 얻었다. 아무쪼록 이 책을 읽는 독자들에게도 자녀교육에 대한 좋은 지침이 각 가정에 적합한 선물로 주어졌으면 하는 바람이다.

자녀를 낳고서 어떻게 키워야 할지 잘 모르는 대한민국의 모든 부모들에게, 또 앞으로 자녀를 낳을 젊은 예비 부모들에게, 앞으로 손자손녀를 돌볼 계획이 있는 조부모들에게 이 책을 바친다. 가정 상비약처럼 언제라도 참조하고 유용하게 쓸 수 있으며 자손대대로 물려주는 우리 가정의 창의인성 자녀교육의 좋은 지침서가 되길 기도한다.

아울러 좋은 가정을 만들기 위해 함께 힘써 온 사랑하는 아내 채금령과 어여쁘게 잘 자라준 두 자녀 샘과 기쁨에게 고마움을 전한다.

2013년 8월
저자 씀

목차

프롤로그 | 가장 오래된 최고의 자녀교육법 __ 4

1부 자손대대로 물려주는 자녀교육 프로젝트

모두를 행복하게 만드는 교육을 꿈꾸다 __ 16
가진 것 없어도 누구나 성공할 수 있다 __ 22
교육으로 세계 최강이 된 유대인 __ 27
언제 어디서도 통하는 사람을 키워라 __ 29
살아남은 유일한 고대국가, 이스라엘 __ 31
자녀교육으로 승부를 걸어라 __ 35
칼로 망한 나라와 교육으로 세운 나라 __ 37
창업국가 이스라엘을 배워라 __ 41
자손대대로 교육유산을 물려주어라 __ 44
6성 교육으로 교육로드맵을 그려라 __ 48

2부 참된 인간을 기르는 유대인의 인성 교육

1장 지혜 교육: 지혜로 인생의 기초를 다져라

삶의 원리인 토라를 마음에 새겨라 __ 56
유대인은 토라를 배우는 사람이다 __ 63
토라를 통해 인간의 기본을 가르쳐라 __ 65
탈무드로 5천년 지혜를 배워라 __ 71
계속 쓰는 인생 교과서 __ 74

탈무드의 2가지 사고방식 — 77
기도는 자신을 저울에 달아 보는 것이다 — 83

2장 인성 교육: 사람됨이 우선이다
어릴 때 좋은 것을 심어라 — 90
교양과 기술을 가르쳐라 — 97
실천하는 습관을 훈련하라 — 103
자녀 체벌(매)은 이렇게 하라 — 110
평생 공부하는 습관을 가져라 — 117

3장 만남 교육: 사람과의 만남으로 인격을 다듬어라
사람을 통해 가장 잘 배운다 — 126
자신의 정체성을 분명하게 하라 — 128
자녀교육은 부모가 책임을 져라 — 133
부모가 할 수 없는 것은 교사의 도움을 받아라 — 142
친구와 함께 배우고 서로 가르쳐라 — 147

4장 성품 교육: 오감으로 자신을 순결하게 하라
성품 교육의 중요성 — 154
쉐마: 말씀을 마음에 새겨라 — 155
테필린: 몸을 진리로 무장하라 — 159
메주자: 들어가는 집이 성전이다 — 161
탈리트: 모든 곳을 기도의 성소로 만들어라 — 163
키파: 머리 위에 하나님이 계신다 — 165
검정옷과 검정 중절모: 그날을 소망하며 겸손한 삶을 살라 — 166
미크바: 손과 몸을 정결하게 하라 — 168

닛다: 미리 준비하여 좋은 자녀를 낳아라 — 170
코셔: 순수한 음식을 먹어라 — 173
체데카: 자선을 통해 어려운 이웃과 함께 하라 — 174
메노라: 언제나 희망을 잃지 말고 참된 삶을 살아라 — 176
다윗의 별: 어디서나 유대인임을 잊지 마라 — 177

3부 최고 인재를 키우는 유대인의 창의성 교육

1장 정체성 교육: 역사에서 자신의 뿌리를 찾아라
실패의 역사현장을 체험하라 — 184
그날을 기다리는 통곡의 벽 — 186
홀로코스트와 유대인 박물관 — 188
최후의 항전지 마사다 — 190
미래를 꿈꾸는 유대광야 — 193

2장 시간 교육: 흐르는 시간을 정복하라
시간을 정복하라 — 200
유대인을 만든 안식일 — 202
가정에서의 안식일 순서 — 206
공동체가 함께 지키는 민족 명절 — 209
개인적인 통과의례 — 215
― 출생 | 할례 | 바르 미츠바(성인식) | 결혼식 | 임종

3장 공간 교육: 3차원 교육공간을 가져라
배움의 공간을 가져라 — 228

최고의 학교는 가정이다 — 230
회당은 공동체를 살리는 행복센터다 — 233
예시바 학교와 함께 성장하라 — 235

4장 강점 교육: 개성으로 인생을 승부하라

평생 사용할 수 있는 것을 찾아라 — 240
나의 개성을 강점으로 만들어라 — 243
자신의 분야에서 최고를 꿈꿔라 — 247
교육과 돈을 강점으로 만든 유대인 — 250

5장 창의성 교육: 창조를 이루는 9가지 방법

하브루타: 서로에게 교사가 되라 — 258
후츠파: 새로운 도전을 추구하는 뻔뻔 문화를 적용하라 — 264
로시가돌: 자기 주도적으로 문제를 해결하라 — 268
침대머리 자녀교육: 시작과 끝을 배우는 인생학교 — 272
밥상머리 자녀교육: 인생을 다듬는 최고의 교실 — 278
책상머리 자녀교육: 창의성을 여는 생각 주머니 — 284
키부츠: 개방과 공유를 체험하는 창조공동체 — 288
탈피오트: 창업 인재의 산실 — 294
절기축제: 과거와 현재와 미래를 잇는 창의현장 — 300

에필로그 | 깨달았다면 지금 무조건 시작하라 — 308

1부

자손대대로 물려주는 자녀교육 프로젝트

자녀교육은 현재 대한민국이 당면한 최고의 관심사이다. 특히 배경 없고 물려받은 것이 없는 사람에게 개인적인 행복과 아울러 대대로 명문가를 이룰 수 있는 가장 좋은 방법은 바로 자녀교육이다. 세계적인 최고급 인재로 자녀를 키워내는 유대인의 수천 년 교육의 비결을 배우면서 오늘 우리에게 맞는 한국인 자녀교육법을 찾는다면 이보다 즐거운 일은 없을 것이다. 우리 자녀를 어떻게 키우는 것이 행복한 교육인지 해답을 찾는 여정을 떠나보자. 한국의 가정과 교육을 새롭게 리셋하는 자녀교육 프로젝트에 초대한다.

모두를 행복하게 만드는
교육을 꿈꾸다

인간은 행복하기 위해 태어났다. 어느 누구도 행복하고 싶지 않은 사람은 없다. 그럼에도 우리 주변에는 행복하지 못한 사람들이 생각보다 많다. 왜 행복하지 못한가? 흔히 행복의 조건으로 돈, 건강, 가족, 직업 등을 꼽는다. 돈이 많으면 행복할 것이라고 생각하지만 돈을 많이 가진 사람들 중에도 불행한 사람이 많다.

영국의 심리학자 로스웰(Rothwell)과 인생 상담사 코언(Cohen)이 2002년에 조사하여 발표한 공식행복지수에서는 세계에서 가장 가난한 나라인 방글라데시가 1위를 차지했다.

또 복권에 당첨된 지 10년이 지난 사람을 대상으로 조사한 자료는 전보다 더 불행해졌다는 이가 64%, 비슷하거나 마음고생만 했다는 사람이 18%, 행복해졌다는 사람은 18%였다. 이것은 돈과 행복은 일치하지 않는다는 것을 보여준다.

또 건강하면 행복할 것이라 생각하지만 건강한 사람들이 삶을 비관하며 자살하는 경우가 얼마나 많은가? 지금 건강하게 잘 살고 있으면서도 건강이 나빠질까 염려하며 스트레스를 받는 사람들이 있다. 그러나 암에 걸렸음에도 긍정적으로 행복한 삶을 영위하는 사람들도 무수히 존재한다. 이것 역시 건강이 곧 행복과 일치하지 않음을 보여주는 증거다.

가족과 좋아하는 일이 있다고 해서 그것이 꼭 행복을 보장해주는 것도 아니다. 좋은 직장과 남들이 부러워할만한 일을 하면서도 그것으로 만족하지 못하고 불평하는 사람들이 우리 주변만 보아도 많다.

결국 행복은 이런 조건들이 아닌 마음과 태도에서 결정된다는 것을 보여준다. 아무리 힘들어도 그것을 긍정적으로 보면 고난이 즐거움이 될 수 있다. 장애가 오히려 자신을 겸손하게 만드는 기회가 되어 남을 위해 봉사하는 삶을 사는 사람들도 있다.

행복은 객관적인 것이 아니다. 지극히 주관적이다. 내가 어떻게 느끼느냐에 따라 행복의 척도가 달라진다. 이것은 많은 조사에서 이미 검증된 것이다. 그럼에도 사람들은 더 나은 행복을 위하여 경쟁하며 더 높은 곳에 오르고자 한다. 높은 산에 올라가면 산을 정복한 그 순간은 정말 행복하다. 그러나 그것은 순간이다. 곧 있으면 다시 하산해야 한다. 높은 곳에 있는 것만이 행복이 아니다. 어쩌면 높은 곳을 올라가는 등산의 과정이 더 행복할 수도 있다.

왜 사람들이 그렇게 열심히 공부하고 좋은 교육을 받고자 열심히 노력하는가? 이렇게 물으면 많은 사람들은 지금보다 더 행복하기 위해서라고 말한다. 교육을 통하여 얻어지는 많은 혜택이 있기 때문일 것이다. 그러나 교육은 성과보다 생각과 마음을 가꾸는데 목적이 있다. 교육을 통해서 가장 소중하게 얻는 혜택은 공부를 한 이후에 우리의 생각과 마음이 달라지는 것이다. 이전보다 마음이 평화롭고 생각이 분명해지면서 본질적 삶을 추구하게 되는 것이다.

사람에게 공부와 교육이 필요한 것은 계속되는 욕심 때문이다. 인간은 그대로 두면 욕심에 사로잡히게 된다. 그것을 이기는 길은 공부다. 공부를 통해서 자기를 수양하고 더 나은 가치와 삶을 발견한다. 자기를 성찰하고 이웃을 보살피면서 행복을 꿈꾸는 것은 그냥은 안 되고 공부를 통해서 가능하다. 다른 사람을 섬기고 배려하는 것은 공부를 통해서 가능하다. 아는 만큼 베풀고 아는 만큼 사랑하기 때문이다.

우리가 선을 행하지 못하고 이웃을 사랑하지 못하는 것은 무지해서다. 자기 생각에 사로잡혀 있기 때문에 자기만 생각하고 주변이 안 보이고 고집쟁이가 되는 것이다. 그러나 공부를 하면 부드러운 마음이 되고 생각이 넓어져 남을 지금보다 잘 이해하게 된다. 나 자신도 배워야 하지만 상대방도 배워야 하고 이해할 수 없는 그 사람에 대해서도 공부해야 한다. 그렇지 않으면 모든 것을 내 마음대로 판단하고 남을 죄가 있다고 단정하게 된다. 이 모든 것은 공부를 그르치고 무지한 결과로 나타나게 마련이다.

사람은 아는 만큼 행복하다. 이것이 바로 우리에게 교육이 필요한 진짜 이유다. 그렇다면 결국 우리는 행복하기 위해서 공부한다고 보면 된다. 공부에서 최고의 관심사는 일이 아닌 사람에 있는 것이다.

사람 공부가 최고 공부다. 그런데 문제는 우리가 사람 공부를 하지 않는다는 것이다. 자신을 가장 잘 아는 것 같아도 사실 자신을 가장 잘 모르는 경우가 많다. 주변 사람들은 그 사람에게 문제가 있음을 다 알고 있는데 정작 본인은 그것을 모르고 산다. 왜 모를까? 그것은 무지해서다. 다른 말로 하면 공부를 하지 않았기 때문이다.

우리는 공부를 생각할 때 학교공부만 생각하는 경향이 있다. 직업을 얻기 위해서, 돈을 더 많이 벌기 위한 공부를 한다. 그러나 그것은 공부의 한 부분일 뿐 진정한 공부는 아니다. 진정한 교육은 인간 교육이다. 인간 교육은 멈출 수 있는 것이 아니다. 평생 죽을 때까지 해

학교에서 즐겁게 공부하는 랍비와 어린이들

야 한다.

우리가 평생공부를 하는 것은 지금보다 더 성공하기 위함이 아니다. 이웃을 섬기고 사랑하기 위해서다. 인생을 알면 지금보다 즐겁게 섬길 수 있고 사랑이 쉽다. 그러나 무지하면 이것이 힘들다.

하지만 지금 우리 교육은 이런 행복공부가 아닌 취직공부나 일을 위한 공부가 대부분이다. 물론 인간이 살기 위해서 자기 일을 잘하기 위한 공부를 해야 한다. 그러나 그것이 우리 공부의 목표는 아니다. 교육이 사람들을 더 힘들게 하고, 교육으로 인하여 빈부격차가 더 생긴다면 그건 잘못된 방향으로 가고 있는 것이다. 교육은 모두가 행복하기 위해서 필요한 것이다. 나만 행복하고 더 많이 소유하기 위해 공부한다면 그 교육은 잘못된 것이다.

한국 교육의 가장 큰 문제는 공부가 행복과 거리가 멀다는 사실이다. 한국은 세계적으로 교육열이 높지만 행복만족도는 최하위에 속한다. 한국개발연구원(KDI)의 조사에 의하면 OECD 국가 중에서 한국인의 삶의 질은 39개국 중에 27위로 나타나고 있다. 교육을 통해 세계 경제대국으로 성장했지만 정말 중요한 인간행복지수는 한참 부족하다. 이것은 지금 우리 교육이 많은 문제를 안고 있다는 것을 증명한다. 행복하기 위해서 공부하고 교육을 하고 있는데 그것이 문제라면 교육의 근원적인 질문을 다시 해야 한다.

공부 때문에 시험 때만 되면 자살하는 학생들이 많은 것은 이런 교육의 문제점을 잘 보여준다. 유치원과 초등학교와 중고등학생, 대학생까지 우리나라 학생들의 모습은 늘 지쳐 있다. 언제 끝날지 모르는 전쟁을 하는 것처럼 어쩔 수 없이 공부전쟁에 돌입하고 있는 듯한 인상을 지울 수 없다. 왜 공부 때문에 자살을 선택해야 하는가? 교육은 어디까지나 인간을 위한 공부가 되어야 하는데 어느 때부터인가 공부를 위한 인간이 되고 말았다.

이 책은 이런 교육의 문제점을 유대인 교육을 통해서 발견해 보고 대안을 모색하기 위해 집필된 것이다. 나만 행복한 것이 아닌 모두가 행복한 교육을 꿈꾸며 그 여행을 함께 떠나고자 한다. 1%만 일등이 되는 사회가 아닌 100%가 1등이 되는 사회를, 교육을 통해서 만들 수 있다면 얼마나 좋을까? 이것이 과연 가능할까 의심하겠지만 충분히 가능한 일이라고 생각한다. 물론 당장 이루어지지 않겠지만 지금부터 행복한 교육을 위해 한걸음 발을 내디디면 언젠가는 이루어질 것이라 믿는다.

60년 만에 한국인이 전쟁의 폐허 속에서 지금의 나라를 이루었다면 50년 정도만 노력해도 우리나라 교육의 미래가 충분히 밝아질 가능성이 있는 것 아닌가. 지금부터라도 업적과 일을 위한 교육보다 인간 교육에 초점을 맞춘다면 모두를 행복하게 만드는 좋은 대안이 나올 수 있다.

가진 것 없어도
누구나 성공할 수 있다

인간은 본래 아무것도 가진 것 없이 태어난다. 물론 세상을 떠날 때도 아무것도 가지고 가지 않는다. 그렇다면 인간은 본래 빈손으로 사는 존재다. 그런데 아무것도 가진 것이 없다고 불평하며 삶을 포기하는 사람들이 많다. 그렇게 욕심 부리면서 살 필요가 없는데 욕심에 사로잡혀 비참한 종말을 맞이하는 예가 많다. 수천 년의 역사를 공부하면 이것이 늘 반복됨에도 사람들은 이것을 알지 못하고 여전히 그 길을 간다. 우리는 무언가 가져야 한다고 생각한다. 그것은 아직 인간에 대해서 제대로 공부하지 않아서다. 사람에 대한 공부가 부족한 결과다.

아무것도 가진 것이 없는 사람이라도 할 수 있는 것이 있다. 그것은 공부다. 하늘이 인간에게 주신 값진 무기가 있다. 그것은 머리로 생각하고 사고하는 것이다. 그리고 인간에게 있는 강점은 생각한 것을 물건으로 만들어 내고 사용할 수 있다는 점이다. 하나님은 동물에게 없는 언어를 인간에게 주셨고 그 말로 세상을 창조하며 살기를 원하신다. 물건을 만드는 능력, 무언가를 창조하는 능력은 오직 인간에게만 있는 특권이다. 동물에게 없는 창의력이 인간에게 있다. 인간은 아무것도 없어도 마음과 이성을 통해 지식을 창출하고 그 지식으로 물건을 만들어 살아갈 수 있게 창조되었다.

누구든지 마음과 머리만 사용하면 성공할 수 있다. 인간의 두뇌는 평생 사용해도 10% 밖에 사용 못하고 죽는다. 내가 가지고 있는 뇌만 발전시켜도 우리는 어디서든지 성공적인 삶을 살 수 있다. 인간의 뇌를 계발하고 머리를 사용하는 것은 무엇을 통해서인가? 그것은 공부다. 사람은 교육을 받으면 뇌가 발달되고 그 뇌는 새로운 것을 만들어낸다.

인간은 세상 어디에도 없는 생명을 가진 놀라운 기계다. 눈과 귀를 통해 정보와 지식을 입력하면 머리에 저장이 되고 새롭게 구성되어 아무도 생각하지 못한 창의적인 것이 출력된다. 이런 인간의 시스템을 알고 적용한다면 누구나 성공할 수 있다. 문제는 이것을 알지 못하고 그냥 방치하기 때문에 힘든 것이다. 아무것도 가진 것이 없는 유대인은 인간의 비밀을 알고 적용해서 성공적인 삶을 살고 있다. 아무것도 가진 것 없는데 어떻게 성공할 수 있는가? 대표적인 사람으로 일본 소프트뱅크를 설립한 손정의(손 마사요시) 회장을 들 수 있다.

손정의 회장은 일본에서 출생한 재일 한국인 3세였다. 24세의 나이에 허름한 창고에서 처음에는 자본금 1천만 엔으로 단 2명의 사원을 데리고 일본 소프트뱅크를 설립했다. 그러나 불과 2년 후 그는 인생 최대의 위기를 맞는다. 만성간염으로 꼬박 3년간 병원에 입원을 해야 했던 것이다. 병원에서의 3년은 일상에서의 3년과는 비교할 수 없을 정도로 긴 시간이다. 아무것도 할 수 없이 무의미할 것만 같은 그 시간에 그는 4천 권의 책을 읽었다. 그는 병실에 다 둘 수 없을 정도로 많은 경영서와 역사서, 전략서 등 아주 다양한 분야의 책들을 병행해서 읽어 나갔다. 병상에서 읽은 책이 수천 권 쌓이게 되면서 손정의는 어느새 자신도 모르는 힘과 지혜를 얻게 되었고 그것은 인생을 살면서 만나는 시련과 역경을 극복할 수 있는 원동력이 되었다. 건강을 회복한 후에 그는 다시 사장직에 복귀했고 그 이후 소프트뱅크는 다시 초고속 성장을 하게 되었다.

이런 예는 수없이 많다. 아무것도 가진 것이 없고, 그 어떤 일도 할 수 있는 여건이 되지 않을 때는 공부하면 된다. 자신을 키워줄 것은 환경이나 배경이 아닌 공부에 있다. 남을 뛰어넘기 전에 자신을 뛰어넘어야 한다. 자신을 뛰어넘는 가장 좋은 방법은 바로 공부이다.

한국 사회는 학교 졸업장을 위해 공부하는 사람이 많다. 그래서 좋은 학교 졸업장은 있는데 실제는 공부를 잘하지 못하는 사람들, 실력은 있는데 인격이 안 된 사람도 많다. 그래서 인격의 함량 부족이 원인이 되어 한 번에 추락하기도 한다. 그것은 정말 필요한 공부를 하지 않아서 생기는 문제다. 교만하게 만들고 남을 무시하게 하는 그런 공부가 아닌, 남을 배려하고 자신을 겸손하게 만드는 그런 사람을 만드는 공부가 진짜 공부다. 이런 교육을 우리 가정과 학교가 해야 하지 않을까?

가정이 가난해서 부모가 자녀에게 물려줄 수 있는 것이 없다면 자녀에게 공부를 하게 도와주면 된다. 가진 것이 없더라도 자녀에게 꿈을 심어주고 신념을 갖게 하면 된다. 환경이 불우해서 학교에 보내지 못하고 학원에 갈 수 없다 해도 마음만 먹으면 충분히 공부할 수 있다. 요즈음은 인터넷이 발달하여 학교에 다니지 못해도 누구든지 무료로 강의를 듣고 공부할 수 있는 기회가 무한대로 열려 있다. 문제는 생각과 신념과 의지가 있느냐이다. 부모가 배운 것이 없어도 자녀에게 어려움을 극복할 수 있는 용기와 지혜를 가르쳐 주면 자녀는 그것으로 공부하면 충분히 성공할 수 있다.

《세계적인 인물은 어떻게 키워지는가?》의 저자 빅터 고어츨은 이 책을 쓰기 위해서 세계적인 인물 400명이 성장한 과정을 조사했다. 절반 이상이 많은 어려운 문제를 안고 태어났으며 보통 사람들이 누리는 혜택도 받지 못한 문제가정의 사람들이었다. 그들의 환경을 보면 도저히 성공할 수 없는 사람들이었다. 그런데 어떻게 해서 그들은 세계적 인물이 되었는가? 그것은 꿈을 이루려는 신념이 얼마나 강한가에 달려 있었다고 고어츨은 결론을 맺었다.

아무것도 가진 것이 없기에 본질에 더 충실할 수 있다는 사실을 아는가? 사람들은 이것을 잘 인지하지 못한다. 다른 사람과 비교하면서 쉽게 포기한다. 주변 환경과 부모 탓으로 돌리면서 불평한다.

그렇지 않다. 우리가 가진 머리는 어떤 것보다 귀하고 가치가 있다. 지금 그것을 사용하라. 그러면 지금부터 당신의 인생은 새롭게 열릴 것이다. 이것이 하늘이 모든 인간에게 준 공평함이다. 이 세상은 우리가 생각하는 만큼 그렇게 불공평한 것이 결코 아니다. 사람을 성공하거나 파멸하게 하는 것은 다름 아닌 나 자신이다. 무지한 생각과 잘못된 고정관념이 나를 망치게 한다.

사람은 자신의 생각보다 더 높게 살 수 없다. 공부를 통해 나의 생각과 마음을 풍요롭게 하고 지경을 넓혀라. 그러면 나에게도 놀라운 일이 일어날 것이다.

교육으로 세계 최강이 된 유대인

유대인처럼 고난과 어려움을 겪으면서 산 민족은 없다. AD 70년에 로마에 멸망당한 이후로 유대인들은 전 세계에 흩어져 1948년 이스라엘 건국까지 약 2000년 동안 박해 받으며 떠돌이로 살았다.

유대인은 단일 민족이 아니다. 여러 인종으로 이루어졌고 다양한 특징을 가진 민족이다. 그럼에도 지금까지 그들의 정체성을 지키고 유대민족으로서 자긍심과 정체성을 유지할 수 있는 비결은 어디에 있는가? 그것은 한마디로 교육이다. 유대인은 세계 어디에 있든지 교육으로 서로 하나 된 마음과 정신을 소유한다.

그 교육은 우리들의 교육과는 근본적으로 다르다. 유대인은 수천 년 동안 같은 교과서를 가지고 교육한다. 그것은 독특한 5000년의 역사를 가진 토라와 탈무드다. 그리고 안식일과 절기와 회당 등을 들 수 있다. 이것은 모두 교육과 연관되어 있다. 혈통으로 유대인을 정의하지 않고 토라와 탈무드를 배우고 실천하며 안식일을 지키는 교육으로 유대인을 식별한다.

인구는 약 1500만 명으로 전세계 인류의 0.2%밖에 안 되지만 노벨상 수상자는 25%나 된다. 0.2% = 25%인 셈이다. 소수의 천재들이 세계의 절대적인 영향력을 행사하고 있다. 미국인구의 2%에 불과하지만 미국 부호의 40%를 차지하고 있다.

전세계 유대인 중 절반인 700만 명이 미국에 살고 있다. 그중에 250만 명이 메트로 뉴욕(뉴욕, 뉴저지, 코네티컷)에 사는데 유대인 시나고그(회당)가 모든 동네에 한두 개씩 있다. 유대인 명절이 되면 이 지역의 거의 모든 초·중·고등학교가 쉬고 월 스트리트의 금융회사와 법률회사가 쉰다. 이것은 미국 전체의 영향력과도 그대로 직결된다. 유대인의 영향력이 얼마나 큰지를 보여주는 단적인 사례다.

유대인은 수많은 박해와 고난 속에서도 자기가 유대인임을 포기하지 않았다. 히틀러에 의해 죽어간 600만 명의 유대인들 중에 스스로 유대인임을 밝힌 이유로 죽은 사람이 수없이 많다. 유대인은 자기가 유대인임을 부인하고 사느니 유대인임을 시인하고 죽는 길을 택한다. 유대인은 어느 나라에 가서도 최고의 엘리트가 되고 있다. 유대인이 우수한 두뇌를 추구하는 이유는 고난 속에서 살아나기 위한 것이라 보는 편이 옳다. 최고만이 살아남기 때문에 그들은 늘 최고를 꿈꿀 수밖에 없다. 역설적으로 말하면 유대인이 우수한 것은 본래 우수하게 태어난 것이 아니라 오히려 고난이 그들을 우수하게 만들었다고 할 수 있다.

언제 어디서도 통하는
사람을 키워라

유대인들은 나라 없이 떠돌며 수없이 박해를 당했고 학살 당했다. 제2차 세계대전 당시 1,600만 명의 유대인 중에서 600만 명이 학살되었다. 상식적으로 생각하면 멸망할 수밖에 없는 민족이다. 그럼에도 그들은 지금까지 건재할 뿐만 아니라 세계를 지배하고 있다. 오히려 흩어진 약점을 강점으로 만들어 세계 각처에서 영향력을 행사하고 있다. 유대인의 국력은 국토가 없는 국력이다. 아이러니하게 들릴지 모르지만 유대인은 오랫동안 그렇게 살아왔다.

대체적으로 국력의 기반이 되는 요소는 인구, 땅, 천연자원을 꼽는다. 그러나 과연 이 원칙이 역사에 그대로 적용되는가? 꼭 그렇지만은 않다. 아프리카와 아랍권은 땅이 크고 좋은 자연과 매장된 자원이 많다. 그럼에도 국력이 그리 강하지 못하다. 인도는 인구가 많지만 인구만큼 국력이 강하지 못하다. 그러므로 여기에 조건이 하나

포함되어야 하는데 그것은 교육이다. 아무리 인구가 많고 땅이 넓고 자원이 많아도 교육이 뒷받침 되지 못하면 그 나라는 크게 발전하지 못한다.

유대인은 자원과 인구와 국토가 적고 척박하다. 유대인의 인구는 본토에 600만 명 정도다. 천연자원도 별로 없다. 70년 동안 포로로 잡혀 갔고 2천년 동안 국토를 가지지 못했다. 이 정도 되면 나라는 존속할 수 없다. 그러나 유대인은 다른 민족이 가지지 못한 한 가지를 가지고 있었다. 그것은 풍부한 지식이다. 교육만큼은 어느 민족보다 탁월하다. 유대인이 세계 강국이 된 비결은 교육에 있다. 그리고 지금까지 그 교육의 힘으로 세계를 지배하고 있다.

왜 교육이 중요한가? 교육을 통해서 유대인은 어디서도 통하는 사람으로 만든다는 원칙을 가지고 있다. 예를 들면 세계 어디로 흩어져 산다 해도 안식일을 철저히 지키고 토라와 탈무드를 배운다. 부모는 자녀들을 직접 교육한다. 특히 어릴 때부터 철저히 교육한다. 13세에 성인식을 치루면서 성인으로서 살아갈 수 있는 기초를 다진다. 설사 고난을 당해서 어디로 흩어진다 해도 그곳에 정착하여 자기의 정체성을 가지고 살아갈 수 있는 힘을 교육을 통해서 배양한다.

그동안 유대인들은 수많은 패배를 거듭했는데도 세계각지에 살아남아서 오늘날 정치·경제·문화·사회·교육·과학·예술 등 모든 면에서 눈부신 업적을 거둬 가장 성공한 민족으로 자리 잡고 있는 비결은 바로 교육에 있다.

살아남은 유일한 고대국가, 이스라엘

이스라엘은 우리나라 강원도 정도 되는 크기의 아주 작은 나라지만 지역적으로 요충지다. 아시아와 아프리카와 유럽의 교량 역할을 하는 위치에 있기 때문이다. 이스라엘의 역사를 보면 애굽, 앗수르, 바벨론, 페르시아, 헬라, 로마 등의 강대국의 침략을 끊임없이 받으며 살았다. 강대국의 침략을 이렇게 끊임없이 당해본 나라는 이스라엘 밖에 없다. 그러나 수천 년 동안 역사에서 사라지지 않고 살아남은 고대국가는 오직 이스라엘 밖에 없다. 이스라엘을 침략했던 강대국들은 모두 멸망했지만 작은 이스라엘은 여전히 살아남아 지금까지 세계를 지배하고 있다.

나라 없이 방황하며 살았으면서도 지금까지 존재할 수 있었던 비결은 무엇일까? 크게 두 가지를 들 수 있는데, 그것은 야훼(하나님)에 대한 신앙과 머리를 사용하는 교육이다.

이스라엘 유대광야 근처의 엔게디 입구에 있는 싯딤나무

첫째, 유대인은 고난을 이길 수 있는 길을 신앙에서 찾았다. 유대인은 출발 자체가 야훼 하나님에 대한 절대적인 신앙에서 형성된 종교적인 민족이다. 이들에게 종교는 선택이 아닌 필수다.

유대인의 신앙은 어느 민족보다 철저하다. 유대인은 어릴 때부터 신앙을 심는다. 그들은 자기의 정체성을 신앙에서 찾는다. 신앙 없이 유대인을 논한다는 것은 무의미할 정도로 절대적이다. 유대인의 삶은 종교적인 것과 깊게 연관되어 있다. 유대인 교육을 살펴보면 싫든 좋든 그들이 가진 신앙에 대한 이야기를 빼고 넘어갈 수 없다. 사실 유대인 교육을 말하면서 신앙을 제외시키면 그것은 껍데기에 불과하다. 몇 가지 교육방법론을 익혀서는 유대인처럼 될 수 없다. 그들의 교육의 뿌리는 철저히 신앙에 기초하고 있고 이것을 적용하지 않고 유대인 교육을 벤치마킹한다는 것은 무의미하다.

생각해 보라. 아무리 교육을 잘한다 해도 신앙이 동반 되지 않으면 극심한 고난이 닥칠 때 이겨낼 수 없다. 사람이 살면서 죽음 직전에 이르게 되면 세상의 것은 다 소용이 없게 된다. 학교를 다니고 공부를 하고 책을 읽는다고 해서 죽음과 인간의 근본적인 고통까지 해결할 수 없다. 모든 것을 놓을 수밖에 없다.

나치의 가스실에서 죽어간 수많은 유대인들에게 죽는 순간까지 그들을 지켜준 것은 교육이 아닌 신앙이었다는 사실을 우리는 기억해야 한다. 많은 사람들이 유대인 교육을 말하면서 가장 중요한 본질인 신앙은 빼버리고 밖으로 나타난 교육적 성과와 탁월성만 강조하는 것은 아직 유대인 교육의 핵심을 파악하지 못한 것이다.

인간의 노력만으로는 고난을 이길 수 없다. 많은 사람들이 어려움을 당하면 무너진다. 인간의 힘으로 견디기 힘든 마지막 상황에 처하게 되면 모든 사람은 종교를 찾는다. 마지막에 신앙의 힘으로 고난을 극복하는 예는 많다. 유대인 역시 신앙을 통해서 수많은 고난을 이겨 냈다. 그들에게 닥친 수많은 고난은 결과적으로 오히려 신앙을 굳게 하는데 기여했다.

둘째, 유대인은 많은 고난을 극복하기 위해서 잘 배울 수밖에 없었다. 이들은 고난이라는 상황을 통해 교육의 중요성을 새삼 깨닫게 되었다. 만약 좋은 환경에서 지냈다면 교육에 그렇게 목숨을 걸지 않았을 것이다. 하지만 유대인들에게 닥친 수많은 고통과 고난은 모든 사람으로 하여금 교육에 전념하게 만들었다. 아무것도 가지지 않은 상황에서 얻을 수 있는 것은 보이는 것이 아닌 보이지 않는 정신적인 것이었다. 보이는 재산과 땅과 국가를 빼앗긴 상황에서 다른 사람들이 빼앗을 수 없는 배움을 갖는 것은 유대인들이 살아날 수 있는 유일한 길이었다.

유대인은 항상 모자를 쓰고 다녔다. 그것은 그들이 언제 떠날지 모르는 상황을 겪게 될지 몰라서였다. 한 곳에서 쫓겨나 다른 곳으로 가서 살기 위해서는 머리 안에는 다른 사람보다 뛰어난 지식이 있어야 했다. 이들에게 교육은 생존에 필요한 무기였다. 지금도 그들은 머리에 '키파'라는 모자를 어린이부터 어른에 이르기까지 쓰고 다닌다. 모자는 자기들을 지키는 하나님과 머리의 지식을 소중하게 여기는 두 가지 의미를 지니고 있다.

주변의 고대국가는 모두 사라졌음에도 유대인만 살아남을 수 있었던 비결은 교육이었다. 그들의 교육은 당시 헬라에서 성행했던 철학교육과 근본적으로 달랐다. 교육이라고 모두 같은 교육은 아니다. 헬라 철학교육은 지금 세상 교육의 효시다. 그런데 그 교육을 추구했던 헬라와 로마는 역사에서 사라졌다. 그러나 유대인은 철저한 야훼 신앙을 토대로 한 교육으로 지금까지 고대국가의 전통을 유지하며 힘을 발휘하고 있다. 이것이 유대인 교육의 차별화된 모습이다.

자녀교육으로
승부를 걸어라

　세계 각지에 흩어져 사는 유대인들은 외관상으로 보면 차이가 있다. 그러나 그들을 하나로 묶어 주는 정신세계의 힘은 대단하다. 모두가 동족이라는 동질감이 강하다. 무엇이 그들을 하나로 묶어 주는가? 그것은 토라와 탈무드의 가르침에 있다. 토라는 전 세계에 흩어져 있는 유대인을 하나로 묶어 주는 위대한 힘이다. 그리고 그 힘으로 세계를 지배하고 있다. 누구도 감히 그들의 영향력을 따라잡지 못하고 있다. 이것은 교육의 승리라고 말할 수 있다.

　역사적으로 이스라엘을 괴롭히고 침략했던 고대 강국들은 모두 땅을 정복하며 힘으로 통치를 했던 나라들이다. 하지만 유대민족은 토라(성경)를 통해서 정신적인 힘으로 나라를 이끌어갔다. 물질과 힘과 무기로 유지되는 나라는 시간이 지나면 아무것도 남지 않는다. 하지만 교육으로 통치한 나라는 나라가 멸망하더라도 그 정신만은 남게 된다. 그리고 그 정신적인 힘으로 무너진 나라를 다시 건설했다. 유대인은 물질적인 부와 칼의 힘보다는 정신적인 힘을 교육을 통해 발전시켰고 오늘날까지 그것은 계속 발전되어 나가고 있다. 하나의 국민적 교과서를 가지고 교육하는 유대인은 다른 나라에서 찾을 수 없는 위대한 힘을 소유할 수밖에 없고 멀리 떨어져 있지만 종교적, 사상적으로 민족이 서로 하나 됨을 경험하고 있다.

세계 최고가 되기 위해서는 다른 민족들이 가지지 못한 자기만의 최고의 교과서가 필요하다. 유대인은 다른 민족들이 가지지 못한 토라와 탈무드라는 국민적 교과서를 유산으로 물려받았다. 이것이 그들을 다양한 분야에서 최고로 만드는 놀라운 힘이다.

칼로 망한 나라와
교육으로 세운 나라

유대인 부모들이 자녀들에게 교육의 소중함을 일깨워 줄때 늘 들려주는 역사적 이야기가 있다.

기원후 70년, 이스라엘은 민족 최대의 위기에 맞닥뜨렸다. 로마군이 예루살렘을 포위하여 마지막 공격을 준비하고 있었다. 랍비 요한나 벤 자카이는 고민에 빠졌다. 어떻게 하면 유대인이 승리할 수 있을까? 이 상황에서 군사적으로 승리하는 것은 불가능했다. 하지만 이렇게 이스라엘이 로마군에 의해 멸망당할 수는 없었다. 벤 자카이는 유대인이 로마인에게 최종적인 승리를 거두려면 로마인이 가진 칼보다 더 강한 무기를 가져야만 한다고 생각했다.

"그렇다면 그것이 무엇일까? 로마인에 의해 성전은 어쩔 수 없이 파괴되지만 로마인이 파괴할 수 없는 그 무엇을 가져야 한다. 그것이 바로 교육이다. 교육은 칼보다 강하다."

로마인은 자손에게 칼을 물려주지만 유대인은 칼보다 강한 교육을 자손대대로 물려주면 로마를 이길 수 있을 것이다. 벤 자카이는 교육 중에서도 성경을 가르치는 일을 해야 한다고 생각하며 그것을 구할 방법을 찾았다. 그리고 당시 로마 사령관인 베스파시아누스를 만나러 갔다. 벤 자카이는 베스파시아누스를 만나자마자 "황제여!" 하고 불렀다. 이것은 다음 차례의 황제는 바로 베스파시아누스 사령관이라는 말이었다. 그런 일이 있은 지 얼마 후에 기적 같은 일이 일어났다. 로마에서 황제가 죽어 원로원에서 베스파시아누스를 황제로 선출했다는 소식을 전해 들었다. 베스파시아누스는 기뻐하며 벤 자카이의 예언적인 능력에 탄복하며 소원을 들어 주겠다고 했다.

벤 자카이는 당시 지중해 연안에 있던 야브네 도시를 파괴하지 말라고 부탁했다. 야브네는 작은 도시로 거기에는 대학과 많은 학자들이 성경을 가르치고 있었다. 황제는 흔쾌히 요구를 받아들였고 결국 예루살렘은 불바다가 되었지만 야브네 도시는 파괴하지 않았다. 벤 자카이는 성전 대신 교육을 할 수 있는 성경과 교사를 구했던 것이다. 수도 예루살렘은 멸망했지만 작은 도시 야브네는 남았다. 성경을 가르치는 유대교 학교인 예시바가 설립되었고 뛰어난 교사들을 배출하였으며 거기서 미쉬나가 성립되었다. 그것이 발전하여 지금의 탈무드가 만들어졌다.

심각한 위기에 처할 때 우리는 무엇을 먼저 생각해야 하는가? 그것은 교육이다. 아무리 패배하고, 힘든 역경에 처한다 해도 내적인 힘을 가지면 된다. 그것이 바로 교육이다.

다른 민족이 땅을 정복하고 성과 건물을 짓는 동안, 유대인은 보이지 않는 자기 안에 있는 마음을 정복하고 지식을 키워 나갔다. 이것이 다른 민족과 유대인이 다른 점이다. 이런 의식은 유대인을 놀랍게 바꾸어 놓았고 현재까지 세계를 지배하는 힘이 되고 있다.

이스라엘은 아주 특이한 나라다. 이스라엘은 유럽 곳곳에 흩어져 살다가 1948년 국가가 독립했는데 그 이전에 대학을 설립했다. 1948년 훨씬 이전인 1918년 7월 24일에 예루살렘의 히브리 대학이 개교했다. 히브리 대학의 첫 상임이사회는 아인슈타인, 프로이트, 마틴 부버와 같은 세계 석학들로 구성되었다. 유대인은 나라 이전에 대학이 먼저였다. 그것은 그들이 얼마나 교육을 중요하게 생각하고 있는지를 보여준다. 이스라엘이 그동안 나라 없이 떠돌아다니면서도 민족이 존속할 수 있었던 이유는 교육으로 무장을 했기 때문이다. 가장 좋은 학교는 가정이었고 가정 열이 모이면 회당을 세웠으며 거기서 학교 교육을 했다. 세계 어디서든지 이 원칙을 적용하면서 유대인의 정체성을 지켜 나갔다.

이스라엘은 세계에서 가장 먼저 의무교육을 실시했다. 유대인은 글을 모르는 사람이 없다. 교육비 지출이 나라 전 예산의 10%를 차지한다. 전 세계에서 책을 가장 많이 읽는다. 이스라엘은 교육으로 나라를 부흥시키자는 구호를 외치며 완벽에 가까운 교육제도를 갖추었다. 국가 지도자들 역시 교육을 살리는 것을 정책의 최우선 과제로 삼았다.

유대인의 첫 번째 의무는 자녀를 낳아서 잘 가르치는 것이다. 이스라엘의 건국 공신인 골다 메이어는 "교육이 없으면 미래도 없다."라고 말했다. 이츠하크 나본(1978~83 재임) 전 대통령은 퇴임하고 나서 다시 교육부 장관을 맡아 교육계를 이끌었을 정도로 지도자들이 교육에 관심을 갖는 열정은 대단하다. 이스라엘 정치가들은 교육에서만큼은 일관된 교육정책을 펴고 있다.

출세한 유대인들은 교육비와 연구비를 후원하는 일을 최우선으로 삼고 기부를 한다. 유대인이 돈을 버는 최종 목적은 지식과 경험을 위해서다. 민족을 살리는 길은 오직 교육 밖에 없음을 믿고 유대인 사업가들은 다음 세대를 위해서 수많은 장학금과 후원금을 지원하고 있다.

창업국가
이스라엘을 배워라

이스라엘은 국가 전체가 창업인재로 가득 찬 국가다. 우리나라는 혁신과 스마트를 강조하지만 그들은 창업을 강조한다. 창업은 모든 것에서 시작이라는 의미를 지니고 있다. 인구 780만 명에 벤처기업 수는 3,850개이다. 벤처기업 밀도가 1,844명당 1개 정도로, 세계 최고의 벤처강국이다.

새로운 것, 창조적인 것을 무엇보다 중요하게 여기는 유대인들은 대학 졸업 후 20%가 취업하고 80%는 창업을 한다. 우리나라와 정반대다. 그들은 새로운 시도를 좋아하고 그럴만한 실력을 가지고 있다. 우리나라 대학생들과 그들의 근본적인 차이는 이스라엘의 대학생은 이미 창업할 수 있는 능력을 키운 후에 졸업을 하지만 우리는 그렇지 못하다는 것이다.

이스라엘은 고등학교를 졸업하면 대학에 가는 것이 아니라 군대에 간다. 남자는 3년, 여자는 2년의 복무를 의무로 한다. 우리나라와 비슷한 구조다. 우리는 대학에 다니는 도중에 군대를 가지만 그들은 군대에 먼저 간다. 그래서 그들은 고등학교에서 대학 입시 공부를 하지 않는다.

이들은 군대에 복무하면서 국민 모두가 인생경험과 조직사회와 인간관계와 전공과목 등을 배우는 기간으로 삼는다. 최고의 시스템이 준비되었기에 군복무는 이스라엘 젊은이들이 창업훈련을 하는 최적의 시기가 된다. 국가적으로 전 국민을 창업인재로 키우는 기간이 되는 셈이다. 군대에는 각종 하이테크 장비의 개발과 운용 분야 등 첨단 장비를 개발하거나 사용할 기회를 경험할 수 있는 다양한 시스템이 준비되어 있다. 그래서 군대 안에 있는 다양한 보직들은 벤처의 기초가 된다. 항공, 통신, 보안, 소프트웨어 등 이스라엘 군대의 하이테크 기술은 세계 최고다. 군대에서 각종 기술을 개발하고 배우면서 군대 동료들이 모여서 벤처기업을 이루는 예가 많은 것도 이런 창업시스템이 군대 속에 갖추어져 있기 때문이다.

실제로 방화벽(파이어월) 분야의 세계 1위인 체크포인트는 군대 동료들이 세운 대표적인 기업이다. 이런 이유로 이스라엘 군 부대인 '탈피오트(Talpiot)' '8200' 등과 같은 엘리트부대에 소속되면 하버드대 경영대학원을 다니는 것보다 이점이 더 많다. 물론 이런 부대에 들어가려면 높은 경쟁률을 통과해야 한다.

이런 벤처 시스템은 이스라엘을 최고의 벤처 국가로 만든 요인이 된다. 현재 벤처 직원의 연봉은 우리 돈으로 평균 1억 2000만원이 넘는다. 벤처기업에서 근무하는 인력은 다른 사람들에 비하여 무려 3배에서 5배나 더 받는 시스템이다. 우리나라로 비교하면 대기업 임원의 연봉을 받는 셈이다.

또 하나 이스라엘을 창업국가로 만든 요인은 그들의 문화에 있다. 왜 우리는 벤처를 주저하는가? 실력도 문제이지만 창업에는 위험도가 높기 때문이다. 우리나라는 한번 실패하면 좀처럼 일어서기 힘들다. 신용이 떨어져 돈을 빌리기도 힘들고 은행에서도 신용 불량자로 낙인 찍힌다. 무언가 새롭게 시작한다는 것은 모험이다.

그러나 새로운 시도에는 당연히 실패가 따르기 마련이다. 이스라엘은 이런 실패에 대해서 관대한 문화를 가지고 있다. 이스라엘에서는 보조금을 받은 기업이 실패해서 또 보조금을 요청하면 실패 이유를 살피기는 하겠지만 언제나 아이디어가 좋다면 지원금을 받는 데 문제가 안 된다. 실패하더라도 경험을 얻을 수 있기 때문이다.

우리나라와는 근본적인 차이가 있다. 이스라엘 사람들은 한번 실패한 기업가와 처음 시작하는 기업가 중 누구에게 투자하겠느냐고 물으면 당연히 실패한 기업가를 선택한다. 실패한 만큼 오히려 가능성이 있다고 본다. 이런 환경에서 당연히 창업은 장려될 수밖에 없고 젊은이들은 새로운 도전을 많이 시도한다.

자손대대로
교육유산을 물려주어라

국가는 무엇인가? 이렇게 묻는다면 흔히 땅과 건물과 경제를 생각한다. 그러나 그렇지 않다. 사람이 곧 국가다. 대한민국은 한마디로 국민에 의해서 결정된다. 어떤 국민을 만드느냐에 따라 한 나라의 위상과 미래가 결정된다. 사람보다 중요한 것은 없다. 국민 한 사람의 가치를 높이는 것이야 말로 미래의 한국을 키우는 비결이다. 그 가치는 교육을 통해서 가능하다.

누구든지 좋은 교육을 받으면 엄청난 가치를 창출할 수 있는 창의적 인재가 될 수 있다. 이런 점에서 전 국민을 교육으로 세우는 것은 나라가 해야 할 필수적인 사명이다. 혁신을 이루기 위해서 가장 필요한 것은 기술이나 자본이 아닌 인재에 있다. 좋은 인재를 가지는 것처럼 좋은 자산은 없다. 한 나라가 부강해지는 길은 땅과 자원에 있기보다는 사람에 달려 있다. 자손대대로 교육 유산을 물려주어 좋은 인재를 양성하는 일이야말로 나라가 가장 관심을 쏟아야 할 최선의 정책이다.

이스라엘은 해마다 GDP의 10%를 교육 분야에 투자한다. 이스라엘은 사람을 기르는 일에 나라의 미래를 건다. 미래의 나라를 이끄는 것은 사람이기 때문에 이스라엘은 사람을 위해 투자하는 것을 아끼지 않는다. 반면에 우리나라는 어떤가? 최근 OECD 통계에 따르면 교육예산 중 평생교육이 차지하는 비율은 스웨덴 38%, 영국 28%, 독일 18%에 반해 우리나라는 0.8%로 미미한 수준이다. 전체 교육예산은 36~39조 원으로 국내총생산(GDP)의 4%를 밑돌고 있다. 아직 우리나라 예산에서 교육에 대한 비중은 부족하다.

교육은 공립학교 교육을 통해서도 이루어져야 하지만 사실 가정교육이 먼저다. 이스라엘의 창업인재는 학교가 아닌 가정에서 만들어진다. 어릴 때부터 가정교육이 기초가 되었기에 가능한 것이다. 아무리 대학교육에서 창의교육을 외쳐도 4년 동안에 그것을 이루기는 역부족이다. 적어도 20년 기간을 지내는 가정에서 꾸준히 좋은 교육이 이루어져야 한다. 유대인은 이것을 모든 가정이 튼튼하게 시행하고 있다. 우리는 이것을 본받아야 한다.

가정을 통해서 자손대대로 교육을 물려주는 시스템이 필요하다. 모든 가정이 이런 교육의 혜택을 무상으로 받을 수 있는 공적인 구조가 세워져야 한다. 여기서 차별이 있으면 안 된다. 한국에 태어난 국민이라면 모두가 공유하고 누릴 수 있는 그런 교육적 구조가 가정에서부터 시행되어야 한다. 필자는 이런 비전을 오래전부터 가지고 있다. 그리고 어떻게 가능할지를 고민하면서 지금까지 그 방법을 모색하고 있다.

자손대대로 교육의 노하우를 물려줄 수 있는 그것이 무엇일까? 경쟁이 아닌 상호 협력을 통해서 온 국민이 이루어내는 것이 필요하다. 그 해답을 우리는 유대인 교육에서 찾을 수 있다.

이스라엘은 우리나라 서울의 인구에도 못 미치는 600만 명의 작은 인구를 가지고 있기에 이런 비전을 품고 교육에 오래전부터 투자를 했다. 한 사람 한 사람을 일당백으로 만들면 0.2%의 수로도 충분히 세계를 지배할 수 있다고 본 것이다. 그런데 그것이 현실이 되었다. 오늘 우리도 이런 원리를 적용하면 충분히 가능하고 한국인도 유대인 못지않은 뛰어난 민족으로 성장할 수 있다.

이것을 위해서는 자손 대대로 물려줄 교육적 유산을 만들어야 하고 그것을 공유해야 한다. 각 가정이 이런 의식을 가지고 노력한다면 머지않아 우리나라가 그것을 이룰 수 있다고 본다. 이 책은 이런 비전을 품고 집필되었다. 모든 가정과 전 국민이 사용할 수 있는 우리의 노하우를 찾기 위한 시도이다.

이것을 위한 첫 출발점으로 이미 이것을 이룬 5천년의 유대인 교육을 배울 필요가 있다. 어떤 원리로 이것을 이루었는지 그것을 발견하여 우리에게 적용해야 한다. 어떤 것은 우리와 맞지 않는 것도 있을 것이다. 그러나 우리의 문화와 특징을 살려서 원리를 적용한다면 자손대대로 물려줄 수 있는 우리에게 맞는 좋은 교육시스템이 나올 것이다.

아직 우리는 자손 대대로 물려줄 수 있는 교육시스템이 없다. 각자 나름대로 방법이 있지만 체계적이지 못하고 일시적인 방법들이다. 이제 우리도 할머니와 어머니를 통해 자녀에게 계속 물려줄 수 있는 그런 교육유산을 만들어 가야 한다.

우리나라가 흔히 모델로 삼는 핀란드나 북유럽의 국가 교육은 방법론에서 도움을 얻을 수 있지만 문화와 역사가 너무도 다르기에 그대로 적용하는 것은 많은 무리가 있다. 토양이 다르기에 외적으로 아무리 좋아 보여도 우리와 맞지 않는 것이 많다.

하지만 유대인 교육은 같은 동양권이며 나라의 크기가 작고 흩어져 있는 교포들과 역사와 종교와 문화 등이 비슷하기에 벤치마킹하기에 좋은 모델이 된다. 특히 학교교육을 추구하는 서구교육과 다르게 유대인 교육은 가정에서 교육의 출발점을 삼고 있다는 점에서 중요한 의미가 있다. 이런 점에서 유대인 교육을 살펴보는 것은 교육학자의 이론을 적용하는 것과 차원이 다르다.

교육의 모델을 정하기 위해서는 어떤 학자의 가설적인 교육이론보다는 수천 년 동안 검증된 실제적인 모델을 연구하여 그것을 통하여 이론을 세우는 것이 바람직하다. 유대인 교육은 논문적 가치를 뛰어넘는 방대함과 신비로움이 있고 우리나라 미래 교육의 그림과 변하지 않는 교육구조를 세우는데 큰 도움이 될 것으로 기대한다.

6성 교육으로
교육로드맵을 그려라

어떻게 하면 유대인 교육을 우리에게 적용할 수 있을까? 이것은 필자의 관심사일 뿐만 아니라 이 책을 읽는 모든 사람의 관심사이기도 하다. 유대인이 우리와 비슷한 환경이라고는 하지만 그들의 교육을 그대로 적용하는 데는 많은 한계점을 지니고 있다. 그것은 나라가 가지는 독특한 성격 때문이다. 이것을 우리에 맞게 적용하기 위해서는 변하지 않는 공통적인 교육적 원리를 찾아야 한다.

그래야 우리나라 교육 뿐 아니라 전 세계에 흩어져 있는 한국인들에게도 적용이 가능하고 이웃나라에도 적용할 수 있는 길이 열리게 된다. 유대인 교육은 하나의 교육적 모델로서 연구되는 것이지 그대로 방법을 따르는 데는 문제가 있다. 그들 속에도 우리가 알지 못하는 많은 문제점을 갖고 있기 때문이다. 유대인이 검은 옷을 입고 중절모를 쓰고 수염을 기른다고 해서 우리도 그렇게 따라 할 필요는 없다. 우리는 왜 그들이 그렇게 고수하는지 그 원리를 찾아 적용하는 예로 사용하면 좋을 것이다.

이런 점에서 유대인 교육을 이야기하기 전에 먼저 모두에게 적용할 수 있는 교육적 구조를 살펴 볼 필요가 있다. 이 패턴에 유대인 교육을 대입하여 이해를 하고 교육적 구조에 따라 우리가 교육의 모습을 만들어 가면 좋을 것이다.

필자는 이것을 위해 '6성 교육'을 제시한다. 6성 교육은 전체 교육을 이해하는 교육로드맵이다. 우리는 자신이나 자녀를 교육할 때 로드맵 없이 한다. 이것에 대해 배운 적도 없고 누가 가르쳐 주지도 않았기 때문에 악순환이 계속되고 있는 것이다. 전체 교육의 그림이 없기에 열심히는 하지만 지금 어디로 가는지 방향감각을 상실하게 되고, 결국 다른 사람이 하는 것을 따라가게 된다. 자기 위치를 파악하지 못하고 주변에 이끌리는 교육을 할 수밖에 없게 되는 것이다.

교육로드맵을 가지고 있다면 다른 사람과 경쟁할 필요가 없다. 자기만의 체계를 가지고 주도적으로 자녀교육을 할 수 있다. 시간이 오래 걸리더라도 눈에 보이는 성과가 없다 해도 자기만의 길을 꾸준히 걸어갈 수 있다. 그런데 교육로드맵을 가지고 있지 못하다 보니 조금 해보다가 잘 안 되는 것 같으면 목표가 흔들리고 다른 사람과 비교하게 되고 늘 갈팡질팡하게 된다. 주변에 좋은 학교나 학원에 매달리고 잘하는 교사에 의존하게 되는 것이다.

지금 우리나라 교육이 이런 상황에서 벗어나지 못하고 있다. 일류 학교와 일류교사와 좋은 책과 자료에만 의존하는 상황이 생기고 여기에서 경쟁은 필수적인 것이 된다. 이런 틈 속에서 피해를 보는 것은 결국 우리 자신이며 우리 자녀들이다.

그러나 6성 교육을 이해하고 있으면 우리 나름대로 교육그림을 그리면서 평생 동안 장기적으로 스스로 교육할 수 있다. 설사 실수와 실패로 잘못되는 상황이 생긴다 해도 다시 시작할 수 있는 길이 열린다. 6성 교육은 필자가 오랫동안 고민하고 교육과 삶의 현장에서 실험하면서 정리한 교육로드맵이다.

6성 교육은 영성-인성-품성-다양성-전문성-창의성의 6가지 영역을 말한다. 이것은 다시 두 가지 영역으로 나누는데 내적인 영역과 외적인 영역이다.

내적 영역은 영성-인성-품성으로 눈에 보이지 않는 인간의 인성과 관련된 부분으로 0~12세까지 형성이 된다. 인성의 기초는 보이지 않는 영성에 있다. 이것은 종교적인 영역이다. 혹자는 신앙의 영역을 교육에서 빼버리고 싶은 마음이 있을 수도 있다. 그러나 인간은 영적인 존재이기에 이 영역의 존재를 부인할 수 없다. 이런 점에서 영적인 부분을 교육에 포함했다.

신앙과 종교를 인정하지 않는 경우는 종교적인 측면이 아닌 지혜 측면에서 적용하면 도움이 될 것이다. 인성은 품성을 통해 내재된 본성이 밖으로 표현되는 것이다. 교육이 어려운 것은 인간은 태어날 때부터 악한 이기적인 본성을 지니고 있다. 이것을 교육하지 않고 그대로 두면 점점 더 악한 모습으로 변화된다. 나중에는 스스로 해결이 안 되는 심각한 상황이 발생한다.

내적인 영역의 교육은 주로 가정에서 부모의 모범을 통해 이루어진다. 책으로 배우는 것보다 사람과의 만남, 그리고 모범을 통해 습득되어지고 이런 과정을 통해 성격과 인성이 형성되고 그것은 평생을 좌우한다.

8~12세는 부모 뿐 아니라 교사와 친구를 통해서도 배우기에 성격과 인성형성에 교사와 친구도 영향력을 미친다.

13세에 성인식의 과정을 둔 것은 이 시기는 자신의 정체성을 갖는 때로 성인의 과정으로 들어가는 시기로 보고 정했다. 우리나라는 19세를 성인의 시기로 보지만 조금 앞당겨서 13세에 성인식을 하면 좀 더 일찍 자기 인생에 대해서 생각해 볼 수 있고, 중고등학교의 중요한 시기를 방황하지 않고 자기 주도적으로 행할 수 있다. 현실적으로 조금 이른 감도 있지만 훈련에 따라 충분히 가능한 시기라 본다.

부모는 13세 성인식을 목표로 조금 강하게 집중적으로 자녀를 교육하고 인생의 기초를 다지는데 힘쓴다면 오히려 바람직한 교육과정이라 생각된다. 이렇게 하면 13세 이후는 부모가 자녀를 너무 간섭하지 않아도 되고 자기 스스로 삶을 개척하도록 옆에서 도와주는 모습이 되어 결과적으로 일찍 인생을 개척하는데 유익하다. 이렇게 하면 부모 역시 자녀에게 너무 많은 시간을 빼앗기지 않고 부모 자신만의 삶을 창의적으로 살 수 있다.

다음으로 외적영역은 다양성-전문성-창의성으로 눈에 보이는 외적 결과와 연결된다. 주로 일에 대한 것이다. 이것을 이루기 위해서는 가정을 포함해서 학교와 사회 속에서 다양한 만남과 배움을 통해

넓은 시야를 갖는 것이 필요하다. 이 영역은 시공간과 다양한 분야를 경험하면서 그 속에서 자기만의 전문성을 찾아 훈련하고 나중에는 창의성에까지 이르는 것을 목표로 삼는다.

교육의 열매는 창의성에서 결정된다. 창의성을 이루기 위해서는 영성과 인성과 품성이 중요하고 이런 기초 위에 다양성과 전문성이 겸비되면서 나중에는 창의성을 발휘하게 된다. 창의성은 오랜 과정과 연단을 통하여 다듬어진 인간의 모습이다.

창의성은 개방적인 자세와 다른 사람과의 공유, 그리고 서로 다른 분야의 융합을 통해 이루어진다. 창의성에 이르게 되면 누구와도 비교하지 않고 자기만의 가치를 발견하고 또한 삶을 즐기면서 언제 어디에서나 행복하게 살아갈 수 있는 사람이 된다.

6성 교육에서 경쟁자는 다른 사람이 아닌 자기 자신이다. 6성 교육은 굳이 다른 사람과 경쟁이 필요하지 않고 자신의 삶을 차근차근 평생 동안 구축해 나가는데 의미가 있다. 다른 사람은 경쟁이 아닌 협력자요 서로 도와주는 동반자로서 역할을 할 뿐이다. 다음 장에 다루는 유대인 교육 역시 이런 필자의 6성 교육구조의 틀에서 그들의 특징과 강점을 살펴 볼 것이다. 이 책은 유대인 교육을 따라가는 것이 아니라 유대인 교육을 토대로 바람직한 우리 교육의 틀과 방향을 잡는데 있다.

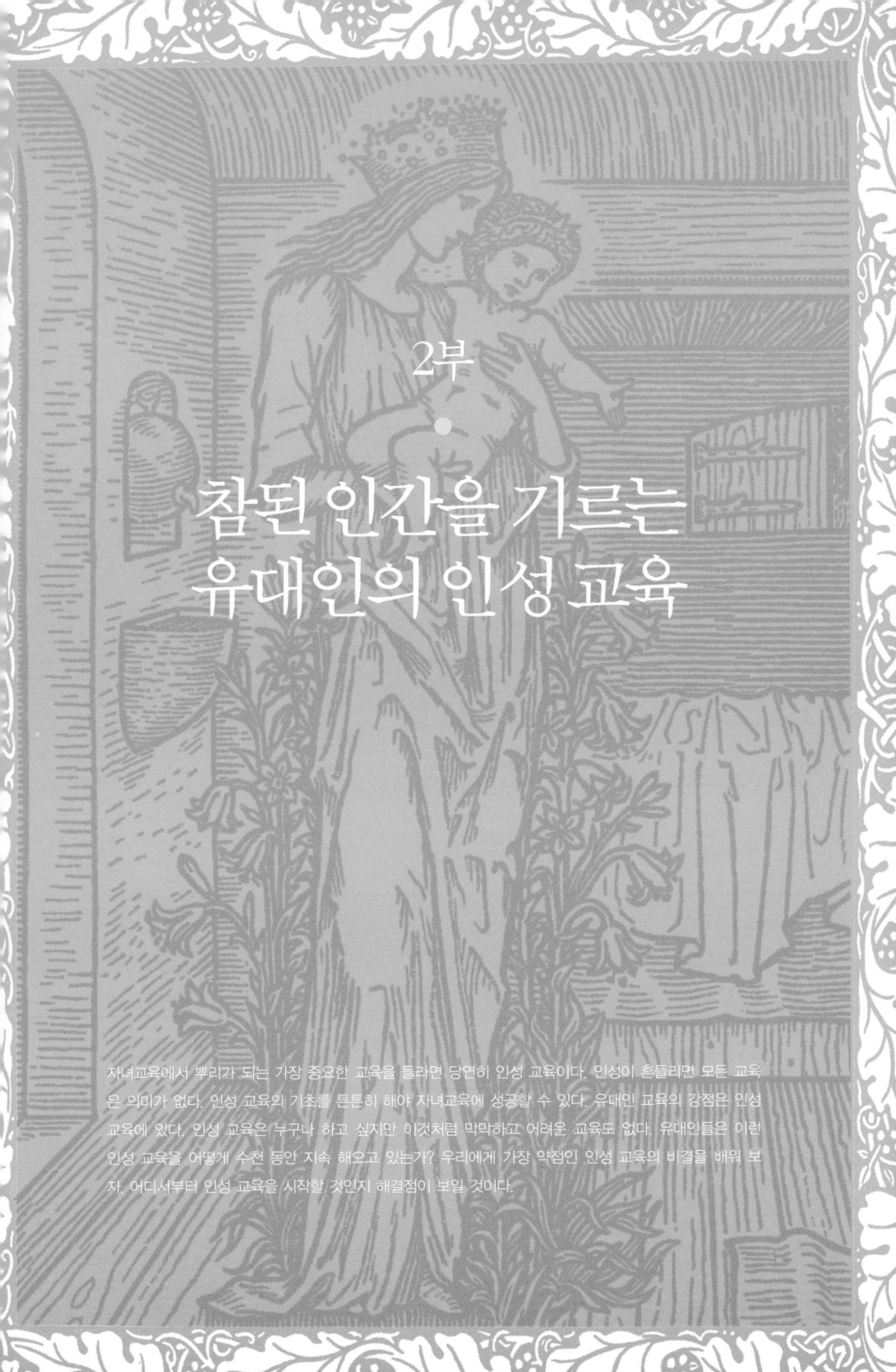

2부

참된 인간을 기르는 유대인의 인성 교육

자녀교육에서 뿌리가 되는 가장 중요한 교육을 들라면 당연히 인성 교육이다. 인성이 흔들리면 모든 교육은 의미가 없다. 인성 교육의 기초를 튼튼히 해야 자녀교육에 성공할 수 있다. 유대인 교육의 강점은 인성 교육에 있다. 인성 교육은 누구나 하고 싶지만 이것처럼 막막하고 어려운 교육도 없다. 유대인들은 이런 인성 교육을 어떻게 수천 동안 지속 해오고 있는가? 우리에게 가장 약점인 인성 교육의 비결을 배워 보자. 어디서부터 인성 교육을 시작할 것인지 해결점이 보일 것이다.

1장

지혜 교육
지혜로 인생의 기초를 다져라

삶의 원리인 토라를
마음에 새겨라

유대인들이 세계적 교육 강국이 될 수 있었던 독특한 비결은 바로 토라에 있다. 토라는 유대인 교육의 뿌리다. 모든 유대인 교육은 토라에서 나온다. 이것은 다른 민족이 흉내 낼 수 없는 유대인만이 가진 놀라운 교육유산이다. 우리가 유대인 교육을 이해하기 위해서는 토라가 무엇인지 자세하게 살펴 볼 필요가 있다.

유대인들이 가지고 있는 구약 성경은 세 가지로 나뉜다. 토라(율법서), 느비임(예언서), 크투빔(성문서)이다. 유대인은 구약성경을 세 개의 첫 글자를 모아 '타나크'라고 말한다. 유대인은 구약 성경 중에서도 유독 토라를 강조한다. 그것은 토라는 원리의 책이기 때문이다. 나머지 느비임과 크투빔은 토라에 근거한 해석과 적용의 책이다. 유대인들이 토라를 말할 때는 그 속에 느비임과 크투빔이 다 포함되었음을 의미한다.

구약성경에는 법·역사·문학이 포함되어 있다. 유대인에게 성경은 경전이면서 아울러 법과 역사와 문학을 총괄하는 책이다. 이것은 세상 어느 종교서적에서도 볼 수 없는 구조다. 다른 종교의 경전은 종교와 윤리적인 내용과 철학적인 내용을 주로 담고 있다. 하지만 성경은 우리가 흔히 배우는 학문의 기본 틀을 모두 가지고 있다. 그래서 성경을 공부하면 세상의 공부도 자연스럽게 이루어진다. 유대인이 학교공부가 아닌 토라와 토라를 풀이한 탈무드를 배우는데 더 집중하는 이유가 바로 여기에 있다. 우리가 보기에는 학교 공부가 부족하다고 생각할 수 있지만 사실은 성경을 공부하면 자연스럽게 법률, 역사, 사회, 문화, 문학의 기초를 섭렵하게 된다. 이것을 잘 공부하면 학교에서 하는 공부는 저절로 이루어진다.

유대인들은 고등학교에서도 오전에 토라와 탈무드 교육을 하고 오후 시간에 일반 학과를 공부해도 대학에 들어가는데 큰 문제가 없다. 그들은 학과 공부를 잘하는 비결이 곧 토라와 탈무드를 공부하는 것이라고 믿는다. 그리고 실제로 그것은 미국 아이비리그 대학 입학률에서도 증명되고 있다.

오히려 유대인은 다른 학생들과 비교하여 시간이 가면 갈수록 공부를 더 잘하게 된다. 뿐만 아니라 학교를 졸업하고 사회에 나가서 더 탁월한 능력을 발휘한다. 그것은 토라와 탈무드로 공부의 기초인 영성과 인성과 품성을 튼튼하게 무장했기 때문이다.

반면에 우리나라는 이런 기본 교육이 부실하기에 학과공부에 집중하지만 오히려 갈수록 흥미가 떨어지고 공부하기가 힘들어진다.

학문은 시간이 가면서 변하고 주장이 계속 달라진다. 더 좋은 학설이 나오면 이전 학설은 폐기된다.

반면에 토라는 시대가 가도 변하지 않는 영원한 진리다. 인생을 살아가는데 기준이 흔들리지 않고 명확하다. 토라는 평생 동안 그들의 삶의 기준이 되고 있다. 이것은 이미 그들의 조상들을 통해서 수천 년 동안 증명된 사실이기에 이것에 조금도 의심을 품지 않는다. 유대인에게 있어서 이런 삶의 원리를 가지고 있다는 것은 분명 큰 강점이다.

그러나 이런 삶의 기본원리를 갖지 못한 우리는 각자의 소견이 옳다고 생각하는 대로 행한다. 정해진 기준이 없이 바람처럼 흔들리는 삶을 살아간다. 무엇이 옳고 그른지 늘 혼란을 느낀다. 그것을 평생 고민하다 인생을 마치는 예가 많다. 원리가 부족하기에 늘 유행을 따라 살고 그것에 의해 좌우되기 쉽다. 인생의 절대적인 진리가 없으면 인생은 방황하게 된다.

이런 점에서 토라를 통해 절대적인 진리를 갖고 있는 유대인은 인생을 사는 것이 훨씬 쉬울 수밖에 없다. 유대인은 토라에 대해 어떤 생각을 갖고 있는가? 토라에 대한 생각을 다음과 같이 정리 할 수 있다.

♠ 토라는 샘터다

토라는 유대인의 정신적 샘이다. 토라는 구약성서의 처음 다섯 권인 오경(五經)을 말한다. 구약성경의 나머지 책들 즉 예언서와 성문서는 토라를 해석하고 적용하는 책이다. 그것들은 독자적으로 읽기보다는 토라를 낭송하면서 읽어야 한다.

토라는 '가르침'이라는 뜻이다. 토라는 인생의 본질이 무엇이며 인생을 어떻게 살 것인가를 말한다. 이 가르침은 유대교의 가르침이면서 또한 인생의 가르침이다. 유대인은 토라를 통해서 신과의 만남을 지속적으로 갖는다.

토라는 닫힌 상자 속의 지혜가 아니라 열린 지혜로 후대에 계속되는 대화이다. 모세를 통해서 시내산에서 전해준 역사 속에서 이루어진 하나님의 가르침이지만, 토라를 읽으면서 하나님과의 만남은 계속된다. 그래서 유대인은 1년을 주기로 정해진 부분을 매주 조금씩 토라를 읽는다. 토라를 읽은 후에는 예언서나 성문서의 몇 구절을 덧붙여 읽는다.

토라라는 말은 교사를 뜻하는 '모레'라는 히브리어와 어원을 같이 하고 있다. 유대인은 토라를 통해서 하나님과의 만남을 계속하며 재창조를 활성화한다. 토라를 공부하는 곳이라면 어느 곳이나 하나님의 가르침을 받고 대화를 나누는 교실이 된다. 이런 만남을 통해서 새로운 통찰과 창의력이 생긴다. 이런 이유로 유대인들은 토라를 매일 낭독한다.

토라는 하나님이 이스라엘 백성에게 주신 사랑의 편지와 같다. 유대인들은 토라를 통해서 하나님에 대한 사랑을 느낀다. 유대인에게 토라를 읽는 것은 하루 생활에서 가장 중요한 일과다.

오래 전에 미국의 얼바인에 있는 유대인회당 몇 군데를 방문한 적이 있었다. 안식일이 되면 모여서 예배를 드리는데 회당예배는 2시간 넘게 진행되었다. 이방인으로서 경험하는 2시간이 넘는 긴 예배 시간은 매우 지루했다. 대부분의 시간이 토라와 예언서와 성문서를 읽는 순서였다. 정해진 성경 구절을 매주마다 차례대로 읽는데 분량이 상당히 많다. 그들은 전혀 지루해 보이지 않았다. 습관이 되어서 그런지 오랜 시간임에도 모두가 토라에 집중하고 있는 것을 보았다.

♠ 토라는 물과 같다

유대교에서는 토라를 물에 비유한다. 물이 사람에게 꼭 필요한 것처럼 토라는 사람에게 꼭 필요하다. 물이 어느 곳에나 존재하는 것처럼 토라 역시 어디에나 존재한다. 물이 모든 생명의 원천인 것처럼 토라 역시 모든 생명의 원천이 된다고 생각한다.

하임 나프만 발릭의 《세페르 하가타》에 보면 물과 토라를 비교한 내용이 나온다.

"폭포에서 떨어지는 물이 시끄럽게 울리듯이 토라의 말씀도 시끄럽게 울린다. 물이 비가 되어 하늘에서 떨어지듯이 토라의 말씀도 하늘에서 떨어진다. 물이 사람의 더러움을 씻어주듯 토라도 모든 더러움을 씻어준다. 작은 물방울 하나하나가 모여서 큰 강을 이루듯 토라도 조금씩 배우면 마침내 큰 강이 된다. 물이 높은 곳에서 낮은 곳으로 흐르듯 토라의 지혜도 고귀한 쪽에서 낮은 쪽으로 향한다. 아무리 위대한 사람이라도 목이 마를 때 제자에게 물을 달라고 하는 것은 부끄러운 일이 아니다. 마찬가지로 토라의 지혜는 제자에게도 배울 수 있다. 다시 말해 무엇이든지 배울 수 있다는 뜻이다."

이것은 토라가 사람에게 어떤 역할을 하는지 또 토라를 어떻게 사용하는지를 잘 보여준다.

유대인에게 토라는 생명과 같다. 물이 없으면 살 수 없는 것처럼 토라가 없는 유대인은 곧 죽음과 같다. 모든 삶은 토라에서 시작된다. 토라는 유대인의 삶의 원리를 가르쳐 준다. 이런 이유로 그들은 매일 토라를 읽고 공부한다. 우리가 마치 매일 물을 먹듯이 그들은 수시로 토라를 읽고 그것을 마음의 양식으로 삼는다.

♠ 토라는 무화과와 같다

토라는 무화과와 같다. 다른 과일은 먹을 수 없는 부분이 있다. 예를 들면 대추야자는 씨를 먹지 못하고 석류는 딱딱한 껍질이 있다. 하지만 무화과는 열매를 통째로 모두 먹는다. 무화과는 버릴 것이 하나도 없다. 이것은 토라가 어느 것 하나도 불필요한 것이 없다는 것을 상징한다. 토라는 인간이 임의적으로 골라서 공부하거나 읽을 수 있는 것이 아니다. 토라는 모든 내용이 다 필요한 것이다. 토라는 인간이 선택해서 공부하는 것이 아니라 모든 것을 빼놓지 말고 다 공부해야 한다. 그만큼 유대인에게 토라는 전부가 소중하다.

올리브나 포도, 대추야자의 과실수는 열매가 한꺼번에 열리지만 무화과 열매는 조금씩 생겨난다. 이것은 토라를 어떻게 공부하는지를 잘 가르쳐 준다. 토라는 기간을 정해서 익힐 수 있는 것이 아니라 평생 동안 조금씩 매일 공부해야 한다. 우리가 학교에서 공부하듯이 몇 시간을 정해 놓고 단시간에 토라를 공부하는 것이 아니다. 토라를 공부하는 것은 평생 동안 죽는 순간까지 해야 한다. 토라는 생명과 같은 것이다. 토라는 거대한 바다와 같아서 하루 아침에 배울 수 있는 것이 아니다. 평생 동안 인내를 가지고 공부할 때 보화를 얻을 수 있다.

유대인은 토라를 배우는 사람이다

유대인은 책의 민족이다. 그러나 여기서 한 가지 우리가 짚고 넘어가야 할 것은 유대인에게 책은 토라를 의미한다는 점이다. 유대인에게 책은 우리가 보통 생각하는 일반적인 책과는 다르다.

책이라고 전부 다 좋은 것은 아니다. 우리가 읽는 책 중에는 해를 끼치는 책도 많다. 이런 책은 그들이 생각하는 책의 개념에 포함되지 않는다. 유대인에게는 토라와 탈무드와 같은 책이 진정한 책이다. 이런 교육방법 덕분에 유대인은 자연스럽게 공부를 신성하게 생각한다. 하나님과 상관없는 책은 오히려 해악을 줄 수 있다고 본다. 그들에게 토라를 공부하는 것은 신성하고 고상한 일이다.

유대인은 토라를 연구하고 공부하는 사람을 가장 존경한다. 나이와 지위에 상관없이 존경한다. 이것은 유대인에게는 불문율과 같다. 유대인에게 토라를 가르치는 랍비는 가장 존경받는 직업이며 유대인은 직업 중에 랍비가 되는 것을 가장 큰 소원으로 생각한다.

유대인 법전에 보면 "누가 토라를 연구하든 그 사람은 존경받을 만하다. 세상 모든 사람은 그로 말미암아 온순하고, 겸손해지고, 공정해지고, 정직해지고, 신앙심이 깊어지고, 죄악에서 벗어나며, 미덕에 가까워지지 않는가! 이런 사람들이 많아질수록 세상은 지혜와 충고, 이성, 에너지로 넘쳐 날것이다."라는 내용이 있다.

유대인은 나이가 많든 적든 몸이 약하든 강하든 간에 반드시 공부해야 한다. 심지어 자비를 베푸는 사람이든, 거지든 모두 토라를 공부해야 한다.

토라를 펼친 모습

토라를 통해 인간의
기본을 가르쳐라

유대인은 배움에 가장 좋은 시기가 있다고 생각한다. 토라를 배우는 좋은 시기는 아이가 글을 읽기 시작하는 5살 때라고 말한다. 그래서 유대인 아이들은 5살이 되어 글을 익히게 되면 가장 먼저 읽는 책이 토라다. 토라는 아이에게 모든 교육의 시작점이 된다. 세상의 악한 것이 들어오기 전에 토라로 마음을 든든히 다진다. 이때를 놓치면 나중에 토라를 가르치기가 여간 힘든 일이 아니다. 비가 올 시기를 놓치고 땅에 씨앗을 심으면 좋은 싹이 나지 않는 것처럼 유대인은 토라를 마음에 심기 가장 좋은 때를 5살이라고 말한다. 말을 시작할 나이가 되면 아버지는 아이에게 토라를 들려주고 그대로 흉내 내게 한다. 그리고 글을 배우는 5살이 되면 스스로 토라를 펼쳐서 읽기 시작한다.

이렇게 시작한 토라 교육은 13세 바르 미츠바(성인식) 때까지 계속

된다. 물론 태어날 때부터 쉐마(신명기 6:4)를 암송하고 토라를 들려주는 일을 한다. 그리고 글을 배우는 5살 때부터 토라를 본격적으로 배운다. 유대인은 성인식이 되는 13세까지 토라 교육에 집중한다. 유대인은 이렇게 다진 튼튼한 기초가 자녀의 미래를 결정한다고 믿는다. 이렇게 교육을 확고하게 받으면 자녀는 세상의 어떤 유혹이 와도 흔들리지 않게 된다.

이스라엘의 초등학교는 의무교육으로 반드시 토라를 가르친다. 수학, 과학, 사회 등의 과목도 배우지만 그것은 토라의 기초 속에서 배운다. 이것은 유대인들이 모든 삶은 토라를 통하여 나와야 한다는 원칙에 근거하고 있다.

유대인 천재 과학자인 아인슈타인도 12세까지 철저하게 토라교육을 받았다. 지금도 유럽과 미국에 있는 유대인 초등학교는 한결같이 토라를 배우는 것이 제도화되었다. 오전에는 유대인 전통 교육 과목인 토라와 탈무드 등을 배운다. 그리고 오후에는 다른 일반 과목을 공부한다. 이렇다 보니 유대인 아이들은 다른 아이들보다 놀 시간이 적다. 그럼에도 이것을 지키는 것은 토라가 자신을 평생 지켜준다는 믿음 때문이다.

Tips 탈무드식 한국인 교육법

우리도 유대인처럼 토라같은 위대한 책을 가질 수 없을까? 자손 대대로 물려줄 수 있는 토라를 다른 민족은 가질 수 없는가? 교육을 하기 위해서는 교과서가 필요하다. 이 교과서는 변하지 않아야 하고, 세계의 역사와 민족을 아우를 수 있어야 하고 전 세계적으로 검증된 책이어야 한다. 그리고 인간의 삶을 다루는 역사·철학·문학·문화·종교 등을 모두 포괄해야 하는데 과연 이런 책이 세상에 있는가? 그것은 성경이다.

유대인은 구약 성경만 있다. 5권의 모세오경을 토라라 부르고 그것을 기본으로 하여 다른 구약성경이 구성되어 전체가 39권이다. 그러나 우리에게는 구약성경 39권을 포함하여 신약성경 27권이 더 있다. 우리가 가지고 있는 성경은 신약을 포함하여 도합 66권으로 유대인 성경보다 더 우월하다. 유대인이 가진 구약성경은 아직 미완성된 것이지만 신약성경이 포함된 지금 우리가 가지고 있는 성경은 완성된 성경이다. 이렇게 보면 유대인의 토라를 능가하는 성경이 우리에게 있는 셈이다. 이것을 사용하면 유대인을 능가하는 최고의 교육을 할 수 있다. 구약성경만 가지고서도 이렇게 큰 역사를 이룬다면 신약을 포함한 완성된 성경을 통해 교육을 하면 유대인을 능가하는 민족으로 성장할 수 있다.

구약의 토라를 제대로 해석하려면 신약성경은 필수다. 우리가 유대인 교육의 우수성에 이끌리지만 그들의 교육에도 한계점이 있다. 가장 큰 문제는 책과 지식으로만 교육을 이해하고 성경 안에 담긴 정신을 제대로 파악하지 못한 점이다. 교육의 가장 중요한 것은 사랑이다. 이것은 그들이 중요하게 생각하는 구약 쉐마교육에서도 그대로 나타난다. 그것은 하나님을 사랑하는 일과 이웃을 내 몸처럼 사랑하는 것이다. 사랑이 없는 교육은 죽은 교육이다.

유대인의 이웃이라는 개념은 전 세계적인 인류애보다 자기 민족에 한정되어 있다. 그것은 구별된 거룩한 백성이라는 선민사상의 영향이 크다. 유대인은 자기 민족을 사랑하는 것은 대단하지만 다른 민족에 대해서는 거부감을 가지고 있다. 특히 이방 민족에 대한 무시는 지금 현대에서도 여전히 드러난다.

그것은 구약성경에만 머물고 신약성경까지 이르지 못했기 때문에 나타난 현상이다. 물론 구약에서도 이방인에 대한 사랑이 강조되고 있지만 그들은 그것을 제대로 이해하지 못하고 있다. 성경을 자기중심으로 이해한 불찰이다. 그러다 보니 유대민족에만 집중하는 경향이 많다.

성경의 사랑은 예수의 사랑에서 완성된다. 자기를 버리고 다른 사람을 위해서 죽는 희생의 십자가 죽음에 나타난 사랑이 성경이 말하는 사랑의 정신이다. 한국인이 성경의 본래 정신을 본받아 민족을 넘어 인류에까지 사랑을 확장해 나간다면 유대인보다 더 탁월한 교육을 할 수 있다.

신앙을 가지지 않은 일반 사람들로서는 성경을 배우고 성경의 정신을 받아들이는 일에 거부감을 느낄 수 있다. 그러나 성경이 말하는 사랑은 지금까지 나타난 사랑 중에서 가장 위대한 사랑이다. 성경에는 누구도 문제를 제기할 수 없는 우리가 본받아야 할 위대한 정신이 들어 있다. 인류를 위하여 십자가에 죽으신 예수의 사랑은 모든 인류가 본받아야 할 보편적 가치다.

이런 위대한 사랑을 배우고 그것을 실천하며 사는 것은 종교를 떠나서 모든 인간이 해야 할 일이다. 그것은 인류가 교육하는 가장 중요한 가치이기도 하다. 만약 교육 속에 이런 사랑의 내용을 빼버린다면 그것은 큰 오류를 범하는 것이다. 성경이 단순히 종교적이라는 이유로 배제한다면 그 안에 교육적인 이기심이 들어 있는 것이다. 인간의 가장 중요한 핵심을 잃어버리는 것이 된다.

성경은 종교 이전에 모든 인간이 읽고 그 정신을 배워야 할 교육교과서이다.

물론 다른 종교의 경전들도 좋은 가치가 있지만 성경을 대신할 만한 필요충분조건은 되지 못한다. 인간의 윤리와 도덕과 수양을 위한 철학서에 머무는 한계가 있다. 인간의 역사와 문화와 문학과 철학을 포괄하지 못한다. 또한 불경이나 논어나 대학 등을 어린이에게 그대로 교육하기에는 어려움이 많다. 특히 어려운 한자로 되어 있어서 누가 풀어주지 않으면 어른들도 이해하기 어렵다. 그런 점에서 누구나 배울 수 있는 보편적인 인간교과서로는 부족하다.

그러나 성경은 어린이나 어른에 이르기까지 누구든지 쉽게 이해할 수 있다. 성경은 인간을 교육하는데 가장 좋은 책이다. 세상의 어떤 책보다 성경책을 마음의 지침서로 삼는다면 유대인 이상으로 세상에서 성공하는 자녀가 될 수 있다. 수많은 책의 홍수 속에서 단 한권의 책을 고른다면 단연 성경이라는데 큰 이견이 없다. 자녀에게 가장 먼저 성경을 읽게 하고 성경의 영양분을 마음에 담는다면 어떤 어려움이 와도 그는 고난을 이기는 사람이 될 수 있다.

필자는 이것을 교육적으로 돕기 위해 유대인의 토라보다 신구약을 포함한 성경 66권을 공부할 수 있는 책별 성경연구를 위한 성경교재를 오래전부터 준비해오고 있다. 현재 17권의 책별 성경교재와 100여권이 넘는 주제별 교재가 출판되었다. 누구든지 66권의 성경을 책별로 본문을 각자 공부할 수 있도록 성경교재를 100여권 정도를 목표로 진행하고 있다. 누구든지 성경을 공부하는데 도움을 주는 교재를 준비하여 탈무드처럼 다음 세대까지 이어주는 것이 필자의 간절한 바람이다. 언젠가는 우리나라에서도 탈무드와 같은 국민적 교과서가 탄생되기를 소원한다.

성지에 있는 유대인 학교

탈무드로
5천년 지혜를 배워라

유대인에게 탈무드는 생명과도 같은 책이다. 유대인 교육은 모두 탈무드에 근거하여 구성되었고 방법도 탈무드의 지침을 따른다. 그러므로 유대인 교육을 말할 때 탈무드를 빼놓으면 의미가 없을 정도로 유대인에게 탈무드는 매우 중요하다.

탈무드는 토라를 설명한 해석서이다. 탈무드의 내용은 토라의 해석에 대한 것과 조상들의 지혜로운 글모음으로 구성되었다. 주로 우리에게 알려진 탈무드는 하가다의 내용 중에서 유익하다고 생각되는 아주 작은 부분을 뽑아 모은 것이다. 우리가 유대인의 탈무드 전체 내용을 이해하는 것은 쉬운 일이 아니다.

탈무드는 유대인이 살아가는 삶의 지침서다. 우리에게는 민족이 함께 생각을 모으는 탈무드와 같은 지침서가 없다. 우리는 각자 자기 규칙대로 자유롭게 살아간다. 탈무드와 같은 공통적인 법을 굳이

들자면 헌법을 들 수 있겠지만 유대인의 탈무드와 같은 역할을 하지는 못한다. 물론 전해 내려오는 전통적인 문화도 있고 관습도 있고 상식적인 범위라는 것도 있지만 법적인 구속력을 갖는 것도 아니고 그 영향력도 아주 미미하다.

탈무드는 '위대한 연구'라는 뜻을 지니고 있다. 지금도 탈무드는 완결된 책이 아니라 지금도 계속 업데이트 되고 있는 진행형의 책이다. 탈무드는 토라를 깊게 연구하는 주석서이며 생활 실천서이다. 토라 없는 탈무드는 없다. 탈무드의 모든 내용은 토라의 뿌리에서 나온 것들이다. 토라가 옷을 입고 나온 것이 탈무드라고 보면 된다. 탈무드를 공부하는 것은 곧 토라를 공부하는 것이 된다.

다양한 내용의 탈무드가 가득한 책장 앞에 앉아 있는 유대인 부자의 모습

토라는 하나님이 직접 모세에게 주신 것이라면 탈무드는 존경 받는 랍비들이 토라를 해석한 주석서이다. 유대인 교육을 생각하면 모두 탈무드 교육을 떠올린다. 하지만 그것은 엄밀히 보면 토라 교육이다. 우리로 말하면 성경교육이다.

토라는 하나님이 직접 인간에게 주신 것이기에 인간이 덧붙이거나 삭제하면 안 된다. 이것은 절대적인 명령으로 가감 없이 그대로 순종해야 한다. 그러나 탈무드는 위대한 학자들이 깨달은 내용을 적은 것이다. 시대가 지나면서 새로운 내용들이 계속 첨가된다. 물론 어떤 내용은 우리가 보기에 이해가 힘든 내용도 있다.

유대인은 토라를 통해 얻은 랍비들의 지혜를 탈무드를 통해 배우면서 각자 지혜를 터득한다. 탈무드는 정보와 지식이 아닌 스스로에게 던져보는 질문 책이다. 우리처럼 정보와 지식을 외우고 주입하는 책이 아닌 문제를 질문하고 토론하는 책이다. 유대인의 질문교육의 모습이 그대로 배어있다. 또 탈무드는 다른 책과 달리 한 페이지에 모든 정보가 다 들어 있다. 참고 각주와 권위 있는 랍비들의 다양한 해석들이 한 페이지에 모두 들어 있다. 수천 년 동안 내려온 권위 있는 랍비들의 해석을 한눈으로 볼 수 있다는 점이 강점이다.

계속 쓰는
인생 교과서

　유대인은 2가지 율법을 가지고 있다. 그것은 성문율법과 구전율법이다. 성문율법은 토라를 말하고 구전율법은 '장로의 유전(해석과 적용)'으로 탈무드가 여기에 해당된다. 탈무드의 기원은 에스라가 율법을 연구하고 해석하여 백성을 가르치기 시작한 것으로 이해한다. 토라를 해석한 것이 탈무드의 출발이다.

　토라를 해석한 것을 미드라쉬라고 부르는데 미드라쉬는 '연구, 해석'이란 뜻을 가지고 있다. '장로의 유전'은 구전으로 전해 내려오다가 핍박으로 전수의 위기가 닥치면서 보존을 위하여 요약하여 구전을 편집하기 시작했다. 이것을 '미쉬나'라고 부른다. 이것은 '반복하다, 가르치다'라는 의미로 여기서 탈무드가 시작되었다.

　미쉬나에 다시 해설과 주석을 더했는데 이것을 '게마라'(배움)라고 부른다. 후에 미쉬나와 게마라를 함께 편집한 것이 지금의 탈무드이다. 유대인은 성문율법(토라)과 구전율법(탈무드)을 같은 위치에 두고 있으며 성문율법보다 해석된 구전율법에 더 비중을 둔다.

탈무드는 총 20권에 1만 2,000쪽이 된다. 전체 내용이 6부 63개의 주제로 되어 있다. 여기에는 유대인의 사상과 철학·역사·과학·의학·법률·생활 등이 다양하게 포함되었다. 이것은 한 번에 기록된 것이 아니라 유대인들이 5,000년에 걸쳐서 쌓아온 지혜의 보고들이다. 유대인의 정신과 철학이 모두 들어 있는 거대한 민족적 자산이다. 탈무드에 들어 있는 주제와 핵심 내용은 다음과 같다.

♠ 쩨라임(씨앗들) : 농사에 관한 율법을 다룬다.
♠ 모에드(절기) : 안식일과 절기에 관한 율법을 다룬다.
♠ 나쉼(여인들) : 결혼, 이혼과 약혼에 관한 율법을 다룬다.
♠ 네찌킨(손해들) : 개인의 범죄와 재산에 관한 율법을 다룬다.
♠ 코다쉼(거룩한 것들) : 희생제물과 성전에 대한 율법을 다룬다.
♠ 토하로트(정결례) : 정결, 불결에 대한 예전의 율법을 다룬다.

유대인들은 탈무드를 공부하면서 유대인의 정신과 역사와 지혜를 배운다. 수많은 선생들이 탈무드 안에 들어 있고 탈무드를 연구하면서 그들과 만날 수 있다. 그리고 그들이 가졌던 지혜를 얻는다.

탈무드는 종교적인 지침서이면서 설명과 해석이 어우러진 질문 교육서다. 탈무드는 그들이 공부하고 배워야 할 것들이 망라된 국민 교과서이다. 지금도 탈무드는 계속 쓰여지고 있다. 탈무드는 어느

권을 펴도 2페이지부터 시작한다. 1페이지는 나의 경험을 쓰기 위해서이다. 그것은 모두가 탈무드의 연구가라는 뜻이다. 그리고 마지막 페이지 역시 여백을 남겨둔다. 계속 덧붙일 수 있다는 의미다. 탈무드에 들어갈 지혜를 창출하는 것은 감격스러운 일이다.

유대인이 탈무드를 배우는 시기는 10세 때이다. 5세부터 토라를 배우기 시작하여 10세가 되면 토라의 주해서인 탈무드를 통해 해석과 지식을 배우면서 자연스럽게 두뇌를 계발한다. 이런 과정을 통해서 10세가 되면 유대인 자녀들은 토라를 어떻게 해석하고 이해를 해야 하는지 스스로 터득한다. 물론 탈무드는 거대한 바다와 같은 책이기에 어느 기간 동안만 배우는 것이 아니라 평생 동안 배우는 책이다. 유대인 가정은 할아버지와 아버지와 아들이 함께 탈무드를 배운다. 탈무드는 3대를 하나로 연결할 뿐 아니라 5천년의 민족 역사와 소통하는 역할을 한다.

탈무드는 랍비들의 광범위한 토론들이 포함되어 있다. 이렇게 탈무드를 만들어 낸 것은 "토라 주위에 울타리를 쳐라."라는 '피르케 아보트'의 명령에 따른 것이다. 탈무드에는 부가적인 규칙들이 많은데 이것은 토라를 더욱 견고하게 하고자 한 데서 비롯된 것이다.

유대인은 생활 속에서 다양한 문제에 직면할 때 탈무드에 나오는 다양한 해석들을 토대로 문제들을 해결한다. 이런 과정을 통해 유대인들은 수천 년 동안 유대인의 생명력과 생존을 이어왔다. 탈무드는 어느 민족에게도 없는 유대인만이 가지고 있는 생명과도 같은 책이다.

탈무드의
2가지 사고방식

탈무드에는 2가지 사고방식이 있다. 하나는 '할라카'로 율법의 법규적인 부분이다. 또 하나는 '하가다'로 비법규적인 부분이다. 탈무드의 3분의 2를 차지하고 있는 할라카는 모세 오경의 내용이고 나머지 3분의 1을 차지하고 있는 하가다는 인생에 대한 비유들과 잠언들이다. 교훈적이고 아이들의 흥미를 유발하는 내용들이 많이 있다. 때문에 탈무드는 아이들에게 유대인으로서 정체성을 확립하는데 중요한 역할을 한다. 주로 우리에게 알려진 탈무드는 하가다의 내용 중에서 유익한 것을 뽑은 것들이다.

탈무드의 내용은 토라에 근거하여 기록된 것들이다. 모두 토라를 기본으로 하고 있다. 토라의 정신에 어긋난 것은 탈무드에 채택되지 않는다. '할라카'는 법규적인 내용으로 명확한 법과 지식의 체계를 가지고 있다. 토라를 보완하는 일종의 법전이다. 독자적인 추론과 규칙과 해석이 적용되고 있다. 유대인들 중에 법조인이 많은 것은 탈무드를 통한 할라카 교육의 결과라고 할 수 있다. 할라카는 '걷다, 사는 방법'이라는 뜻을 가지고 있다.

할라카는 토라에서 인간의 생활을 지배하는 지식과 법률을 이끌어낸다. 인간과 하나님과 생활을 잇는 가교역할을 한다. 유대인은 할라카를 통해서 제시되는 율법과 규율을 통해 사람들에게 높은 동기를 제공하고 목적 의식을 갖게 한다고 생각한다. 이런 법규를 실천하면서 행동에 대한 의욕이 생긴다는 것이다. 처음에는 선행에 대한 동기가 없다 해도 그것을 지키려는 의지를 갖고 있으면 결국은 바른 동기에 인간이 지배를 받게 된다고 말한다.

인간이 살아가는 방법들을 할라카의 법규를 통해서 제시하고 그것을 실천하다 보면 자연히 좋은 모습을 지니게 된다. 할라카의 안식법과 음식율법은 그 대표적인 예이다. 음식법은 거룩한 삶의 표현으로 육류 중에는 먹어서는 안 되는 것들이 있다. 예를 들면 과도하게 고통을 받는 동물은 먹을 수 없다.

반면에 '하가다'는 비법규적인 요소로 자유로운 발상이나 민간 전승에 의해 탄생된 것이다

하가다는 규정이나 법규가 아닌 자유로운 발상을 가지면서 생각의 확산을 갖게 하는 역할을 한다. 여기에는 시적인 통찰과 상상력이 들어 있다. 법규적인 것에 얽매이기보다는 자유로운 개인의 상상력을 열어서 무한한 세계를 펼쳐 보는 것이다. 여기에는 창조성이 발휘된다.

유대학의 아버지로 불리는 춘츠(19C 독일의 유대학자)의 하가다에 대한 설명은 하가다가 무엇인지를 잘 보여주고 있다.

"하가다의 목적은 천국을 인간에게 접근시켜 인간을 천국으로 끌어 올리는 것이었다. 이러한 사명 속에서, 하가다는 하나님의 영광을 가져와, 이스라엘에 위안을 준다고 여겨졌다. 그 결과 종교적 진실, 도덕적 교훈, 정당한 보답과 죄와 벌에 대한 해석, 이스라엘 특수성의 게시인 율법을 가르치는 일, 이스라엘의 과거와 미래의 위대함, 유대 역사, 신성한 제도와 이스라엘의 그것과 동일성, 성지에 관한 찬사, 사람들을 고무하는 이야기, 수많은 위로, 이러한 것은 시나고그에서 이루어지는 설교의 중요한 테마가 된다."

하가다는 설화 · 꽁트 · 경구 · 예화 · 우화 · 전기 · 일화 · 설교 · 시적 이미지 등 온갖 것들이 모두 들어 있는 바다와 같은 내용들이다. 하가다는 복잡한 율법에서 벗어나 잠시 휴식을 갖는 의미가 있다. 할라카가 토라에 쓰인 율법의 기초 위에 시간이 지나도 무너지지 않는 법의 체계를 세우는 데 있다면 하가다는 고통에 신음하는 국민들을 위로하고 교화하는 역할을 한다.

탈무드는 할라카와 하가다의 두 기둥을 통하여 깊이 그리고 무한히 펼쳐 나간다고 볼 수 있다. 탈무드의 두 가지 기술 방식은 성경 토라에 있는 방식을 그대로 응용한 것이다.

성경은 크게 보면 법과 이야기로 구성되었다. 레위기나 출애굽기 20~40장, 신명기는 법규지만 창세기와 출애굽기 1~19장, 민수기 등은 이야기로 구성되어 있다. 법을 풀면 이야기가 되고 이야기를 다시 정리하면 법이 된다.

이것은 오늘날 우리 교육방법에도 그대로 적용이 가능하다. 우리 교과서는 주로 법과 규칙과 설명으로 구성되어 있고 이야기가 부족하다. 심지어 역사책조차 이야기로 기록되기보다는 주로 연도나 이름과 사건을 나열하는 방식으로 기술이 되었다. 그러다 보니 공부 내용이 따분하고 지식적인 암기의 내용으로 가득 차 있다.

유대인은 탈무드를 통하여 토라의 원리를 어떻게 해석하고 적용해 가는지를 배운다. 수천 년에 걸쳐서 지혜를 발전시키고 확장해 나가는 법을 탈무드 속에서 터득한다. 어린이부터 노인에 이르기까지 탈무드의 지혜를 나누면서 수천 년을 이어 민족이 함께 공부하고 질문하고 대답하는 유대인 교육은 신비롭기까지 하다.

Tips 탈무드식 한국인 교육법

탈무드는 유대인의 자기계발을 위한 책이다. 자기계발의 원조라 생각하면 된다. 탈무드는 유대인에게 필요한 삶의 내용을 정리한 책이다. 이것을 유대인이 전국민이 자손대대로 공부한다는 것은 얼마나 유익한 일인지 모른다. 부럽기까지 하다.

인생을 살다 보면 생각지 못한 일들이 닥친다. 그때마다 문제를 해결하는 것이 관건인데 막상 어려운 일이 닥치면 그것을 해결하는 일이 만만치 않다. 아무리 좋은 학교를 졸업하고 공부를 잘했다 해도 실생활에서 부딪치는 문제를 해결하는 것은 또 다른 문제다. 학교 공부가 곧 사회적 성공으로 이어진다는 보장도 없다. 사회 속에서 닥치는 인생의 문제는 아주 복잡하고 다양하다. 어느 하나로 정리될 수 있거나 학교 공부처럼 정답을 찾을 수 있는 것이 아니다.

우리 학교에서는 인생의 처세술에 대한 공부를 가르치지 않는다. 오직 대학에 들어가는 공부 이외는 다른 공부가 실종된 상태다. 왜 학교공부에 이런 공부를 포함시키지 않는지 이유를 알 수 없다. 세상과 인생의 문제를 혼자서 배워가는 것은 쉽지 않다. 특히 돈을 사용하고 버는 문제는 만만치 않다. 따라서 학창시절에 토론과 질문을 통해 처세술을 배운다는 것은 즐거운 일이다. 직접 실생활에 연관이 되기에 흥미롭고 실제적이다.

우리에게도 유대인의 탈무드와 같은 인생교과서가 시급하다. 탈무드는 원리인 토라를 구체적인 삶에서 적용하는 능력을 기르는 책이다. 질문과 토론 교재다. 우리도 탈무드와 같이 성경을 통하여 인생의 다양한 문제들을 질문하고 토론하면서 문제를 찾아가는 질문식 교재가 필요하다.

그것을 학교에서 배우는 시간을 가지면 더욱 좋을 것이다. 다양한 문제에 대해서 서로 질문하고 토론하면서 인생의 지혜를 배우는 공부가 된다면 학교생활이 즐거울 것이다.

우리는 가능한 많은 지식을 축적하는 교육이 주를 이루고 있다. 누가 얼마나 많은 내용을 알고 있느냐가 관건이다. 그러나 그런 교육은 계속해서 닥치는 인생의 다양한 문제들을 해결할 수 없다. 세상에 똑같은 사람이 하나도 없듯이 문제 역시 똑같은 문제는 없다. 창의적으로 문제를 해결하는 능력을 길러야 한다. 설명이 아닌 질문을 통하여 서로 토론하는 학습이 요구된다.

필자는 이것을 염두에 두고 20여년 동안 탈무드 방식대로 온가족이 함께 하는 질문과 토의식으로 된 150여권의 주제별 교재를 개발했다. 자세한 것은 이것을 참조하면 도움이 될 것이다. 물론 여기에서 질문과 토론은 모든 세대가 같이 참여할 수 있는 그런 교육과정이다. 필자의 바람은 우리나라에도 하루 빨리 유대인 탈무드를 능가하는 국민교과서를 만드는 일이다. 현재 이것을 위해 필자는 할라카와 같은 성경의 법들과 주제를 공부하는 교재 뿐 아니라 하가다와 같은 다양한 교훈과 이야기와 지혜를 담은 내용들을 계속 출간하고 있는 중이다. 이미 출판된 필자의 저서와 자료를 참조하면 많은 유익을 얻을 수 있다.

실패를 성공으로 이끈 위인들의 감동의 에피소드를 모아 정리한 《내 인생에 희망이 되어주는 한 마디》, 성경의 명 구절을 해설한 《3분 성경》, 다양한 책 구절과 명언과 상식들을 정리한 《지혜로운 인생을 살아가는 긍정의 말 한마디》, 《그래도 희망입니다》, 《행복한 사람은 73가지 규칙이 있다》 등이 있다.

기도는 자신을
저울에 달아 보는 것이다

탈무드는 "스스로 할 수 있는 일은 하나님께 기도하지 말라."고 가르친다. 이것은 기도란 자기가 할 수 있는 것조차 하나님께 부탁하는 것이 아님을 의미한다. 그러나 살다 보면 우리가 혼자서 할 수 있는 일은 그리 많지 않다. 다른 사람의 도움이 필요하고 또한 하나님의 도움이 필요하다.

유대인이 생각하는 기도는 '히트파렐'이다. 이것은 '스스로를 평가한다, 자기를 달아 본다'는 의미다. 유대인은 무조건 하나님께 소원을 이루어 달라고 기도하지 않는다. 오히려 기도를 통해서 자신이 얼마나 하나님의 뜻에 맞는 삶을 살았는지 저울에 재는 것과 같이 자신을 평가한다.

기도를 많이 하면 할수록 인간은 정직해지고 자신의 모습을 겸손하게 파악하게 되는 강점이 있다. 그러나 기도를 하지 않으면 자신이 누구인지를 알 수 없고 자기 성찰이 없기에 스스로 교만해질 가능성이 많다.

　유대인들은 어릴 때부터 하나님께 드리는 기도를 가르친다. 기도는 하나님과 나누는 대화다. 사람과의 대화도 중요하지만 더 중요한 것은 하나님과의 대화다. 유대인은 사람과의 대화 이전에 하나님과 대화하는 법을 어릴 때부터 가르친다.

　유대인 성지인 통곡의 벽에 가면 7세 된 어린아이들을 모아놓고 기도에 대해 가르치고 기도를 시키고 있는 모습을 볼 수 있다. 아이들에게 기도책자와 초콜릿 선물을 나눠주는데 그것은 기도는 초콜릿처럼 달콤한 것이라는 것을 가르쳐 주기 위함이다.

　우리는 사람과 대화하는 것은 쉽지만 하나님에게 기도하는 것은 힘들다. 그것은 하나님을 믿지 않거나 하나님에 대한 인식이 없기 때문이다. 그러나 유대인은 어릴 때부터 하나님에게 기도하는 법을 가르친다. 힘들 때 기도하면서 하늘로부터 힘을 얻는 법을 배운다.

　유대인은 아무리 세상 생활이 힘들어도 기도하면 영감을 얻고 지혜를 얻을 수 있다고 믿는다. 그들에게 기도는 인간이 주지 못하는 힘을 얻는 통로다. 기도의 즐거움을 얻기까지가 어렵지 이것이 습관화 되면 인생을 즐겁게 사는 비결이 된다.

　성경에 보면 유대인은 하루에 세 번씩 기도했다. 저녁기도를 '마이아리브', 아침기도를 '샤카리트', 오후기도를 '민하'라 한다. 매일의 기도를 모아 만든 책을 '시두르'라고 부른다.

　아침에 일어나서 식사를 할 때 그리고 잠자리에 들 때 기도한다.

아이들에게 이것을 어릴 때부터 가르친다. 자녀들은 부모가 기도해 주지 않으면 잠자리에 들지 않는다. 기도를 통해 유대인은 인간의 연약함을 알게 하고 겸손함을 배우게 한다. 이런 기도 습관은 자녀들이 자기 통제력을 얻는데 큰 도움이 된다.

이스라엘의 유대인 전통 마을에 가면 낮에도 길에서 기도하는 유대인들을 흔히 볼 수 있다. 통곡의 벽에 가면 기도하는 유대인들로 가득 차 있다. 유대인은 일상생활이 기도로 채워져 있다.

유대인은 그냥 말로 기도하기보다는 기도문을 읽으면서 한다. 유대인의 기도는 예배 중이나 개인적으로 기도할 때 늘 기도문을 가지고 다니면서 그것으로 기도한다. 유대인의 집에는 학교나 성인식이나 결혼식에 선물로 받은 《시두림》이라는 기도책이 있다.

통곡의 벽에 모여서 함께 기도하는 유대인들

유대인에게 왜 기도가 일상화 되었을까? 유대인은 기도를 하나님을 섬기는 행동으로 생각한다. 일종의 예배와 같은 것이다. 성전이 파괴되고 제사가 사라지면서 그것을 대신하는 것으로 기도를 드리게 되었다. 기도를 하는 것은 매일 하나님께 제사를 드리는 것과 같다. 양을 바치는 제사는 희생 제사이지만 기도는 마음의 제사이다. 이런 의미에서 유대인은 매일 기도를 규칙적으로 드린다. 기도하면 어떤 유익이 있는가? 기도하면 기도하는 자신에게 유익이 된다. 히브리어로 기도는 '테필라'인데 이것은 '재판하다'라는 뜻이다.

기도는 자신을 돌아보고 성찰하게 한다. 기도를 통해 자신을 잘 이해하고 자기의 삶을 돌아본다. 기도를 많이 하면 자연히 영적 발전을 이룬다. 기도는 환경을 변화시키는 것보다 자신을 변화시키는 것이 일차적인 목표다. 자신이 변하면 환경도 변하기 때문이다. 기도를 하는 사람과 기도를 하지 않는 사람은 차원이 다르다. 그리고 기도를 매일 하는 사람과 그렇지 않은 사람의 생각과 삶은 다를 수밖에 없다. 이것이 유대인이 생각하는 기도의 모습이다.

유대인은 기도할 때 앞뒤로 몸을 흔들면서 기도한다. 이것은 기도에 집중하기 위함이고 온몸을 다해 기도하는 것을 의미한다. 또 기도를 할 때는 기도숄이라 불리우는 탈리트를 어깨에 착용한다. 또 테필린이라고 불리는 기도상자를 왼팔에 붙이고 나머지 하나는 이마에 묶는다.

Tips 탈무드식 한국인 교육법

인간은 연약한 존재이기에 기도할 수밖에 없다. 인생의 어려운 일을 당하면 인간은 누구나 기도한다. 하늘이나 신의 이름을 부르면서 도와달라는 기도를 한다. 인간은 태생부터 종교적인 존재다. 인간의 힘으로 할 수 없는 일이 살면서 많이 생기기 때문이다. 그때는 신을 찾을 수밖에 없다.

기도는 하나님과 나누는 영적인 대화다. 기도는 신앙을 가지지 않은 사람에게는 해당이 안 될 수 있다. 이런 사람은 자신을 성찰하는 시간을 가지면 된다. 물론 신앙을 가지지 않은 사람에게 기도는 쉽지 않다.

기도는 두 가지가 있다. 하나는 대상이 있는 기도요. 또 하나는 대상이 없이 자기에게 하는 기도가 있다. 사물에게 기도하면 우상에게 기도하는 것이 되지만 인격적인 분과 기도하면 만남이 된다. 비인격적인 우상에게 기도하는 것은 그냥 내 언어를 내뱉는 한풀이나 자기 소원을 비는 것이 되지만 인격을 가진 하나님에 대한 분명한 대상에게 기도하면 우리의 인격이 달라진다.

좋아하는 사람과 대화를 많이 하거나 자주 만나면 나도 모르게 상대방처럼 닮아간다. 마찬가지로 하나님에게 기도를 하면 나도 모르게 하나님의 마음과 생각이 내 속에 임하게 되고 나중에는 내가 하나님처럼 모습이 변화된다. 성경에는 하나님의 다양한 성품과 모습이 나와 있다.

어릴 때부터 아이에게 기도하는 법을 가르치고 기도를 생활화 하면 나중에 좋은 인격과 성품의 소유자가 된다. 위대한 분과 많은 대화를 나누는 것은 영적인 것과 마음을 풍요롭게 하는데 매우 중요하다.

사람과 대화를 하다 보면 상처를 입기 쉽다. 그래서 어떤 때는 사람과 만나지 않고 혼자 있는 편이 훨씬 나은 경우도 있다. 그러나 기도를 통해 하나님과 대화의 시간을 많이 가지면 위로와 힘을 얻는다. 아울러 지혜와 명철함을 갖게 된다.

기도하는 것이 쉽지 않다. 특히 어릴 때 기도를 한다는 것은 만만치 않다. 그래서 사용할 수 있는 방법은 좋은 기도문을 읽으면서 기도하는 일이다. 이렇게 기도하면 마음이 평안하다. 나중에는 기도문 없이도 기도할 수 있다. 자녀교육에서 기도하는 법을 가르치는 것은 인성과 영성 교육에 아주 중요한 역할을 한다.

필자가 이것을 돕기 위해 집필한 기도문에 대한 책으로 《나를 바꾸는 기도습관》《맥잡는 기도》《하룻밤에 배우는 쉬운 기도》《하나님의 성품을 닮은 머리맡 부모기도》《자녀 축복 침상 기도문》《기도로 배우는 쉬운 기도문》 등이 있다.

2장

인성 교육
사람됨이 우선이다

어릴 때
좋은 것을 심어라

유아교육의 개척자 프뢰벨은 "인간은 5세 이전에 성격이나 인격이 형성된다."고 했다. 그 이후에 많은 사람들이 조기 교육에 관심을 가졌다. 우리나라도 부모들이 조기 교육에 관심이 많다. 자녀를 잘 키워 보겠다는 우리나라 부모의 열성은 참으로 대단하다. 그것은 조기교육으로 자연스럽게 이어진다. 하지만 우리의 조기교육은 유대인들의 조기 교육과 근본적인 차이가 있다. 우리나라의 조기교육은 글자나 공부에 관한 것이다. 다른 아이들과 비교하여 뒤처질까 염려하여 유치원에서 거의 숫자와 글자를 다 배우고 심지어 영어까지 배우는 아이들이 많다. 그러나 유대인 조기 교육은 인생의 기초가 되는 종교와 인성을 심는 교육이다. 인성 교육은 빠르면 빠를수록 좋다. 이런 면에서 유대인의 조기 교육은 우리와 차원이 다르다.

유대인 여성들은 임신 사실을 알게 되면 긴 옷감 포대기를 준비하고 이 포대기에 토라의 성경구절로 수를 놓는다. 열 달이 지나는 동안 긴 옷감이 성경구절로 빽빽하게 채워진다. 아이가 태어나면 포대기로 아기를 덮는데 아기는 눈을 뜨면서 포대기를 통해 종일 성경구절에 눈을 맞춘다. 그리고 엄마는 포대기에 기록된 토라의 말씀을 가르친다.

유대인 아이가 가장 먼저 듣는 것은 성경구절이다. 아기의 귀가 뚫리면서 처음 듣고 귀에서 피를 통해 뼈에 새겨지는 단어는 여호와라는 단어다. 이처럼 유대인 가정은 토라를 통해서 철저한 신관, 민족관, 역사관을 심어주는데 주력한다.

유대인 부모들은 조기교육을 통해 토라와 탈무드를 자연스럽게 익히게 한다. 그것을 통해 자기 정체성을 알게 한다. 유대인 부모는 조기교육으로 아이들에게 민족의 역사와 인생관을 확립시킨다. 특히 유대인 아버지는 자녀가 세 살 때부터 질문과 토론식으로 가르친다. 유대인 과학자로 유명한 아인슈타인의 창의력은 어릴 때부터 어머니가 매일 "우주의 넓이는 얼마나 될까?" 등의 질문을 던지면서 다양한 생각거리를 줬기 때문이다.

자녀들은 초등학교에 들어가기 전에 토라와 이스라엘 역사와 선지자들의 책을 공부한다. 이렇게 보면 유대인은 철저하게 조기교육을 한다. 이것은 경쟁적인 교육이 아닌 자기 정체성을 찾는 것이기에 이런 교육은 빠르면 빠를수록 좋다. 세상의 다른 것이 아이의 마음에 자리 잡은 후에 하려면 몇 십 배 힘들다. 유대인은 이런 사실을 알고 세속적인 것이 아이의 마음속에 침입하기 전에 좋은 것을 심어

주는 교육을 한다. 어려운 고차원적인 교육을 어릴 때부터 하는 것이다. 우리와는 정반대다.

유대인은 돈에 대해서도 조기교육을 한다. 보통 유대인 아버지들은 아이가 세살이 되면 경제교육을 한다. 그것은 자녀들에게 세상에서 먹고사는 법을 가르쳐 주기 위함이다. 유대인은 생후 8개월부터 아이에게 동전을 쥐어 주면서 저녁 시간 안식일에 동전을 저금통에 넣게 한다. 유대인은 다른 민족과 다르게 경제관념을 아주 일찍 갖게 한다. 유대인은 세상을 지배하는 것은 얼마나 돈을 잘 관리하느냐에 달려 있다고 보기 때문이다

유대인은 아이에게 두 개의 저금통을 선물한다. 하나는 자신을 위해, 또 다른 하나는 이웃을 위해 사용하도록 한다. 불쌍한 사람을 도와주기 위해 저금통에 저금을 하게 한다. 어릴 때부터 이웃을 생각하는 유대인의 전통은 많은 효과를 보고 있다. 그 영향을 받아 수많은 유대인들이 기부금을 내어 유대인 공동체를 세워 나간다. 또 어릴 때부터 용돈을 모으게 하여 돈의 소중함을 알게 한다.

유대인 부모는 자녀들에게 그냥 돈을 주지 않고 언제나 노동을 했을 때 준다. 그것을 통해 노동의 신성함을 알게 한다. 이렇게 하면 자연히 돈을 함부로 낭비하지 않게 된다. 또한 금전 출납부를 쓰게 하여 돈의 흐름과 경제관념을 어릴 때부터 배우게 한다.

유대인에게 또 하나 빼놓을 수 없는 기본 교육이 있다. 그것은 고난교육이다. 유대인은 수천 년 동안 고난 속에서 성장한 민족이다. 고난을 빼놓고 유대민족을 말할 수 없다. 그만큼 유대인과 고난은

긴밀한 연관관계가 있다. 유대인은 아우슈비츠 수용소에서 죽어간 동족들의 비참한 모습을 그대로 보여주면서 역사적 교훈을 되새긴다. 로마에 끝까지 항전하다가 모두 죽은 마사다 현장을 방문하여 그들의 비참한 역사를 되새긴다. 마사다를 기억하라는 정체성 교육을 어릴 때부터 심어주어 왜 공부를 하며 유대민족을 위해 무엇을 해야 하는지 생각하게 한다.

이것은 개인적인 생활에도 유익하다. 인생 속에 아무리 어려운 일이 있어도 그것을 돌파하는 힘을 소유하고 끝까지 포기하지 않고 희망을 갖게 하는 힘을 제공한다. 이런 고난의 현장 방문은 자연스럽게 역사적 지식과 이해를 갖게 한다. 어릴 때부터 고난에 대한 의미를 체험을 통해 깊게 생각하면 인생의 목표와 인생의 성숙에 한걸음 다가서게 하는 효과가 있다. 이런 일은 어릴 때부터 조기에 이루어지고 그때부터 인생의 바른 목표를 생각하게 한다는 점이 유대인 교육의 강점이다.

필자가 유대인 항전지인 마사다의 높은 지역에 올라 가고 있을 때 유대인 부모들이 어린 자녀들을 손에 이끌고 높은 산허리를 오르는 것을 보았다. 어른들도 힘들어서 케이블카를 타고 올라가야 할 정도로 높은 곳인데 어린아이들이 직접 오른다는 것은 쉽지 않다. 그러나 그런 고난의 여정을 통해서 강인한 의지력을 심어주는 그들의 모습에서 필자는 오직 학교 공부와 자기 성공에만 매달려 있는 우리 어린이들을 돌아보게 되었다.

유대인의 조기교육은 보통 5세까지로 보면 된다. 5세까지 교육은 어머니가 주로 담당하고 가정에서 이루어진다. 어머니가 가정에서 키우는 5단계 교육을 보면 다음과 같다.

- 1단계 : 젖을 먹이면서부터 무의식적으로 시작하는 하나님에 대한 생활교육
- 2단계 : 꿀을 먹이면서 말씀의 즐거움을 강조하는 말씀교육
- 3단계 : 강보를 덮고 할례를 행하고 쉐마기도를 하게 하는 의식 교육
- 4단계 : 절기와 명절과 전통을 지키는 축제 교육
- 5단계 : 가정과 회당에서 드리는 예배를 통한 헌신교육

이 시기가 지나면 6~10세까지 토라교육(성경 읽기, 미쉬나 공부), 10~13세까지 계명 교육, 미드라쉬 교육을 한 후에 성인식을 한다. 이후 18세까지는 탈무드 교육, 18세부터는 결혼과 직업 교육을 한다.

유대인 교육은 크게 세 가지로 나누는데 5세까지는 가정에서 부모가, 6세~12세까지는 학교에서 랍비가, 성인식을 한 13세 이후는 본인이 스스로 책임을 지는 교육을 한다. 이 중에서 가정에서 하는 조기교육이 가장 중요한 교육이다. 여기에서 모든 교육의 기초가 다져지기 때문이다.

Tips 탈무드식 한국인 교육법

우리나라 부모들의 조기교육의 열풍은 대단하다. 그러나 그것은 오직 공부에만 집중된 점이 있다. 그러다 보니 잘못된 모습이 많이 나타난다. 가장 기본적인 교육을 하지 않고 결과중심의 교육에만 매달리게 된다. 당장 효과는 있는 것 같지만 사실 가면 갈수록 힘들어지게 된다.

우리 사회에서 일어나는 심각한 문제들을 보면 성적이 부족해서 생기는 것이 아니다. 실력이 없기에 나타나는 것이 아니라 인성의 부족에서 나타나는 문제인 것을 볼 수 있다.

인성 교육은 평생을 결정하는 중요한 일이다. 인성 교육은 조기에 해결되지 않으면 나중에는 습관화 되어서 거의 고치기 힘들다. 좋은 생활습관과 인성과 신앙 등에 대한 교육은 가능한 어릴 때 해야 한다. 이것이 먼저 확립이 안 되면 다른 것을 아무리 잘한다 해도 하루아침에 무너지게 된다. 성공한 지도층이 나중에 추락하는 것은 모두 인성 때문이다. 이것은 어릴 때 인성과 영성 교육이 얼마나 중요한지를 보여주는 대목이다.

인생을 길게 보면서 어린 시절에 인성을 튼튼히 하는데 힘을 기울여야 한다. 우리나라도 이런 조기 열풍이 일어나면 좋겠다. 인간됨을 가르치고 그것을 고민하는 교육이 가정 안에서 일어난다면 아이는 누구나 행복할 것이다.

부모들은 아이가 좋은 학교에 들어가지 못해서 불행할 것이라고 생각하지만 그렇지 않다. 인생의 목표와 동기 부여가 분명하고 건전한 성품을 가지고 있다면 어떤 경우에도 일어서서 독립할 수 있고 자기 분야에서 성공할 수 있다.

어떤 사람들은 조기교육을 반대할 지도 모른다. 그러나 어떤 교육을 먼저 하느냐는 아주 중요하다. 우리에게 필요한 조기교육은 남보다 앞서가는 선행학습이나 경쟁을 위한 학교교육이 아니다. 인생에서 꼭 필요한 것을 먼저 한다는 점에서 필요한 교육이다. 인성과 성품, 종교적인 확고한 신앙, 민족적 자긍심과 인생의 목표. 경제관념. 생활 습관 교육은 빠르면 빠를수록 좋다.

이렇게 고차원적인 것을 조기에 교육하면 다른 것들은 저절로 따라 온다. 우선 공부에 대한 동기 부여가 되면 자녀 스스로 공부하게 되고 직접 찾아서 창의적인 공부가 가능하다. 어릴 때 이 부분을 확고하게 해주면 아이는 자기 스스로 학습이 가능하고 인생을 혼자서도 개척하게 된다. 자녀들이 빨리 독립하게 되며 오히려 부모들이 나중에 자기 일을 마음껏 할 수 있다.

그렇지 않으면 평생 동안 자녀를 뒷바라지해야 하는 상황이 생긴다. 0~7세까지 인성과 성품과 신앙을 통해서 아이의 기초만 잘 다져준다면 이후에 교육은 저절로 이루어질 것이다. 이렇게 해야 행복한 교육이 되고 자녀들도 즐거운 인생을 살 수 있다.

이 부분에 대한 내용을 구체적으로 알고 싶으면 필자가 집필한 《예즈덤 영재교육—원리편》을 참조하면 된다. 한국적인 상황에서 바람직한 자녀교육과 학교교육의 방향을 제시한 책이다.

교양과 기술을 가르쳐라

우리가 사람을 대할 때 먼저 보는 것이 그 사람의 교양이다. '교양'을 의미하는 헬라어 '파이데이아'는 자유시민으로서 필요한 총체적인 교양교육을 의미했다. 이것은 노예들을 위한 직업이나 기술교육과 구별되는 사람을 만드는 교육이다. 교육은 교양 있는 인간을 만드는 데서 출발해야 한다. 학문에서 기초과목이라고 말하는 교양과목이 매우 중요함에도 우리 사회는 교양이 무시당하는 경향이 많다. 교양의 소중함을 깨달아 요즈음 인문학 열풍이 우리나라에도 불고 있는데 다행스러운 일이다.

인문학은 다른 말로 하면 교양학(liberal arts)이다. 성숙한 사회는 교양인이 많다. 우리 학교에서 시급히 보완해야 할 교육은 바로 교양과목이다. 우리 사회가 성숙하기 위해서는 교양을 균형 있게 갖추는 교육이 필요하다. 교양을 갖춘다는 것은 곧 인성 교육을 한다는 의미다. 우리나라의 교육의 큰 문제점은 인성 교육이 사라지고 기술과 전문 교육이 주를 이루고 있다는 점이다.

유대인 교육의 강점은 인성 교육이다. 유대인은 0~13세는 인성교육에 초점을 두고 기능, 기술에 해당되는 학과공부보다는 영성과 인성을 배우는 토라와 탈무드 공부에 집중한다. 유대인은 13세까지는 인성을 튼튼히 하는 시기라고 본다. 13세에 치르는 성인식도 인성에 목표를 둔 통과의식이다. 유대인은 인성이 잘 확립되어 있으면 나중에 학교 뿐 아니라 사회생활에서 성공할 수 있다고 본다. 정통 유대교 학교는 고등학교 때까지도 인성 교육에 비중을 많이 둔다. 학교 교과목의 배정을 보면 오전 시간은 인성과 관계된 토라와 탈무드를 공부하고 나머지 시간에 일반과목을 공부한다.

우리나라에 적용한다면 거의 불가능한 모습이다. 우리나라는 그렇게 해서 도저히 대학교에 들어갈 수 없다. 우리나라는 고3때까지 학과목이 대부분을 차지한다. 더 좋은 대학을 들어가기 위해서 유치원부터 학과목에 욕심을 내는 부모들이 많다.

당연히 인간으로서 갖추어야 할 교양이 많이 부족할 수밖에 없다. 처음에는 앞서 나가는 것 같지만 나중에는 뒤처지게 되고 결국 인성 문제로 실패하는 예가 많다. 마지막 승부는 학과목이나 전문성이 아닌 인성에서 결정이 난다. 교육의 마지막 꽃이라 할 수 있는 창의성도 결국 인성(인문학)의 여부에서 성패가 좌우된다.

물론 인성 교육은 문화·역사·문학·음악·과학·예술 등 다양한 내용을 포함한다. 인문학을 공부해도 물질적 성공과 학문을 위해서만 공부하면 그것은 진정한 인문학이 아니다. 인간성에 초점을 두고 공부해야 인문학을 넘은 인성이 될 수 있다.

유대인은 토라와 탈무드를 통해 역사·문화·사회·문학·법·철학·과학 등을 조명하고 그 속에서 하나님과 인간의 삶을 찾아간다. 핵심은 그 속에서 하늘의 뜻을 알고 그것을 인간에게 적용한다. 우리는 인문학에서 종교적인 것을 배제하고 사회과학적으로만 접근하는 경향이 있다. 그러다 보니 더 좋은 취직자리와 더 좋은 학교를 가기 위한 교양과 인문학 공부가 되기 쉽다. 하지만 유대인은 철저히 하나님과 인성을 중심으로 세상의 학문에 접근한다.

우리는 인문학이나 교양을 공부로서 학교에서 교사를 통해 배운다. 그러나 유대인은 토라와 탈무드를 통해서 어릴 때 가정에서 부모로부터 배운다. 유대인의 인성 교육이 철저한 것은 그들의 교육구조에서 잘 나타난다. 토라에 나오는 법은 크게 두 가지다. 토라에는 613개의 계명이 기록돼 있다. 이를 분류하면 크게 '하라' 명령으로 18개 범주 248조항, '하지 말라' 명령으로 13개 범주 365조항으로 나눈다. 이것은 유대인이라면 꼭 지켜야 할 인성의 내용을 담고 있다.

유대인은 어릴 때부터 토라의 법을 철저하게 배우고 그것을 실천하려고 노력한다. 학문이나 기술적인 내용보다 인간이 하나님 앞에서 행해야 할 의무 등에 더 관심을 갖는다. 이것은 다른 민족에게서 찾아 볼 수 없는 유대인만이 가지는 독특한 교육의 모습이다. 유대인의 우수한 힘은 바로 여기에 있다. 토라를 해석하고 연구하고 적용하는 탈무드에 답이 있다.

　유대인은 교양이 튼튼하다. 탈무드를 보면 다양한 잡학의 내용들이 보화처럼 가득하다. 감히 우리가 생각할 수 없는 다양한 지혜와 상식과 법과 유익한 이야기들이 잘 정리되어 있다.

　유대인은 그렇다고 교양만 가르치는 것이 아니다. 자녀에게 기술교육을 필수로 가르친다. 유대인은 생활력이 강하다. 세계 어느 곳에 가서도 살아남는 능력을 가졌다. 그것은 어릴 때부터 직업과 기술교육을 함께 했기 때문이다. 유대인은 생업이 수반되지 않는 토라 연구는 헛된 것이라고 가르친다. 그들은 부모가 아들에게 직업 기술을 가르치지 않으면 강도로 키우는 것과 같다고 말한다.

　탈무드는 "가난한 것은 집안에 50가지 재앙이 있는 것보다 더 나쁘다."라고 가르친다. 유대인 부모는 자녀들에게 양치는 법, 악기 다루는 법, 생업을 이끌어가는 법 등을 가르친다. 부모는 자녀에게 언제 재산을 잃더라도 한 가지 이상의 기술을 통하여 다시 일어설 수 있도록 가르친다.

　유대인들은 직업의식이 철저하다. 그들은 다양한 분야 즉 문학·예술·과학·경영·교육의 영역에서 탁월한 능력을 발휘한 사람들이 많다. 그것은 어릴 때부터 가정 안에서 다져진 인성과 기술교육의 결과라 볼 수 있다.

Tips 탈무드식 한국인 교육법

로버트 풀검이 쓴 《내가 정말 알아야 할 모든 것은 유치원에서 배웠다》라는 책이 있다. 세계적 베스트셀러인 이 책에서 제시한 내용은 자녀가 꼭 실천해야 할 인성에 대한 것들이다. 그가 제시한 것은 우리의 일상생활에 가장 기본적인 교양의 내용이다. 그 책에서 소개하는 내용은 기본적이지만 평생 동안 지켜야 할 것이다.

"무엇이든지 나누어 가져라. 정정당당하게 행동하라. 남을 때리지 말아라. 물건은 항상 제자리에 놓아라. 네가 어지럽힌 것은 네가 깨끗이 치워라. 남의 물건에 손대지 말라. 남의 마음을 상하게 했을 때는 미안하다고 말해라. 밥먹기 전에 손을 씻어라. 화장실을 쓴 다음에는 물을 꼭 내려라. 따뜻한 쿠키와 찬 우유가 몸에 좋다. 균형 잡힌 생활을 하라. 밖에 나가서는 차 조심하고 손을 꼭 잡고 서로 의지하라."

창의적인 사람의 특징은 교양과 기초가 튼튼하다는 것이다. 적어도 교양 있는 사람을 만들려면 우리가 알아야 할 상식과 잡학에 능통해야 한다. 기본적인 성품과 인성을 갖추지 않으면 힘들다. 이런 교육을 하기 위해서는 먼저 이것을 교육할 수 있는 국민적 교양과 인성 교과서가 필요하다. 이것을 위해서 학교마다 필독서 100권, 고전 필독서 등으로 꼭 읽어야 할 책을 선정하지만 그것만으로는 부족하다. 그런 책들은 보통 대학생들에게 해당되는 것들로 일반사람들에게는 거리가 멀다. 또한 그것을 읽기에는 인내와 많은 수고가 필요하다. 보통 사람들이 읽기에 어려운 책들도 많다. 특히 가정에서 온 가족이 같이 읽고 토의하는 것은 불가능하다.

우리나라 국민들은 책을 안 읽는다. 요즈음은 스마트폰이 일반화 되면서 책을 읽는 사람이 점점 더 줄어들고 있다. 우리나라 성인이 1년 동안 읽은 종이책은 2011년 기준으로 9.9권인 것으로 나타났다. 1년 내내 책 한 권도 읽지 않은 성인도 10명 중 3.2명이나 됐다. 옷을 팔아 책을 사고, 책과 함께 살고 있는 유대인과 비교하면 턱없이 부족하다.

좋은 책들을 선정하여 읽기도 해야 하지만 모두가 사용할 수 있는 인성과 교양과 잡학과 상식이 어우러져 있는 탈무드와 같은 국민적 교과서가 필요하다. 이런 책들을 개발하여 가정에서 온가족이 함께 나누고 공부하고 토론하고 대화하면 얼마나 좋을까? 이런 책을 통하여 국민성을 높일 뿐 아니라 인생을 살아가는 지혜를 터득할 수 있는 날이 하루 빨리 왔으면 하는 필자의 바람이다.

필자가 이런 것을 염두에 두고 그동안 집필한 몇 권의 책이 있는데 읽어보면 도움이 될 것이다. 《크리스천이 꼭 알아야 할 100문 100답》《지혜로운 인생을 살아가는 긍정의 말 한마디》《살아있는 동안 크리스천이 꼭 해야 할 33가지》 등이다.

실천하는 습관을 훈련하라

아무리 좋은 교육의 내용이 있다 해도 그것을 실천에 옮기지 못하면 의미가 없다. 유대인 부모들은 인성과 교양과 기술을 몸에 습득하기 위해서 훈계를 마다하지 않는다. 지속적인 훈계교육으로 그들의 삶에 배어들게 한다. 그것을 부모의 중요한 사명으로 생각하며 대단히 중시한다.

'훈계'는 헬라어로 '누떼시아'이다. 이것은 '습관(habits)' 혹은 '훈육(discipline)'을 의미한다. 즉 잘 훈련된 바른 삶을 의미한다. 훈계는 위기의 순간에 힘을 발휘하게 한다. 훈계는 평소에 몸과 마음의 습관을 개발하여 위기의 순간에 본능적으로 반응할 수 있게 하는 훈련이다. 부모가 자녀를 평소에 가정에서 잘 훈련하여 위기가 닥쳤을 때 잘 적응하게 하는 교육이다.

학교에서는 지식을 가르치지만 가정에서는 세상을 살아가는 지혜를 가르친다. 아무리 지식을 많이 안다고 해도 지혜가 없으면 인생을 실패할 수밖에 없다. 설사 자녀가 바른 삶을 지식적으로 안다고 해도 그것이 훈련이 안되면 별 효용이 없다. 지식이 나의 것으로 습득되기 위해서는 꾸준한 훈련과 습관이 필요하다.

이것을 훈련하는 가장 좋은 장소는 가정이다. 그리고 그것을 훈련하는 교사는 부모다. 꾸준하게 훈련하며 습관화 하는 것은 학교에서는 어렵다. 어쩌다 만나는 시간으로는 안 된다. 생활 속에서 살면서 훈련할 때만이 몸에 습득이 된다. 그래서 자녀가 어릴 때 가정에서 부모에게 훈련 받지 못하면 훈련 받을 기회가 거의 없다. 스스로 그것을 하는 것은 정말 어려운 일이다. 부모 없이 자란 아이가 버릇이 없고 고집이 세고 교양이 없는 이유는 이런 기초 교육을 가정에서 받지 못했기 때문이다.

유대인은 다른 민족과 달리 구별된 선민의식이 강하다. 부모는 자녀들에게 어릴 때부터 모든 면에서 다른 사람과 구별된 삶을 살아야 한다고 가르친다. 그것은 생활 전반에 걸쳐서 나타난다. 유대인은 지켜야 할 규칙들이 많다. 구약성경에는 이런 법이 613가지가 있다.

유대인은 하나님이 주신 법(토라)을 기준으로 삼고 자신을 훈련하고 매일 단련한다. 어릴 때부터 철저하게 이런 교육을 받기에 버릇이 없거나 교양이 없는 경우는 거의 없다. 그 결과 가출·마약 중독·흡연·음주·자살·범죄·성폭력·이혼 등이 세계 최하위를 달리고 있다. 하지만 우리나라에서는 이것들 중 여럿이 세계 최고를 기록하고 있다. 이것은 우리 교육이 어디에 문제가 있는지를 잘 보여준다.

우리 주변에서 흔히 볼 수 있는 짧은 치마는 유대인의 자녀들에게는 상상할 수 없다. 사람들에게 자기 몸을 사람들에게 드러내는 것은 하나님 앞에 치욕스러운 것으로 생각하여 긴 옷을 입고 소중한 자기 몸을 가린다. 그러나 우리는 이것이 다반사다. 이제는 그것을 제지하기가 점차 어려운 현실이 되고 있다. 그런 이유로 성범죄는 세계 최고를 달리고 있다.

또한 유대인이 얼마나 토라의 법을 철저히 지키는지는 그들의 안식일 법을 보면 잘 알 수 있다. 토라(십계명)에 안식일을 지키라는 법이 나와 있다. 그런데 유대인은 그 법을 탈무드를 통하여 39가지 안식일 법을 다시 세부적으로 만들어 엄격하고 구체적으로 지키고 있으며, 지금까지 유대인의 불문율로 생각하고 삶에 적용하고 있다.

특히 유대인의 청결교육은 세계적으로 유명하다. 유대인은 육체적인, 정신적인 청결교육을 어릴 때부터 한다. 육체적인 청결교육은 몸을 깨끗이 하고 깨끗한 옷을 입고 주위 환경을 청결하게 한다. 유대인의 환경은 늘 깨끗한 것을 기본으로 한다. 유대인은 안식일만 되면 집안 대청소를 온가족이 한다. 안식일을 깨끗하게 준비하기 위해서다. 또 절기마다 대청소를 한다.

음식도 아무것이나 먹는 것이 아니다. 코셔(히브리어로 '적합한'이란 뜻이다)라는 방부제가 들어가지 않은 순수하고 깨끗한 음식을 먹는다. 음식을 먹을 때 역시 늘 손을 씻는다. 모든 질병은 손으로부터 오기 때문이다.

안식일을 지킬 때는 모든 일을 금한다. 휴대폰, 컴퓨터, TV 시청 등 모든 것을 금한다. 친구를 만나거나 여행도 하지 않는다. 완전한 휴식을 얻기 위해서다. 그리고 그 시간에 가족과 시간을 보내고 기도나 예배와 책을 읽으면서 휴식과 명상의 시간을 갖는다. 이러한 쉼을 통해 그들은 창의적인 발상을 한다.

이렇게 철저한 규칙을 정해서 그 매뉴얼에 따라 사는 민족은 세계에서 유대인 밖에 없다. 우리로서는 상상하기 어려운 일이다. 우리가 보기에는 답답하고 힘든 일이라 생각할 수 있지만 유대인은 이것이 생활화 되었기에 힘들지 않다.

왜 그럴까? 어릴 때부터 습관으로 생활화가 된 때문이다. 이것을 몸에 체득하도록 오랫동안 부모가 가정에서 자녀에게 훈계를 했기에 가능한 일이다. 왜 이렇게 살아야 하는지 등의 이유를 설명하면서 그들의 평생의 삶으로 자리 잡게 하여 결과적으로 더 나은 삶을 사는데 목적이 있다. 인생을 동물처럼 난잡하게 살지 않고 정결하게 규칙대로 산다. 유대인은 그렇게 사는 것이 인간다운 삶이라 보고 동물과 구별된 인간의 모습이라고 생각한다.

반면에 고대부터 이방인은 혼합된 삶을 살았다. 동물과 다름없는 혼잡한 삶을 산 사람들이 많았다. 물질과 성적으로 얼마나 타락한 삶을 살았는지는 고대 역사를 보면 잘 나타나 있다. 그러나 유대인은 그런 삶은 하나님이 원하는 인간의 삶이 아니라고 믿고 가능한 원칙대로 살아가도록 노력했고 그런 정체성을 지금까지 지켜왔다. 그것이 결국 지금의 유대인을 만들었다. 이렇게 혼잡하게 살았던 고대국가들은 하나 같이 멸망했지만, 자신들이 끝까지 살아남은 이유는 정결한 삶을 살려고 힘썼기 때문이라고 믿는다. 이것이 유대인만이 가지는 훈계교육의 위대성이다.

유대인은 모두 토라를 배우는 것을 의무로 생각한다. 역시 부모는 자녀에게 토라를 가르치는 것을 의무로 하고 자녀도 그것을 배우는 것에 대해 거부감을 갖지 않는다. 이것이 가능할 수 있는 것은 어릴 때부터 훈계 교육을 했기 때문이다. 식탁에서는 철저한 교육을 한다. 어릴 때부터 대인 관계에서 분노를 절제하는 교육을 받는다. 식당에서 갖추어야 할 매너 등을 반복적으로 훈련 받는다. 그런 이유로 유대인 아이들은 식당이나 이웃집에 가서 떠들고 돌아다니는 무례한 행동을 하지 않는다. 반면에 우리나라 아이들은 공중 예절이 교육되지 않아 남에게 피해를 주는 경우가 많다. 유대인에게 이것이 잘 지켜지는 것은 어릴 때부터 부모가 자녀에게 훈계를 잘 했기 때문이다.

유대인은 어릴 때부터 좋은 생활 습관을 길들이며 배운다. 이것을 통해 인성 교육이 이루어진다. 예를 들면 경청과 언어생활에 대해 탈무드는 이렇게 교훈한다.

"말을 많이 해서는 안 된다. 말하는 것의 두 배는 듣도록 하라."

"행복하게 살려고 생각한다면, 코로 신선한 공기를 가득 들어 마시고, 입은 다물고 있도록 하라."

"침묵은 금이요 웅변은 은이다."
"말은 당신의 입안에 있을 동안에는 당신이 말의 주인이지만, 한번 입 밖에 나와 버린 다음에는 당신은 말의 노예가 된다."

유대인은 까다로운 가정교육으로 자녀를 철저히 훈련한다. 탈무드에 "유대인의 기쁨은 나태함이나 슬픔, 경박함, 경솔함 또는 게으른 잡담 가운데서 내비치는 것이 아니라 예배의 기쁨 가운데서 비치는 것이다."라는 말이 있다. 유대인은 진정한 기쁨을 누리려면 토라를 읽고 그것을 암기하고 행할 때 주어진다고 생각한다. 유대인은 어릴 때부터 철저한 훈련을 한다. 식사예절과 예배와 토라를 읽고 배우는 것, 종교적인 의식에 참여하는 것은 어릴 때부터 습관화한다. 유대인은 세상의 여흥과 오락보다는 이런 시간 속에서 즐거움을 찾는다. 이렇게 될 수 있는 것은 지식적인 주입이 아닌 생활 속에 습관화하는 철저한 훈계교육이 있었기에 가능한 일이다.

Tips 탈무드식 한국인 교육법

우리나라 속담에 "세 살 버릇이 여든 간다."는 말이 있다. 한번 잘못 길들인 생활습관과 인성은 평생동안 자신뿐 아니라 다른 사람을 힘들게 한다. 어릴 때 길들여진 습관은 나중에 고치기 어렵다. 어릴 때 부모로부터 훈계를 받지 않고 자란 사람은 나중에 악습 때문에 고생을 한다.

인간이 살아가면서 지켜야 할 법도들이 있다. 이것이 지켜지지 않으면 사회가 혼란스럽게 된다. 이것을 정해서 함께 지키는 것은 모두에게 유익하다. 그것은 평생동안 자신을 지켜주고 세상에서 성공하게 하는 자산이다. 훈계는 생활 속에서 지속적으로 이루어져야 한다. 그렇지 않으면 자신의 것이 될 수 없다.

특히 부모의 적극적인 가르침과 훈계가 필요하다. 세상 속에서 살아갈 때 남에게 피해를 주지 않고 자신에게도 유익한 상식적인 일을 정해서 지속적으로 습관화 하는 것이 필요하다. 가정 관계, 친구 관계, 이웃 관계 속에서 지켜야 할 법도를 정해서 지속적으로 생활화하면 인생을 사는데 큰 도움을 준다.

인간이 실패하는 이유 중 하나는 잘못된 습관 때문이다. 한번 잘못 길들여진 도벽이나 약물 중독증세 같은 것은 일생을 힘들게 한다. 요즈음 한국사회에 아이들의 생활을 어렵게 하는 나쁜 습관들이 많다. 음식·운동·언어·취미 등의 생활에서 꼭 지켜야 할 내용들을 정해서 훈계를 통해서 좋은 습관으로 길들이는 것이 필요하다. 이것을 위해 집필한 필자의 책 《크리스천이여 습관부터 바꿔라》를 참조하면 실제적인 도움이 될 것이다.

자녀 체벌(매)은
이렇게 하라

부모가 자녀를 키울 때 가장 난감해 하는 것이 말을 해도 듣지 않을 때다. 이때 부모가 생각하는 것이 벌이다. 어떤 벌을 어떻게 주어야 하는지 부모들은 고민한다. 아이가 잘못을 했는데 그것에 대한 벌을 주지 않고 그대로 두면 아이는 버릇없는 아이가 된다.

벌을 주는 방법은 아주 다양하다. 큰 소리로 꾸짖을 수도 있고. 손으로 때리거나 채찍을 대서서 훈계를 하기도 한다. 또 벌칙을 주는 경우도 있다.

유대인은 자녀를 키울 때 가장 큰 벌로 침묵을 든다. 말로 해도 듣지 않으면 그 다음으로 손으로 때릴 수 있는데 그전에 사용하는 벌이 침묵이다. 예를 들면 1시간 동안 침묵을 지킨다면 부모와 자녀사이에 대화가 끊어지는 것으로 이것은 최고의 벌이다. 이것은 매보다 더 강력한 벌이 될 수 있다. 침묵하게 되면 아이는 긴장하게 되고 그것을 통해 자신을 돌아보게 된다. 물론 자주 사용하는 것은 좋지 않다. 유대인은 말이 많은 민족이다. 그런데 대화를 일시적으로 하지 않는다는 것은 그들에게는 가장 큰 정신적 압박이다.

그래도 정 안될 경우에는 불가피하게 매를 댈 경우가 있다. 과연 사람에게 매가 필요할까? 동물을 훈련하기 위해서 매는 당연하지만 인간에게도 과연 매가 필요할까 하는 의문이 들기도 한다. 사람에게 매를 대는 일은 학자들에 따라 이견이 많다. 그러나 탈무드는 "죄악은 태어날 때부터 이미 인간의 마음에 싹터, 인간이 성장함에 따라 점차 강해진다. 마음속에 들어 있는 악의 충동은 열세 살에 접어들면 점점 선의 충동을 누르고 강해져 간다."고 가르친다.

악한 충동은 13세를 넘으면 점점 더 강해지기에 매를 들려면 13세 이전에 사용하라고 조언한다. 인간은 기본적으로 악하기에 매를 사용하지 않고 선해지기는 어렵다. 어느 누구도 어릴 때 매를 맞지 않고 자란 사람은 없다.

동물에게 매를 대는 것은 사람의 편의를 위해 길들이기 위해서지만 사람에게 매를 대는 것은 자기 잘못에 대한 책임을 진다는 의미가 들어 있다. 매 맞을 일을 했다면 당연히 매를 맞아야 한다. 그것이 인간이다. 징계와 매를 맞으면서 새롭게 태어난다면 매는 유익한 것이 될 수 있다. 사생아에게는 매가 없다. 그러나 부모는 자녀에게 매를 댄다. 왜 그럴까? 자기의 일에 책임지는 사람으로 만들기 위해서다. 매를 맞는 것은 자기 일에 대해 책임을 지는 의미다. 매를 인간의 감정으로 처리한다면 악영향을 미칠 수 있다. 부모들이 자녀에게 매를 댈 때 감정을 정리하지 못하고 그 이상의 분노를 자녀에게 표출하는 것을 조심해야 한다.

탈무드는 "아이들이 어렸을 때에는 엄하게 꾸짖어 가르치되 다 자란 뒤에는 작은 일로 꾸짖지 말라."고 가르친다. 유대인은 13세에 성인식을 행한다. 13세 이후에는 성인의 대접을 받는다. 성인이 된다는 것은 이제 모든 일을 자기 스스로 행한다는 것을 의미한다. 그 때는 부모가 매를 대거나 훈계를 자주 할 수 없다는 것을 의미하기도 한다. 모든 것을 스스로 해결하고 잘못한 것에 대해서는 자기가 책임을 지는 나이이기 때문이다.

또 탈무드에 이런 글이 있다. "처음엔 여자처럼 연약하지만 그대로 두면 힘센 남자처럼 강해지고 만다. 처음엔 거미줄처럼 가늘지만 나중에는 배를 묶어 두는 밧줄처럼 굵어진다. 처음엔 손님처럼 겸손하지만 그대로 두면 대신 주인 행세를 한다."

처음에 매를 대지 않고 그냥 아이의 요구만 들어 주면 아주 고집스러운 아이가 될 수 있다. 징계를 통해서라도 고집스러운 것을 제어하지 못하면 나중에는 버릇없는 아이가 된다. 부모는 적절하게 매를 사용하면서 아이가 올바른 사람이 되는데 초점을 두고 잘 다스려야 한다. 이렇게 하려면 가능한 일찍 매를 사용하고 나중에는 가능한 매를 사용하지 않는 것이 좋다. 0~3세에는 매를 들어도 아이에게 큰 상처가 되지 않는다. 아직 인지 능력이 발달하지 못했기 때문이다. 그러나 인지능력이 발달하는 6세 이후부터는 상처가 될 수 있기에 가능한 횟수를 줄이는 것이 좋다.

"매를 아끼는 자는 그의 자식을 미워함이라 자식을 사랑하는 자는 근실히(일찍이) 징계하라."(잠언13:24)

성경의 교훈은 매를 가능한 일찍 사용할 것을 말한다. 시간이 갈수록 매의 효과는 사라진다. 탈무드는 "아이들이 어렸을 때는 엄하게 가르쳐야 하지만 두려워하는 것은 잘못된 것이다."라고 말한다. 어릴 때는 엄하게 가르쳐야 하지만 두려움을 갖게 하는 것은 잘못이다. 정한 규칙과 법에 대한 엄한 징벌은 어릴 때 주로 필요하다. 왜냐하면 인간은 자기 마음대로 사는 것이 아니라 정해진 질서와 규칙을 지키면서 살아가는 존재이기 때문이다. 이것을 어릴 때 훈련하면 앞으로 살아가는데 유익하다. 그러나 법을 어기며 자기 마음대로 살아가는 습성을 길들이면 인생은 고달프고 힘들다. 어디서나 부딪치게

학교에서 공부하는 랍비와 어린이들

되고 적응이 어렵다.

잠언에 "마땅히 행할 길을 아이이게 가르쳐라. 그리하면 늙어도 그것을 떠나지 아니 하리라."(잠언 22:6)는 구절이 있다. 자녀가 부모에게 배워야 할 가장 중요한 것은 인간으로서 마땅히 행할 일이다. 만약 그것을 거부할 때는 매를 사용해서라도 그것을 가르쳐야 할 의무가 부모에게 있다. 그렇지 않으면 나중에 자라서 자녀는 더 힘든 삶을 살게 된다. 유대의 격언을 보면 "아이들을 때리지 않으면 안 될 경우에는 구두끈으로 때려라."는 구절이 있다.

유대인은 자녀를 키울 때 매를 대는 것에 대해 부정하지 않는다. 체벌은 육체의 고통보다는 바른 성격을 형성하는데 초점이 있음을 기억해야 한다.

한 가지 기억할 일은 자녀를 오른손으로 벌을 주었다면 왼손으로 껴안아 주는 일이다. 유대인은 벌과 사랑을 함께 사용한다. 유대인은 매를 사용하기보다는 손으로 때린다. 유대인들은 아이가 잘못했을 경우에 지혜의 원천인 머리를 때리는 것은 금한다. 그리고 다른 신체 부위는 체벌을 허락하는데 가장 많이 사용하는 방법이 손으로 엉덩이를 때리는 것이다. 손으로 매를 대신하는 것은 아이에게 때리는 매가 사랑의 매라는 의미가 있다. 오른손으로 때리면 그 다음은 왼손으로 품에 안아주어 상처를 어루만지는 애정이 필요하다. 자칫 손이 아닌 도구를 사용하면 다칠 수도 있다. 그러나 손은 때려도 도구를 사용하는 것처럼 치명타가 되지 않는다.

자녀를 꾸짖고 매를 사용할 때는 나쁜 감정을 잠자리까지 가지고 가면 안 된다. 부모는 아이에게 아무리 심한 꾸중을 했다 해도 잠자리에 들 때는 감정을 풀어주고 정답게 해주어 나쁜 감정이 아이의 마음에 자리 잡지 않도록 해야 한다. 이것은 스펀지와 같아서 그대로 두면 나쁜 감정을 마음에 품고 평생 갈 수도 있다. 하지만 잠자리에 들기 전까지 감정을 풀어주면 스펀지에서 물이 흘러 나오듯 나쁜 감정이 해소된다. 나쁜 감정을 품고 잠자리에 들면 꿈속에서도 아이는 괴롭힘을 당할 수 있다. 그리고 다음날까지 연장이 될 수 있다. 이런 교육은 자녀가 과거의 잘못된 것을 벗어나 새롭게 시작하는데 도움을 준다. 과거의 일이 아이의 인생에 발목을 잡는 일이 되어서는 안 될 것이다.

 인간은 그냥 그대로 방치하면 동물처럼 문란해질 수 있다. 자기 고집대로 자란 아이는 다른 사람에게 피해를 준다. 부모의 가장 큰 책임은 자녀를 바른 길로 인도하는 것이다. 매질은 자녀로 하여금 바른 길을 가게 하는데 도움이 된다. 농부가 밭을 갈다가 소가 잘못된 길로 가면 매질을 해서 바르게 인도한다. 마찬가지로 자녀가 잘못된 길을 고집스럽게 가면 매를 통해서라도 그를 바르게 키워야 하는 것이 부모의 책임이다. 그때 사용하는 매는 사랑의 채찍이다.

Tips 탈무드식 한국인 교육법

부모가 자녀를 훈육하고 징계하는 것은 어려운 일이다. 많은 부모들이 이 부분에서 어려워한다. 요즈음은 교사 체벌의 문제점들이 나타나면서 체벌이 원천적으로 금지되었다. 하지만 체벌이 없다 보니 아이들이 버릇없는 경우가 많다. 우리나라 교육현장에서는 이것을 제어할 방법이 없다.

이것을 해결하는 좋은 방법은 가정에서 부모가 체벌을 바르게 하는 일이다. 가능한 나이가 들기 전에 하는 것이 좋다. 부모가 체벌을 하기 위해서는 몇 가지 원칙이 있다. 부모가 감정을 절제하지 못하여 화를 내거나 흥분하여 체벌하는 일은 조심해야 한다. 화가 난 상태에서는 바르게 체벌을 할 수 없기 때문이다.

특히 부모는 일관적인 원칙을 가져야 한다. 미리 약속을 정하고 그것에 따라 책임을 지는 행위로서 체벌을 하는 방법이 좋다. 또한 체벌을 할 때는 바로 즉시 해야 한다. 모아서 한꺼번에 하면 오히려 감정적으로 받아들일 수 있다. 자녀가 그 상황을 이해하지 못할 수 있기 때문이다. 특히 중심을 보고 의도 파악을 하는 것이 중요하다. 나타난 결과만 가지고 체벌하면 자녀 입장에서 억울할 수도 있다. 아이의 인격을 존중하고 언어폭력이 나타나지 않도록 세심한 주의가 필요하다. 부모가 이런 원칙을 무시하고 체벌하면 체벌하는 과정에서 다른 것들로 더 큰 상처를 입을 수 있다. 빈대 한 마리 잡으려다 초가삼간을 태운 꼴이 될 수 있다. 아이의 잘못을 고치려다 아이에게 더 큰 상처를 줄 수 있음을 명심하고 체벌을 할 때는 정말 몇 번 생각하고 먼저 부모의 행동을 조심해야 한다. 아무리 부모라 할지라도 자식을 체벌하는 것은 그리 쉬운 일이 아니다.

평생 공부하는
습관을 가져라

탈무드는 "20년 배운 것도 배우기를 중단하면 2년이면 다 잊는다."고 말한다. 유대인에게 지혜로운 사람은 계속적으로 공부하는 사람이다. 우리는 좋은 학교를 나오면 그 사람을 대단한 사람으로 생각하지만 유대인은 지금 계속하여 공부하고 있느냐 하는 것을 따진다. 유대인은 사람은 평생 동안 배우도록 만들어진 존재라고 생각한다. 만약 오늘 배우는 것을 멈추면 그는 과거에 아무리 대단한 일을 했다 해도 별 의미가 없다. 유대인은 만약 배우기를 중단하면 그때부터 지금까지 배운 것을 모두 잃는다고 생각한다. 유대인은 평생 교육을 한다. 현인과 우인은 그가 지금 배우고 있느냐에 따라 구별된다. 배우기를 그만두는 사람은 유대인도 아니고 사람도 아니라고 말한다. 유대인은 부모와 자녀가 모두 공부한다.

우리나라는 부모는 공부하지 않으면서 자녀에게만 공부하라고

마사다 정상에서 바라본 유대 광야

말한다. 그리고 공부가 삶이 아니고 무엇을 이루기 위한 목적이 되었다. 그러다 보니 목적을 이루면 그 순간 공부도 끝마치게 된다. 우리나라에서는 공부란 주로 학교 들어가는 수단 아니면 직업을 얻거나 결혼하기 위한 도구로 어떤 공부를 했느냐 보다는 졸업장을 중시한다. 졸업장이 없으면 공부를 하지 않는다. 단기 코스로 많은 돈을 주고 졸업장을 사는 경우는 우리나라에서 흔하게 일어나는 모습이다. 그러나 유대인에게는 있을 수 없는 모습이다. 그것은 공부에 대한 생각이 근본적으로 다르기 때문이다. 유대인은 죽을 때까지 공부해야 한다고 믿고 그렇게 산다. 유대인의 가정이나 도서관이나 학교나 직장에 가면 그들은 늘 배우는 모습이 일상화 되어 있다. 나이와 상관없이 공부하는 유대인을 많이 볼 수 있다.

때문에 유대인은 나중에 성공하는 사람이 많다. 이렇게 공부한 유대인은 거의 자기 분야에서 성공한다고 보면 된다. 이것이 가능한 것은 그들은 평생 공부하기 때문이다. 우리도 평생 공부하면 누구도 성공 못할 사람이 없다. 우리는 학교를 졸업하면 거의 배움을 중단한다. 왜 그럴까? 공부가 직업을 얻는 도구가 되어서 그렇다. 인생의 기본적인 교육에 대한 인식이 부족하기 때문에 이런 현상이 일어난다. 사실 인성과 신앙에 대한 부분은 평생해도 부족하다.

유대인에게 평생 교육이 가능한 것은 토라와 탈무드라는 국민적 교과서가 있기 때문이다. 토라와 탈무드는 나이와 직업과 아무 상관없이 배우는 책이다. 유대인은 태어날 때 뿐 아니라 죽는 순간에도 토라를 외운다. 우리에겐 이런 공부가 아직 없다. 평생 공부할 수 있는 토라와 탈무드와 같은 교재가 없다. 지금이라도 이런 책들을 찾아서 공부할 필요가 있다. 자기계발 서적이라든지 아니면 인생을 생각하게 하는 내면적 성찰과 종교에 대한 책은 평생 읽어도 부족하다. 특히 유대인들이 읽는 토라와 같은 성경책은 오늘날 모든 사람이 한번 쯤 읽어 볼만한 책이다. 수많은 책을 읽으면서도 성경책을 한번 읽지 못하고 죽는다는 것은 정말 가슴 아픈 일이다. 어쩌면 인생에서 가장 중요한 것을 놓치는 안타까운 일이 될 수 있다.

유대인은 어릴 때부터 공부의 시스템을 만들어서 공부에 대한 기초를 튼튼히 하고 있다. 이런 교육구조에 익숙해진 유대인은 평생 동안 공부하는 것이 어렵지 않다.

유대인은 3세부터 히브리어 알파벳을 가르치며 그것이 숙달되면

곧이어 기도문을 읽게 한다. 5세가 되면 성경연구를 하고 10세에는 탈무드의 본문에 해당되는 미쉬나를 공부하고 13세에는 계명에 대한 연구를, 15세 이후에는 탈무드를 공부한다. 이런 공부는 학교를 졸업하면 끝나는 것이 아니라 평생 공부하는 구조다. 그들은 토라와 탈무드 공부를 멈추면 성장이 멈추는 것이요 그것이 곧 죽음이라고 생각한다. 유대인이 사는 곳에는 헌책방이 거의 없다. 책에 대한 애착이 강해서 좀처럼 책을 팔지 않는다. 자기 재산 중에 마지막까지 팔지 않는 것이 책이다. 유대인은 어디를 가든지 책과 같이 하고 유대인이 가장 많이 모이는 곳은 도서관이다. 그러나 우리는 사람들이 가장 많이 모이는 곳은 술집이다.

　토라와 탈무드는 지식의 책이 아닌 지혜의 책이다. 우리는 이런 책이 없다는데 문제가 있다. 우리가 배운 책은 거의가 지식의 책이기에 그 책을 계속 공부하기가 어렵다. 평생 공부하기 위해서는 가정에서도 배울 수 있는 지혜의 책이 절대로 필요하다. 지식은 내용을 공부하는 책이라면 지혜는 그것을 어떻게 적용하느냐 하는 실천에 대한 책이다. 우리는 학교에서 지식과 정보에 대한 공부는 하지만 판단력과 분별력을 배워서 생활에 적용을 하도록 돕는 공부는 거의 하지 않는다.

Tips 탈무드식 한국인 교육법

우리나라 교육의 문제점은 평생 할 수 있는 공부를 어릴 때부터 하지 않는다는데 있다. 어릴 때 가정에서부터 이런 교육의 틀을 갖추어야 학교와 직장과 사회생활에 계속 이어질 수 있다. 그것은 인생의 지혜에 대한 공부를 할 때 가능하다. 물론 학교에서도 이런 교과목이 들어가야 하고 그것을 직장에서도 계속할 수 있는 교육구조가 필요하다.

우리는 학교를 졸업하면 공부가 거의 끝이 난다. 책장에 책이 사라지고 학교에서 배운 책은 모두 내다 버린다. 책을 버린다는 것은 쓸모없는 공부가 많다는 것을 의미한다. 그것은 오직 학교에 들어가기 위한 입시공부를 했기에 학교에 들어가면 더 이상 소장 가치가 없는 것이다.

직장에 들어가고 결혼을 해서 자녀를 낳아도 계속 공부할 수 있는 그런 주제를 찾아서 공부를 해야 한다. 그렇게 하려면 영성과 인성에 대한 공부가 먼저 선결되어야 한다. 하지만 우리는 이 부분이 아주 허약하다. 인생의 행복은 영성과 인성 교육에서 비롯된다. 하루빨리 이런 구조로 한국교육이 개혁되는 것은 당연하다. 가정에서부터 이런 평생교육 시스템이 정착되면 더 좋을 것이다.

우리나라도 이제는 평생교육 시대에 접어들었다. 이제 인생 100세 시대라고 말한다. 은퇴를 한 후에도 앞으로 살아갈 날이 많다. 두 번 인생을 살 수 있는 시대가 열렸다. 이것을 준비하기 위해서 다양한 일들을 생각해 보지만 그것을 이루기 위한 핵심은 공부다. 공부는 평생 할 수 있다. 육체를 사용하는 일은 나이가 들면 약해져 계속하기가 힘들다. 그러나 머리를 사용하는 공부는 나이가 들어도 계속할 수 있다.

인생의 참다운 지혜를 발휘하는 때는 70~80세이다. 평생 교육기관들이 많아서 취미와 다양한 관심 분야를 공부할 수 있는 시대가 열렸다. 그러나 한 가지 기억해야 할 것은 그동안 공부를 하지 않다가 갑자기 은퇴 이후에 공부하려면 무척 힘들다는 것이다. 막상 생각은 있지만 그것이 생활화하지 않으면 어렵다. 공부는 머리로 하지만 그것이 몸으로 습관이 안 되면 공부는 어렵다. 책을 보고 의자에 앉아서 공부하는 습관이 결국 나이가 들어도 공부하게 만든다. 평생공부를 꿈꾼다면 지속적으로 공부를 해야 하고 그 끈을 놓으면 안 된다. 평생 동안 목표를 정하고 계속 공부하면 누구나 성공할 수 있다.

우리는 너무 일찍 성공을 꿈꾸고 그것을 추구하기에 실패에 대한 두려움이 있다. 거목은 나중에 열매가 맺힌다. 어릴 때부터 평생교육에 대한 그림을 그리고 지속적으로 공부를 한다면 우리 자녀들도 거목으로서 인류역사에 빛을 남길 수 있다. 이것을 위해서는 기능과 기술적인 공부에만 매달리면 안 된다. 그것은 계속적으로 하기 어렵다. 또한 필요한 여러 가지 조건이 주어지지 않으면 지속하지 못할 수 있다.

그렇다면 어떤 공부를 해야 할까? 그것은 유대인의 토라와 탈무드 같은 영성과 인성에 대한 공부다. 우리에게 토라와 탈무드를 대신할만한 책은 바로 성경이다. 성경은 유대인 토라보다 더 탁월한 책으로 토라를 완성한 책이다. 성경은 바다와 같은 깊은 샘터다. 평생 공부해도 다 배울 수 없는 엄청난 내용들과 지혜로 가득하다. 이것으로 영성과 인성의 기초를 다져서 나이가 들어도 할 수 있는 나만의 강점을 찾아간다면 우리는 평생 공부하면서 영향력을 발휘할 수 있다.

필자는 이런 문제점을 해결하는 방안으로 15년 전부터 엔크리스토 성경대학을 개설하여 매주 월요일을 공부하는 날로 정해서 지금까지 지속적으로 공부하고 있다. 유대인의 예시바 학교와 같은 그런 정신이 한국에도 심어지기를 소망하며 지속적으로 쉬지 않고 운영하고 있다. 졸업이 없는 학교로 평생 동안 공부하는 학습기관이다. 누구나 참여할 수 있고 언제든지 공부할 수 있다. 심지어 부모와 자녀가 같이 공부하기도 한다.

아침 10시 30분부터 오후 5시 30분까지 진행되는 성경대학과정은 성경에 나오는 66권을 차례대로 공부한다. 구약성경반과 신약성경반을 개설하여 유대인의 탈무드 교육방식인 이야기와 질문과 대화와 토론의 방법을 한국 상황에 맞게 적용하여 공부하고 있다. 평생 계속 공부할 수 있는 학교로 자리매김 하길 소원하고 있다.

3장

만남 교육
사람과의 만남으로 인격을 다듬어라

사람을 통해
가장 잘 배운다

성경의 잠언에 보면 "철이 철을 날카롭게 한다."는 말이 있다. 사람교육은 책보다 사람이 더욱 좋다. 특히 인성 교육은 사람을 통한 것보다 더 좋은 방법은 없다. 그러나 우리는 사람보다 교재나 다른 도구를 더 중요하게 생각한다. 더 좋은 자료가 없을까 하고 그것을 찾아 헤맨다. 우리나라 교육은 자료싸움이다. 우리는 다른 사람이 갖지 못한 것을 내가 먼저 찾아서 그것을 나의 것으로 만들면 점수를 좋게 받는다. 흔히 공부는 자료 싸움이었다고 말하는 이유도 여기에 있다. 우리는 이런 인식 때문에 사람과 만나서 배우기보다는 남보다 열심히 책에 파묻혀 지내는 것을 더 선호한다.

그러나 진정한 배움은 사람을 통해서 이루어진다. 그것이 살아 있는 배움이다. 사람과 만나면서 진정한 교육이 이루어진다. 요즈음은 인터넷과 스마트폰 시대다. 그러다 보니 만남 역시 기계를 통하여 이루어진다. 아무리 과학 기술이 발달하여 핸드폰 하나에 모든 것을 다 담아 공부에 활용한다 해도 사람과 직접 만나면서 이루어지는 교육보다 더 좋을 수는 없다.

유대인의 교육이 탁월한 것은 책보다 사람을 우선한다는 점이다. 자녀를 교육할 때 가장 중요한 것이 부모요 그 다음은 랍비고 그 다음은 주변 친구다. 이것이 잘 이루어질 때 교육의 효과를 얻을 수 있다. 사람 교육에서 가장 중요한 요소는 배우는 사람 자신이다. 결국 자신이 배움의 주체가 되어야 진정한 교육이 이루어진다. 아무리 좋은 교사가 있어도 먼저 본인이 변하려고 결단하지 않으면 다 허사가 된다. 자신이 최고 교사다. 자기를 통해 배우는 것이야말로 진정한 깨달음이 된다. 부모와 교사와 친구는 모두 보조자일 뿐이다.

교육은 스스로 배우는 것이다. 마지막은 스스로 결정하고 스스로 능력을 키우는 것이다. 그렇다면 교육을 하기 전에 먼저 자기 자신에 대한 교육의 방향을 확고하게 정립할 필요가 있다. 탈무드에서는 "남보다 뛰어난 사람은 두 종류의 교육을 받고 있다. 그 하나는 스승으로부터의 교육이며, 또 하나는 자기 자신으로부터의 교육이다." 라고 말한다.

가장 중요한 것은 자신에게서 배우는 교육이다. 그 다음으로 부모, 스승, 친구를 통해서 배우는 것인데 이 네 요소가 균형을 이루어야 한다.

자신의 정체성을 분명하게 하라

"너의 하나님 나 여호와가 거룩한즉 너희도 거룩하라." (레위기 19:2)

'거룩'은 '구별된다'라는 의미다. 유대인은 다른 민족과 구별된 백성이라고 믿는다. 특별히 선택된 민족이라는 자부심이 있다. 여기서 구별되었다는 것은 선한 의미에서 세상과 다르다는 뜻이다. 세상과 구별되는 삶은 무엇인가? 그것은 토라에 따라 사는 것을 말한다. 토라에는 613개의 계명이 있는데 그것이 세상 사람과 구별된 삶을 사는 방식이다. 1년 365일은 "하라"는 것이고 "하지 마라"는 것은 인간의 뼈마디를 의미하는 248개를 말한다.

유대인의 어린이가 글자를 배우면서 토라 중에서 가장 먼저 읽는 책이 레위기다. 레위기는 우리가 볼 때 성서에서 가장 어려운 책이고 난해하다. 하지만 유대인에게는 레위기는 매우 중요한 책이다.

레위기에는 하나님의 거룩한 백성은 어떻게 살아야 하는지 구체적인 지침이 나와 있다. 세상의 다른 민족과 구별된 모습에 대해서 자세하게 기록되어 있다. 유대인은 이런 규정을 통해서 자신들이 다른 민족과 차별된다는 점을 강조한다. 그것은 민족의 정체성을 심어주는 역할을 한다.

예를 들면 음식 중에 유대인이라면 먹어서는 안 되는 것이 있다. 정결한 음식을 뜻하는 '코셔(Kosher)'는 히브리어 '카쉐르'의 영어식 표기로 유대인 율법에 따라 도살·처리·가공된 식품을 말하며 '적당한, 합당한'이라는 뜻을 갖고 있다. 유대인은 레위기 법에 따라 부정한 음식과 정결한 음식을 엄격하게 구분한다. 채소와 과일, 닭, 소, 양 등은 먹을 수 있으나 돼지, 말, 조개, 지느러미나 비늘이 없는 어류는 먹으면 안 된다. 또 유제품과 육류는 함께 섭취할 수 없다. 코셔에 속하는 육류나 조류라고 하더라도 유대교 율법에 따라 도살한 것만 먹을 수 있다.

유대인은 코셔를 통해서 인체에 해롭다고 생각하는 것을 금지한다. 정결한 식품을 먹어야 한다고 어릴 때부터 가르친다. 실제 코셔 인증마크는 유기농 마크보다도 인지도가 높게 조사될 만큼 신뢰도가 높다. 코셔 인증을 받은 식품은 그 자체만으로 안전을 의미한다. 세계적 브랜드인 네슬레, P&G 등이 OU코셔 마크를 제품라벨에 사용할 정도로 세계적으로 인기가 높다.

유대인의 정체성을 상징하는 시각적인 교육의 모습은 음식뿐 아니라 이외에도 많다. 우리가 보기에는 우리와 너무 구별되기에 거부감이 드는 것도 사실이지만 유대인은 이런 것들을 상관하지 않고 오히려 자신들이 구별되었다는 생각으로 자존감을 갖는다. 머리에 쓰는 키파라고 불리는 동그란 모자는 유대인 남자라면 모두 쓴다. 그것은 자신이 유대인임을 드러내는 표시다. 실제 이스라엘에 가면 유대인과 팔레스타인 사람과 아랍 사람들을 구분하기 어렵다. 하지만 머리에 쓴 동그란 모자를 보면 그가 유대인임을 알 수 있다. 어린이부터 어른에 이르기까지 그들은 길에 나갈 때 언제나 이 모자를 쓴다. 이런 모자를 머리에 쓰는 것은 자신 위에 하나님이 있다는 것을 상징하는 것으로 어디에 가든지 하나님 아래서 늘 겸손하게 살아가라는 표시다.

유대인 중에서도 특히 정통 신앙을 가진 사람은 검정 옷과 모자를 착용한다. 여름에도 긴 검정 옷을 입는다. 상복과도 같은 그런 옷을 입고 다니는 것은 자신들의 고난을 기억하기 위함이다. 나라 없이 떠돌았던 과거의 죽음과도 같은 역사를 기억하며 살 때 실패가 반복되지 않는다. 그들은 계명을 지키면서 살아야 함을 강조하는 의미에서 이마와 손목에 태필린이라는 작은 상자를 붙이고 다닌다. 또 탈리트라는 기도옷을 입고 다닌다. 이런 모습은 유대인이 사는 곳에서 흔히 볼 수 있는 장면이다. 미국의 뉴욕 거리에도 이런 유대인을 종종 볼 수 있다. 현대 속에 고대인을 보는 듯한 이상한 모습은 사람들로 하여금 의아하게 만들지만 그런 자기들의 모습을 세계 어디서나 당당하게 드러내놓고 다니는 유대인만이 갖는 정체성에서 나온 자신감은 높이 살만하다.

안식일이 되면 어김없이 모든 일을 멈추고 가정에 돌아가 가족과 같이 안식하는 모습은 유대인만이 가지는 구별된 모습이다. 심지어 핸드폰과 전화와 컴퓨터와 자동차도 사용하지 않고 오직 가족과 예배하고 음식을 먹으면서 대화하며 지내는 그들의 전통은 수천 년 동안 이어져 내려온 그들만의 삶이다.

유대인 부모들은 자녀를 자신의 소유로 생각하지 않는다. 하나님이 자신에게 맡기신 존재로 생각하고 잘 키워서 하나님께 봉헌해야 하는 것으로 여긴다. 유대인 부모는 자녀를 잘 키워서 자기의 만족을 구하기보다는 민족과 사회에 기여하는 존재가 되길 바란다. 부모는 자신의 아이를 키울 때 자기 기준대로 키우기보다 아이의 개성을 찾아 그것을 발견하고 그 재능을 찾아 그것으로 하나님과 이웃에게 봉사하는 존재로 성장하기를 바란다. 이렇게 자란 유대인 가운데 세계적인 인물이 많이 나오고 세계를 변화시키는 영향력 있는 인재들이 계속 배출되는 것은 이런 부모들의 독특한 자녀관의 결과다. 이것은 유대인 부모들이 자녀를 자기 소유가 아닌 하나님으로부터 위탁 받았다고 생각하기 때문에 가능한 일이다. 이런 점에서 유대인은 자녀 키우는 일을 일종의 소명으로 생각한다.

Tips 탈무드식 한국인 교육법

지인 중에 미국으로 이민을 간 사람이 있다. 자녀는 한국에서 태어났고 어릴 때 미국으로 함께 갔다. 어느 날 그의 자녀가 한국에 왔는데 한국말을 거의 하지 못했다. 얼굴은 한국인이지만 실제는 한국인이 아니었다.

정체성은 언어에서 시작된다. 언어를 알지 못하면 아무것도 할 수 없다. 한국인으로 태어났다면 어디를 가든지 한국인으로서 살 수 있도록 언어를 부모가 가르쳐야 한다. 언어를 통해 한국인의 정체성을 알게 하고 아울러 한국인의 뿌리를 배우게 하는 교육이 필요하다. 정체성의 혼돈이 오면 큰일을 할 수 없다.

요즘 우리 학교에서조차도 한국인에 대한 정체성 교육이 사라지고 있다. 국사가 선택과목이 되면서 국사를 알지 못하는 학생들이 많다. 참으로 심각한 일이다. 학교에서 안 되면 가정에서라도 이런 기본 교육이 이루어져야 한다. 어릴 때부터 이야기를 통해서 한국역사를 가르치거나 역사 박물관 등을 통해서 자녀의 정체성을 깨닫는 교육과정이 필요하다. 가문의 아름다운 전통도 같이 배울 수 있으면 좋다.

아울러 인간으로서 정체성을 알게 하는 것도 중요하다. 어릴 때부터 인간의 가치와 존엄성을 배우게 하고 고유한 인간성을 잃어버리지 않도록 해야 한다. 그렇지 않으면 물질에 지배를 당하고 동물처럼 인간이 변하게 된다. 다른 사람을 괴롭히고 물건을 빼앗고 폭행하는 것들은 인간의 진정한 가치를 알지 못했기 때문에 나타난 현상이다. 이것은 학교에서 공부를 잘하는 것과 차원이 다른 근본적인 문제다. 이것이 해결되지 않으면 설사 물질적 부유함과 세속적인 성공을 이룬다 해도 또 기능적인 탁월함이 있다 해도 불행한 삶이 될 수밖에 없다.

자녀교육은
부모가 책임을 져라

유대인에게 가장 위대한 일은 자녀를 낳는 일이다. 유대인은 보통 7~10명까지 낳는다. 그것은 자녀를 낳아 키우는 일이 가장 소중하다고 생각하기 때문이다. 우리는 가능한 한 아이를 낳지 않으려고 한다. 그것은 아이를 키우는 것이 얼마나 소중한지를 잘 몰라서다.

유대인의 가장 큰 의무는 토라를 읽고 공부하는 것이다. 유대인은 아이가 태어나면 토라를 읽고 배우는 것을 우선으로 생각한다. 아이에게 세상의 악한 것이 들어오기 전에 가장 먼저 토라를 마음에 심는다. 마음에 다른 것이 싹트기 전에 토라의 씨앗을 심는다. 가능한 한 어릴 때부터 해야 한다. 아이가 말을 시작할 때, 그 순간을 놓치지 않고 유대인은 히브리어로 '토라 미츠바라누 모세'(모세가 우리에게 토라를 주었다)라고 말한다. 유대인 아이의 인생은 이렇게 토라로 시작된다. 토라를 배우면서 하나님과 가까워진다. 사람보다 하나님을 먼저 인식시키는 것이 유대인 자녀교육법이다.

유대인은 말과 글을 배우는 목적이 히브리어를 말하고 토라를 읽기 위해서다. 배움의 최종목적은 창조자인 하나님을 알기 위해서다. 유대인은 아무리 가난해도 열 명의 자녀가 있으면 열 명 모두에게 교육을 시켜 누구나 글을 읽을 수 있게 한다. 유대인들이 교육시키는 것은 출세를 위하고, 장부정리를 하고 장사에 이익을 얻기 위해서 하지만, 가장 먼저 하나님께 기도하고 토라를 읽기 위해 글자를 가르친다.

유대인은 아이의 나이가 13세가 되기까지 가정을 교육의 중심으로 생각한다. 유대인 가정은 가부장적인 제도를 가지고 있다. 남편은 가정의 지배자이다. 아이들 교육은 주로 아버지가 한다. 물론 어머니가 아이들의 교육을 하지만 그것은 보조자일 뿐이다. 어머니는 육아와 가사를 통해 생활 속에서 교육한다. 역시 토라를 가르치는 일은 주로 아버지의 몫이다. 유대인 부모는 13세가 되기까지 자녀교육의 책임을 진다. 그리고 13세가 되면 "하나님이 너무나 무거운 책임에서 나를 해방시켜 주시는 것을 감사합니다." 하고 부르짖는다. 13세가 되면 성인으로 간주하면서 이제 하나님의 손에 맡긴다고 생각한다. 아버지는 가정을 책임지는 부양의 의무도 있지만 자녀를 교육하는 교사의 책임도 있다. 유대인 아버지는 안식일이 되면 자녀들을 한 사람씩 방으로 불러서 30분 정도 조용히 대화를 나눈다. 그때 학교에서 일어난 일을 묻고 또한 조언을 한다. 그래서 유대인 자녀들은 아버지를 '나의 아버지이자 선생님'이라고 부른다.

히브리어로 '부모'는 '호림'이라고 한다. '교사'는 '모림'이라고 말한다. 토라는 '모레'라는 히브리어와 어원과 같다. 부모와 교사와 토라는 서로 같은 의미를 지니고 있다. 부모는 자녀에게 토라를 가르칠 의무가 있다. 이것을 등한시하면 부모의 임무를 포기하는 것이다. 유대인은 평생의 기초를 부모를 통해서 배운다. 공부법, 친구 사귀기, 생활규칙과 예의 등 생활 전반을 부모를 통해서 배운다. 그것은 말보다 부모가 살아가는 모습을 보고 배운다.

이렇게 기초가 다져진 상태에서 학교를 보내기에 학교에 잘 적응하고 학교 공부가 효과적이다. 유대인에게 학교는 어디까지나 가정의 보조기관이다. 학교와 교사는 아이에게 부족한 지식을 채워주고 친구관계를 맺는 곳이다. 만약 가정교육이 실패하면 학교에서도 제대로 교육이 안 된다. 이런 이유로 유대인은 가정교육에 집중하고 그것에 승부를 건다. 부모의 역할이 아이의 평생을 좌우하는 셈이다. 유대인은 얼마나 좋은 가정에서 교육을 받았느냐에 관심을 두지 우리처럼 얼마나 좋은 학교에서 공부했느냐는 그리 중요하지 않다. 우리처럼 일류학교는 크게 의미가 없다.

우리는 가정교육이 부족하기에 학교에 집착하여 좋은 학교에 보내려고 한다. 유치원 때부터 좋은 유치원에 보내기 위해 수고한다. 가정교육이 부족하기에 더욱더 가정의 교육을 대신할 학교와 교사를 찾는 것이다. 그러나 아무리 좋은 학교와 교사가 있다 해도 가정만한 학교가 없고 부모만한 교사가 없다.

유대인 부모는 자녀가 히브리어 알파벳을 배우면 가장 먼저 기도문을 읽게 하고 토라를 읽고 쓰게 한다. 유대인들에게 세상 지식은 언어를 배우기 위한 것이 아니라 토라를 배우고 탈무드를 공부하기 위함이다. 그들은 우리와 다른 공부 목적을 가지고 있다. 부모 역시 학교 공부를 가르친다기보다는 토라와 탈무드를 가르치면서 인성을 키우며 앞으로 공부할 수 있는 능력을 키운다. 이것을 13세까지 확고하게 가정을 중심으로 부모에게 교육을 받으면 나중에 학교에 가서 학과공부는 스스로 하게 된다. 가정에서 배운 토라와 탈무드 교육은 학과공부를 쉽게 할 수 있는 능력을 키워준다. 실제 이렇게 공부한 유대인은 실제로 우리보다 월등한 실력을 발휘한다. 미국 아이비리그 대학에 유대인 합격률이 훨씬 높고 대학에 들어가 졸업 때가 되면 다른 학생들이 따라올 수 없을 만큼 탁월한 실력을 소유하게 된다. 그것은 가정에서 기초교육을 튼튼하게 다졌기 때문에 가능한 일이다.

또한 부모가 자녀에게 가장 좋은 교사가 되는 이유는 늘 생활을 함께 하기 때문이다. 학과목을 배우는 것보다 삶을 배우기 때문이다. 같이 먹고 자고 지내면서 자녀에게 가르치는 것이 많다. 자녀는 이것을 그대로 배운다. 부모는 자녀의 마음 상태를 잘 알기에 정말 필요한 것을 맞춤형으로 줄 수 있다. 또한 학교가 가르쳐 주지 못하고 놓치는 부분을 가르칠 수 있다. 가장 좋은 교육은 본보기로 배우는 것이다. 부모는 자녀의 본보기를 보여주는 존재다. 자녀는 부모를 그대로 모방한다. 자녀는 싫든 좋든 함께 하기에 30년 정도 같이 지내면 부모를 그대로 본받게 된다. 특히 부모의 품성과 태도를 본받는다. 세상에는 품성을 길러주는 기관은 없다. 그런 교사도 없다. 부모만이 가능한데 이때 부모가 좋은 성품을 보여주지 못하면 아이는 품성을 다른 데서 배울 수 없기에 그대로 본받는다. 지식은 다른 곳에서도 배울 수 있지만 품성은 오직 가정에서만 가능하다.

이렇게 보면 가정에서 부모를 통해 배우는 인격과 품성과 삶의 태도는 중요한 교육이다. 나중에 문제가 되는 자녀는 모두 어릴 때 가정에서 부모를 통해 나쁜 영향을 받았기 때문이다. 어린아이는 부모의 복사판이다. 자녀는 부모를 흉보면서 배운다. 아버지가 술과 폭력을 휘두르면 자녀는 자기도 모르게 그대로 본받아 나중에 결혼하여 자기 자녀에게 그대로 행한다. 부모가 말하고 사람을 대하는 태도가 그대로 자녀에게 옮겨져 말투와 언행이 닮게 된다. 부모에게서 근면과 절제와 온유와 사랑과 긍정의 모습을 보고 자란 아이는 자연히 그대로 삶으로 드러난다. 부모가 시간을 어기고 약속을 지키지 않으면 자녀도 그대로 본받는다. 왜 그럴까? 배움은 자기도 모르게 배워지기 때문이다. 이런 점에서 부모의 모범은 자녀교육에서 매우 중요하다.

위대한 사람들의 전기를 보면 빗나간 자녀들이 많다. 유전학적으로 보면 위대한 부모 밑에서 위대한 자녀가 나와야 하는데 꼭 그렇지 않다. 왜 그럴까? 그것은 위대한 사람들은 보통 자기 일에만 집중하기에 자녀들을 돌보거나 같이 대화를 나누는 일에 관심이 없는 경우가 많다. 연구실이나 방에 틀어박혀 연구하거나 아니면 밖으로 돌아다니며 이웃을 돌보거나 세상을 바꾸는 운동을 한다. 너무 유명하다 보면 할일이 너무 많아서 집안에서 가만히 앉아 있을 수 있는 시간이 없다. 가정에 충실하지 못하다 보니 부부관계도 안 좋게 된다. 결과적으로 자녀에 소홀하게 되고 자녀가 상처를 입게 된다. 만약 어머니가 좋으면 그런대로 자녀교육이 되지만 그나마 좋은 어머니가 되지 못하면 자식은 비뚤어질 수밖에 없다.

아이가 훌륭하게 되느냐는 전적으로 부모에게 달려 있다. 좋은 엄마와 좋은 아빠는 하루아침에 만들어지지 않는다. 청년 때부터 부모 준비를 해야 한다. 마음과 몸을 건강하게 만드는 것이 미래의 부모 준비다. 특히 미혼 청년 때 부모교육은 절대적으로 필요하다. 그렇지 않고 결혼을 하면 그때부터 좋은 부모 되기는 어렵다. 자녀는 부모가 키워야 하는데 요즈음 부모들은 그렇지 않다. 아주 쉽게 다른 사람에게나 시설에 맡기는 예가 많다. 자기 아이를 다른 사람에게 맡기는 것은 오직 인간 밖에 없다. 동물은 절대로 자기 새끼를 다른 곳에 맡기지 않는다. 그런데 인간은 아무 생각 없이 얼마 안 된 자기 아이를 다른 사람에게 쉽게 맡긴다. 로마제국이 멸망한 것은 엄마들이 하인들이나 다른 사람에게 아이를 맡기고 자기 일에 바쁜 결과였다. 가정이 무너지면서 자녀를 낳지 않게 되었고 그것이 나중에 로마를 무너지게 했다.

왜 이런 현상이 일어나는가? 그것은 아이를 키울 수 있는 엄마의 준비가 되지 않은 채 결혼한 것이 가장 큰 문제다. 그나마 좋은 부모를 통해 좋은 가정교육을 받은 경우는 그런대로 괜찮지만 가정교육이 안된 상황에서 결혼을 하게 되면 그야말로 최악의 상황이 벌어진다. 유치원을 처음으로 만든 프뢰벨은 "국민의 운명은 권력을 잡은 자의 손에 달려 있는 것이 아니라 엄마의 손에 달려 있으므로, 우리는 인류교육자인 엄마를 계발하는데 노력해야 한다." 고 말했다. 우리나라의 미래는 부모의 손에 특히 엄마의 손에 달려 있다.

어떻게 보면 유대인이 위대한 것은 엄마가 위대하기 때문이다. 유대인 엄마는 일보다 자녀를 양육하는데 최우선을 둔다. 유대인이 아버지가 아닌 어머니에 의해서 결정된다는 것은 그만큼 어머니의 역할이 크다는 것을 보여준다. 유대인 아버지는 가정에서 한가한 시간을 보낼 때는 언제나 책을 읽는다. 아버지는 늘 배우는 사람이라는 생각이 자녀들에게 인식되므로 자녀들도 그대로 따라하며 삶의 습관으로 자리 잡는다. 유대인은 부모교육의 중요성을 알고 부모가 늘 공부하는 모습을 보여준다.

자녀교육보다 부모교육이 우선이다. 유대인은 자녀를 태에 잉태하면 12개월 동안은 부모 되는 교육을 받는다. 부모에서 자녀로 이어지는 순환고리는 수천 년 동안 유대인 교육을 튼튼하게 하는 버팀목이다.

Tips 탈무드식 한국인 교육법

자녀교육은 부모교육에서 비롯된다. 부모교육이 먼저 이루어지지 않으면 자녀교육은 올바르게 할 수 없다. 부모교육이 안 된 부모일수록 자녀를 좋은 학교나 일류 학원에 맡기려고 한다. 우리는 자신의 교육보다 자녀교육에 더 관심이 많다. 오직 자녀 잘 되는 것에만 관심을 갖고 자녀에게 잔소리를 하면서 가르친다. 정작 부모 자신은 변하지 않고 오직 자녀만 나무란다. 자녀는 부모만큼 자란다. 자녀들은 부모의 언행을 그대로 따라한다는 점을 생각한다면 부모는 자신을 가르치는 것을 우선해야 한다.

이것을 해결하기 위해서는 자녀학교보다 먼저 부모학교가 필요하다. 부모가 되는 법을 배우지 않고 부모가 되는 경우가 얼마나 많은가? 젊은이들이 결혼하는 과정을 보면 금방 알 수 있다. 사랑하는 사람을 만나서 결혼한다. 그리고 아이를 낳는다. 문제는 아이를 키우기 위한 부모교육이 전혀 준비가 안 되었다는 점이다.

우리나라 젊은이들은 대부분 자녀를 이렇게 키워야 한다는 공부를 해본 적이 없이 자녀를 낳는다. 가정교육이 잘 되어서 부모의 좋은 모습을 보고 자란 자녀는 결혼하여 그것을 그대로 실천하기에 문제없이 지낼 수 있지만 그렇지 못한 경우는 심각한 상황이 나타난다. 대부분 여기서부터 자녀교육의 문제가 발생한다. 문제아이가 있는 것이 아니라 문제부모가 있다. 좋은 부모란 돈을 잘 벌어서 자녀를 좋은 학교에 보내고 좋은 선생을 찾아서 키우는 부모라는 생각을 많이 갖고 있다. 그러나 정말 좋은 부모는 자녀를 교육할 수 있는 최고의 교사가 되는 부모다.

지금부터라도 한국사회에 부모교육을 할 수 있는 기관이 국가적으로 만들어져야 하고 무상으로 전 국민이 공부할 수 있는 교육시스템이 필요하다. 부모교육을 받은 자만이 국가에서 양육비의 혜택을 준다든지 하는 방법으로 정책이 시행되어야 할 것이다. 무상으로 양육비만 지원한다고 해결될 일이 아니다. 부모교육이 더 시급하다. 우리나라 부모교육은 문제가 발생한 후에 어떻게 할 것인가를 생각하는 사후교육이 강하다. 사후 부모교육보다는 사전 부모교육이 중요하다. 적어도 예비 부모가 될 청년들에게 가정과 자녀교육에 대한 것이 제공되고 훈련된다면 지금의 가정문제가 많이 해소될 것이다.

소박한 규모의 유대인 회당

부모가 할 수 없는 것은
교사의 도움을 받아라

유대인 사회는 관리가 아닌 랍비가 주도하고 있다. 랍비가 없는 것은 마을이 아니라고 말할 정도로 랍비의 중요성은 크다. 그것은 유대인이 얼마나 교육적인 민족인지를 보여주는 부분이다. 유대인은 토라를 연구하고 공부하는 사람인 랍비를 가장 존경한다.

우리 상황은 교사는 학교에 다닐 때만 해당되지 일상생활에서 교사는 없다. 학교를 졸업하면 더 이상 배울 교사가 우리 주위에 없다. 그리고 학교를 졸업한 후에도 계속하여 공부하는 사람은 극히 일부분이다. 하지만 유대인은 그렇지 않다. 오히려 학교를 졸업하고서 더 공부를 많이 한다. 이것은 지식과 삶을 가르치는 랍비가 있기 때문에 가능하다. 예시바 학교는 어린이, 중고등학교, 대학교 뿐 아니라 성인반도 개설된다. 예시바는 언제라도 들어가서 공부할 수 있는 학교다. 물론 우리에게도 취미 등을 배우는 평생 교육학교는 있지만 랍비를 통해 인격과 아울러 지식과 삶을 배우는 그런 구조는 없다. 이런 평생교육구조 덕분에 유대인은 모두가 공부를 즐거워한다.

 탈무드는 "포도주는 처음엔 포도와 같은 설익은 맛을 내지만, 오래되면 될수록 맛이 좋아진다. 지혜도 이와 같이 해가 지날수록 갈고 닦여진다."라고 말한다. 교육은 인격에서 결정된다. 학문적인 것은 젊은 사람이 능통할지라도 그것으로 공부가 완성되는 것이 아니다. 시간이 지나면서 인생의 연륜과 경험과 고난이 함께 될 때 지혜가 피어난다. 인간의 인격 성장은 금방 이루어지는 것이 아니라 오랜 연륜과 고난의 경험이 어우러져 이루어진다. 젊은 사람은 실력은 탁월할 수 있지만 인생의 원숙한 맛은 찾아보기 힘들다. 그래서 유대인은 나이든 교사를 선호한다. 탈무드에 교사에 대한 구절이 있다.

> "젊은 교사에게서 배운 사람과 나이든 교사에게서 교육 받은 사람은 어떠한 차이가 있을까? 젊은 교사에게 배우는 것은 마치 설익은 포도를 먹고 방금 저장한 포도주를 마시는 것과 같고 나이든 교사에게 교육 받은 사람은 익은 포도를 따 먹으며 오래된 포도주를 마시는 것과 같다."

 하지만 우리는 젊은 교사를 선호한다. 나이가 들면 학교를 떠난다. 그러나 유대인은 우리와 다르다. 수염을 기른 나이든 랍비는 모든 사람에게 존경 받고 그런 교사를 선호한다. 인격이 배어 있는 교사는 아무래도 나이가 들어야 한다.

　유대인이 다니는 유치원을 보면 우리와 다른 모습을 볼 수 있다. 대부분 아이를 길러 본 경험이 있는 나이든 주부들이 교사를 한다. 유대인은 대학을 금방 졸업한 사람은 유치원교사로 채용하지 않는다. 자녀를 키워 보지 않은 사람이 어떻게 유치원 교사를 할 수 있는가? 보조 교사들 역시 아이를 키워 본 나이가 지긋한 사람을 선택한다. 그것은 유치원 아이에게 필요한 것은 이론적인 것보다 부모 같은 사랑과 편안함을 더 원하기 때문이다. 특히 이때 아이는 교사의 인격을 보고 배우기에 인격적으로 정리가 된 사람은 나이든 사람들이다.

　그러나 우리는 갓 대학을 졸업한 젊은 사람들이 대부분 유치원 교사를 한다. 유치원 교사에 대한 뉴스들이 많이 소개된다. 아이들을 학대하고 감정을 참지 못해 아이를 괴롭히는 교사들의 이야기를 종종 접한다. 실제로 아이들을 대한다는 것은 쉬운 일이 아니다. 인격적으로 훈련이 안되면 아이들의 고집스럽고 거친 행동을 받아주기가 쉽지 않다. 참고 기다려야 하는데 이것은 아이를 키워 보지 않은 젊은 교사에게는 아주 힘든 일이다.

　탈무드에 보면 "인내심은 교사 자격의 필수 조건이다."라는 구절이 있다. 인내심은 나이가 적은 사람에게는 찾아보기 힘든 성품이다. 오랜 인생의 연륜이 생기지 않으면 갖기 어렵다.

　교사에 해당되는 유대인 랍비는 성직자와 다른 개념이다. 랍비는 유대인 사회에서 성직자처럼 예전을 집례하지 않는다. 랍비는 주로 유대 율법인 토라와 탈무드를 가르치고 해석하는 교사에 가깝다. 때로는 공동체를 인도하고 공동체의 예배를 인도한다. 회당의 여러 가지 행정적인 일도 맡는다. 그러나 이런 업무가 꼭 랍비에게만 맡겨지지는 않는다. 평신도들에 의해 행정 업무가 처리되고 랍비가 없을 때는 자체적으로 예배가 이루어진다.

유대인 랍비들을 보면 나이가 지긋한 사람들이 많다. 그것은 평생 동안 교사를 한다는 의미다. 유대인 랍비는 자기 일을 하면서 랍비 직을 수행하는 사람이 많다. 랍비는 학문적인 것만이 아닌 인격적인 면도 겸비해야 한다. 그런 이유로 유대인들은 랍비를 최고로 존경한다. 랍비는 성경과 탈무드를 가르칠 뿐 아니라 결혼식이나 태어날 때, 또는 장례식을 주관하고 그것을 집례한다. 심지어 코셔 음식 판별도 랍비가 한다.

랍비의 역할은 우리가 생각하는 교사와 다르다. 생활의 전반에 걸쳐서 관여하고 유대인 생활을 이끄는 지도자 역할을 한다. 유대인 사회는 정치가들이나 관료들이 끌어가는 것이 아니라 랍비들의 영향력이 크다. 랍비는 유대인이 선망하는 최고의 직업이다. 랍비는 유대사회를 튼튼하게 만드는 원동력이 된다.

Tips 탈무드식 한국인 교육법

우리 학교의 교사는 오직 자기 전공과목 하나만 잘 가르치면 되고 생활까지 관여할 그런 권한은 없다. 우리는 오직 대학을 잘 보내주는 교사가 유능한 교사다. 좋은 교사를 만나지 못하면 좋은 제자가 나오기 어렵다. 그래서 인재를 찾기가 힘들다. 매번 정권이 바뀔 때마다 나라를 책임질 장관과 공직자들을 세우는데 한 사람 인재를 찾는 것이 얼마나 어려운지 모른다. 좋은 학위를 받고 공부한 사람은 많은데 정작 국회 청문회를 통과할 사람이 얼마 안 된다.

이것은 무엇을 말하는가? 그것은 오늘날 우리 교육의 현주소를 보여준다. 인격교육이 잘 안 되는 이유는 부모들이 인격교사보다는 오직 실력만 키우는 교사를 원하기 때문이다. 학생들은 20여년 동안 학교를 다니면서 수많은 교사들을 만난다. 그런데 존경할 만한 교사를 만날 수 없다면 이것처럼 서글픈 일이 없다.

우리나라도 유대인처럼 훌륭한 랍비를 키우는데 힘써야 한다. 삶을 가르치고 그런 모습을 본받을만한 랍비와 같은 교사를 키우는 국가적 교사 양성 구조가 필요하다. 존경 받는 교사, 인생과 삶을 가르치는 원로교사들이 교육을 뒷받침하고 있다면 그 나라는 흔들리지 않게 될 것이다. 교육은 책보다 삶과 모범으로 이루어진다. 존경 받을만한 교사를 키워내는 것이야 말로 나라를 튼튼하게 하는 비결이다.

우리는 어릴 때 앞으로 소원이 무엇이냐고 물어보면 대부분 '선생님'이라고 말한다. 그런데 시간이 지나면서 그 소원이 바뀐다. 그러나 유대인은 시간이 가면 갈수록 교사를 존경한다. 우리나라도 이런 교육이 되도록 전체 교육의 구조를 바꾸는 지혜와 결단이 필요하다.

친구와 함께 배우고
서로 가르쳐라

유대인의 특별한 교육법 중에 하브루타가 있다. 하부르타(Chavruta)는 히브리어의 '하베르(친구)'와 '하부라(친구공동체)'라는 말에서 유래했다. 하브루타는 '짝을 지어 공부한다'는 뜻이다. 친구와 짝을 맺어 질문하고 대화·토론·논쟁하는 것이다. 친구와 함께 공부하면서 어떤 것(일)에 대한 자신의 생각을 밝히고 서로를 가르치며 배우는 형태다. 우리는 전통적으로 배움은 교사에게만 가능하다는 생각을 갖고 있다. 그러나 동료 학생들을 통해 배우는 것도 많다. 그동안 우리는 이런 교육법을 무시했다. 하지만 유대인은 오래 전부터 하브루타 방식을 사용해 왔다. 이것은 학교나 가정과 회당 등 어디서든지 사용하는 방법이다. 부모가 자녀를 가르칠 때 우리처럼 일방적으로 가르치는 것이 아니라 하브루타 방식을 적용하여 교육한다.

하브루타는 그동안 교사를 통해서 배우는 방식에서 벗어나 두 사람이 서로 가르치고 배우는 방식으로 우리에게는 익숙하지 않은 방법이다. 이것은 기존의 정답을 찾는 것이 아니라 의미를 깊게 통찰하는 것에 목적이 있다. 친구와 짝이 되어 서로 공부하면서 학생과 교사를 번갈아 해보면서 가르치고 배우는 것이다. 하부르타는 서로 모여 토론을 하는 그룹으로 다양한 구성원이 친구처럼 질문을 서로 주고받으면서 창의적인 사고를 하는 것이다. 이것은 유대인이 탈무드를 공부할 때 주로 사용하는 방식으로 대화와 질문과 논쟁을 통해 새로운 문제를 찾고 경험하는 유대인의 독특한 공부법이다.

흔히 토론과 논쟁은 승자를 가리기 위한 것으로 생각하는데 그렇지 않다. 친구를 통해 각자 자기의 생각을 넓히면서 새로운 발견을 하는데 목적이 있다. 친구의 말을 경청하고 문제를 제시하면서 서로의 생각을 발전시키며 이런 과정을 통해 깊은 진리에 이르게 된다. 유대인 학교인 예시바의 학생들은 하부르타 방식으로 둘씩 짝을 지어 시끄럽게 질문하고 토론하면서 공부하는 모습을 볼 수 있다. 정해진 학습 목표를 찾아가는 것이 아니라 탐구하는 자세로 알 수 없는 진리를 찾아가는 것이다. 계속 토론하고 논쟁을 하다 보면 전혀 다른 것을 발견하게 된다. 이것은 질문을 하고 토론을 해 보지 않으면 알 수 없는 것이다.

토론이 이루어지기 위해서는 짝이 필요하다. 서구 교육에서는 주로 그룹 토의 방법을 사용한다. 이렇게 둘씩 짝을 지어서 토론하는 것은 오래전에 유대인이 사용한 교육법이다. 세 사람 이상이면 소외되는 사람이 생기고 대화를 하는 사람만 주로 하게 되는 약점이 있다. 그러나 둘씩 토론을 하게 되면 침묵할 수 없고 자연히 질문과 토론을 하면서 적극적으로 참여할 수밖에 없다. 실제로 혼자서 공부하는 것보다 직접 다른 사람을 가르치면 더 많은 것을 배우고 생각이 분명해지는 장점이 있다. 친구를 가르치고 친구의 가르침에 배우고 그것을 다시 토론으로 정리하는 하브루타 방식은 혼자 공부하는 것과 비교하면 놀라운 교육 효과가 있다.

이렇게 하면 기억도 잘되고 자연히 질문력과 사고력이 깊어지고 발표까지 훈련되는 종합적 교육을 이룰 수 있다. 물론 친구 간에 서로 이런 합의가 있어야 하고 서로에게 그런 자세로 임할 때만이 가능하다. 그렇지 못하면 어느 한 사람이 일방적으로 배우거나 가르치는 방식이 될 수 있다. 어느 정도 수준이 비슷하게 짝을 정하면 더 효과적이다. 유대인의 예시바 학교는 책상 구조가 둘씩 짝을 지어서 서로 질문과 토론을 할 수 있도록 책상이 배치되어 있다. 서로 엉켜 있는 예시바 학교의 구조는 마치 시장 바닥을 연상하게 한다. 서로 짝이 되어 질문과 토론을 시끄럽게 하는 모습은 우리 교육방식과는 크게 다르다.

Tips 탈무드식 한국인 교육법

하부르타 방식을 우리에게 적용하기 위해서는 먼저 학교 교실 배치부터 달라야 한다. 이동하기 좋은 책상이 되어야 하고 즉시 둘씩 짝을 지어 토론할 수 있도록 교실이 구성되어야 한다. 우리는 친구와 같이 공부하는 것에 익숙하지 않다. 공부는 혼자서 하는 것으로 생각하며 모든 학생들이 혼자서 공부하는데 열심이다. 우리나라 도서관을 가보면 금방 알 수 있다. 이웃 친구가 방해될까봐 칸막이가 되어 있다. 모두가 혼자서 조용히 공부한다.

이것은 우리나라 어디서나 볼 수 있는 보통 공부하는 모습이다. 이것은 친구의 중요성과 토론의 가치를 잘 모르기 때문이다. 책보다는 좋은 친구를 통해서 배우는 것이 더 많다. 사람보다 더 중요한 배움은 없다. 지식을 배우는 것도 결국은 친구와 함께 하기 위함이다. 같이 나눌 수 없는 지식은 소용이 없다. 그렇다면 처음의 배움을 친구와 함께 하는 것으로 만든다면 배움의 사용가치가 더 좋아질 것이다. 이렇게 한다면 공부를 혼자 한 것이 아닌 함께 한 것이 되기에 공부를 통해 교만에 이르거나 다른 사람을 아프게 하는 일은 일어나지 않을 것이다. 친구와 함께 나누면서 하는 공부는 우리를 더욱 더 겸손하게 하고 다른 사람을 존경하는 태도를 갖게 한다는 점에서 바람직하다.

직접 친구에게 가르치는 것은 혼자 공부하는 것보다 많은 효과가 있다. 다른 사람을 가르치다 보면 정리가 되고 발표력 또한 커진다. 또 가르치다 보면 자신의 부족한 부분을 발견하게 된다. 이것을 서로 역할을 바꾸어 하면 효과는 배가된다. 가르칠 때와 배울 때를 같이 경험하면서 생각지 못했던 사실을 배우게 된다.

실제로 우리나라에도 극소수지만 이런 강점을 알고 이 방법을 적용하는 학교들이 있다. 필자가 알고 있는 학교는 이 방법을 적용하여 좋은 효과를 보고 있다. 교사가 가르치는 것보다 친구들이 짝을 지어, 혹은 선배와 후배가 짝을 지어서 서로 가르치고 배우는 시스템을 적용하고 있는 것이다.

하지만 우리나라 대부분 공부의 모습은 어디가나 동일하다. 한 사람의 스타 강사가 강의실에서 일방적으로 강의하는 교실 구조를 갖고 있다. 하루 종일 입 한번 열지 않고 오직 귀로만 듣고 공부하는 방식은 말을 할 수 없을 때 사용하는 유아기 공부법이다.

진정한 교육이 이루어지려면 이런 공부 방법부터 과감한 혁신이 필요하다. 지금부터라도 우리 학교 공부와 배움의 현장에서 친구와 같이 하는 토론 방식의 하브루타 교육법 같은 것이 자리 잡으면 좋을 것이다. 성인 교사 뿐 아니라 학생 교사, 또래 교사가 많아지도록 해야 할 것이다. 우리는 교사가 정해져 있는 것처럼 생각하지만 사실 모두가 교사다. 배움은 모두에서 가능하다. 어른 뿐 아니라 친구에게 배울 수도 있고 심지어 어린이에게도 배울 수 있다.

4장

성품 교육
오감으로 자신을 순결하게 하라

성품교육의 중요성

교육의 큰 목표는 자기 자신이다. 다른 사람과 경쟁하기보다는 자신과의 경쟁이 우선이다. 그래서 탈무드는 "다른 사람보다 훌륭한 사람은 정말로 훌륭하다고 할 수 없다. 그전의 자기보다도 훌륭한 사람이야 말로 진실로 훌륭한 사람이라고 할 수 있다."라고 말한다. 정말 교육이 잘된 사람은 다른 사람이 아닌 자신에 대해서 정직하고 흠이 없어야 한다. 성품은 다른 사람이 보지 않을 때 나의 모습이다. 이런 모습을 이루려면 자신과의 치열한 싸움을 해야 한다. 성품교육은 학교공부처럼 학교를 졸업하면 끝나는 것이 아니라 평생을 해야 하는 일이다. 인생은 성품에서 결정된다. 그만큼 성품교육은 중요하다. 이 장에서는 유대인들이 자신의 성품을 거룩하고 순결하게 만들기 위해서 창안하여 오감으로 적용하고 있는 실제적인 방법들을 소개한다.

쉐마(Shema) :
말씀을 마음에 새겨라

유대인 교육을 한마디로 말하면 쉐마교육이다. 토라 중에 가장 중요한 구절 쉐마는 구약 성경 신명기 6:4에 나오는 구절이다.

"이스라엘아 들으라. 우리 하나님 여호와는 오직 하나인 여호와시니."의 첫 글자인 '들으라'는 히브리어로 '쉐마'이다. 쉐마는 '들으라'는 의미로 '순종하라'는 뜻이다. 우리가 자녀들에게 부모의 말을 잘 들으라고 말하는 것과 같다. 말을 잘 듣는다는 것은 부모의 말씀을 잘 순종하는 것이다. 우리 부모들은 자녀들이 학교에 갈 때 선생님의 말씀을 잘 들으라고 말한다. 이것은 선생님 말씀에 순종하라는 뜻과도 같다. 그러나 유대인은 이것을 하나님의 말씀을 잘 들으라는 점을 더 강조한다. 모든 복은 하나님으로부터 온다고 믿는다. 하나님이 복의 근원이기 때문이다. 쉐마의 구절인 신명기 6:4-9는 유대인 신앙의 핵심이다.

> "이스라엘아 들으라. 우리 하나님 여호와는 오직 유일한 여호와이시니 너는 마음을 다하고 뜻을 다하고 힘을 다하여 네 하나님 여호와를 사랑하라.
>
> 오늘 내가 네게 명하는 이 말씀을 너는 마음에 새기고 네 자녀에게 부지런히 가르치며 집에 앉았을 때에든지 길을 갈 때에든지 누워 있을 때에든지 일어날 때에든지 이 말씀을 강론할 것이며 너는 또 그것을 네 손목에 매어 기호를 삼으며 네 미간에 붙여 표로 삼고 또 네 집 문설주와 바깥문에 기록할지니라." (신명기 6:4-9)

'쉐마'는 유대인이 세상에 태어나서 처음으로 접하고 임종 때 마지막에 하는 말이다. 유대인은 쉐마로 시작하여 쉐마로 마친다. 쉐마는 이스라엘 백성이 앞으로 가나안 땅에 들어가서 살아갈 때 어떻게 사는 것이 성공적인 삶인지 보여준다. 유대인은 인간이 아무리 노력해도 하나님이 도와주셔야 성공과 행복을 얻을 수 있다고 믿는다. 그들은 하나님을 가장 중요하게 생각한다. 신명기 28장에 보면 축복과 저주에 대한 말씀이 나온다. 이것은 이스라엘 백성이 쉐마의 말씀에 어떻게 응답하느냐에 따라 축복과 저주가 나타난다는 내용이다. 그런데 저주에 대한 말씀이 축복에 대한 말씀보다 3배나 많다. 그것은 이스라엘 백성이 말씀을 어길 경우가 더 많다고 보기에 그것에 대한 내용을 더 강조하고 있다.

유대인은 아침에 일어나서 잠자리에 들기 전에 '쉐마'의 말씀을 외운다. 유대인은 매일 기도할 때 쉐마의 말씀을 기도 책으로 함께 사용한다. 유대인은 이것을 통해 자신을 돌아본다. 부모와 자녀 모두가 같이 실천한다. 하루의 가장 중요한 관심사로 하나님을 얼마나 사랑하려고 힘썼는지에 대한 평가를 한다. 우리가 세상의 염려와 세상의 성공과 명예에 대한 관심을 더 갖는 것과 차이가 있다. 쉐마교육은 가정에서 철저하게 어릴 때부터 이루어진다. 세상의 다른 것이 들어오기 전에 마음속에 하나님의 말씀인 쉐마를 암송하고 계속하여 반복적으로 각인시키는 것이다.

우리는 살아가면서 어떤 지침을 갖고 살아가는가? 각자 자기 생각대로 살아간다. 관습이나 편견이나 고정관념 등 그 내용은 다양할 것이다. 우리는 각자 다르다. 통일된 원칙이 없다. 가정에서도 마찬

미국의 얼바인 유대인 회당

가지다. 하지만 유대인은 쉐마를 통해 모든 민족이 하나의 원리를 정하고 그것에 맞추어 살아간다. 대단한 교육방식이다. 혹자는 너무 종교적이라는 생각으로 거부감이 들 수 있지만 유대인은 이 부분에서 만큼은 분명하다. 절대적인 원칙을 가지고 있기에 살아가는 것이 어렵지 않고 오히려 쉽다. 절대적인 기준을 토대로 오히려 다양한 생각을 자유롭게 할 수 있다. 그렇다고 해서 그것이 잘못되지 않는다는 것을 유대인은 안다. 유대인은 아무리 토론을 해도 변하지 않는 기준점을 가지고 있다. 유대인에게 토라는 토론이 아닌 그대로 받아들이는 절대적인 하나님의 법이다. 그러나 탈무드에 나오는 것은 수없는 질문과 토론을 거쳐서 더 나은 해석에 도달할 수 있다. 변하지 않는 원칙과 변하는 자유로움을 균형 있게 갖춘 것이 유대인 교육의 강점이다.

우리는 절대적인 원칙이 없이 살기에 삶이 힘들고 무엇이 옳은지 계속 방황하게 된다. 어떤 사람은 죽는 순간까지도 무엇이 옳은지 모르고 고민만 하다가 죽는다. 원칙이 없이 토론을 하기에 오히려 혼란을 야기한다. 유대인처럼 생각하고 산다고 해서 손해 볼 일은 없다. 그럼에도 사람들은 끝까지 그것을 거부하고 자기 옳은 방향을 고집하다가 결국 스스로 무너지게 되는 경우가 많다. 유대인은 자연의 법칙이 이미 정해져 있듯이 진리도 마찬가지라고 본다. 그것은 이해하고 따져서 되는 것이 아닌 그대로 믿고 받아들이는 것이다. 그것이 유대인은 '쉐마'라고 생각한다. 그래서 무조건 평생 동안 쉐마를 외운다.

테필린(tefillin) :
몸을 진리로 무장하라

'테필린'은 '말씀상자' 혹은 '기도상자'라고 불린다. 끈이 달린 두 개의 상자로 그 안에는 네 개의 성경구절이 들어 있다. 하나는 왼팔에 묶고, 다른 하나는 이마에 묶는다. 테필린 말씀상자 안에는 네 개의 방이 있다. 네 개의 방에는 손수 적은 특별한 말씀들이 들어 있다. 유대인이 테필린을 머리와 손에 부착하는 것은 하나님과 더불어 산다는 민족의식이 들어 있다. 유대인은 테필린을 부착하면서 항상 하나님의 말씀과 함께 한다고 생각한다. 진리를 따르는 삶을 시각적으로 훈련한다. 유대인 부모는 자녀가 말을 배우기 시작하면 제일 먼저 테필린 속에 들어 있는 말씀을 암송하게 한다. 그 안에 있는 네 개의 성경 구절은 출애굽기 13:1-10, 출애굽기 13:11-16, 신명기 6:4-9, 신명기 11:13-21의 내용이다. 여기에는 쉐마의 성경구절도 들어 있다.

유대인 부모는 누구나 자녀에게 날마다 테필린 교육을 반복하여 시킨다. 그것은 날로 세속화되는 사회 속에서 타협하지 않고 살아가는 방법이다. 유대인은 테필린 교육을 자손 대대로 하기에 부모와 자녀 간에 세대차이를 느끼지 않고 문화적인 갈등이나 세대 갈등이 역시 생기지 않는다. 말씀을 공유할 때 세대 간에 하나가 되고 아울러 급변하는 세상의 유혹을 진리로 이길 수 있다

유대인은 테필린을 통해 말씀으로 생각과 행동의 기준을 삼는다. 말씀을 생각과 행동에 일치한다는 의미다. 테필린을 손목에 붙이는 것은 행동의 기준으로 삼으라는 것이고 이마에 붙이는 것은 생각의 기준으로 삼으라는 뜻이다.

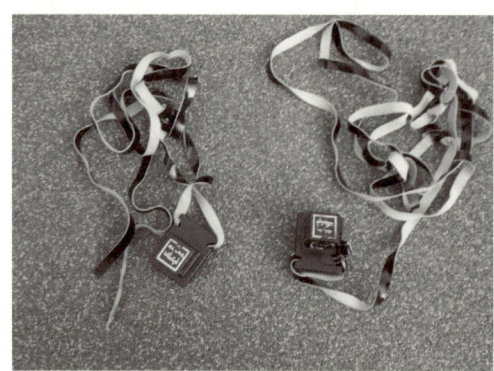 

테필린과 다윗의 별

메주자(mezuzah) :
들어가는 집이 성전이다

'메주자'는 '문설주'를 의미하는 것으로 작은 직사각형 상자로 되어 있다. 유대인의 집에 들어가면 입구 현관과 방문에 메주자가 붙어 있다. 메주자 속에는 쉐마 기도 내용을 양피지에 잉크로 적은 것을 넣는다. 이 속에는 하나님에 대한 의무를 늘 잊지 않기 위해 쉐마의 구절(신명기 6:4-9, 11:13-21)을 새겨서 접거나 말아 넣는다.

말씀이 들어 있는 상자라 해서 말씀상자라고 불린다. 문설주에 붙일 때는 들어가는 방향에서 오른쪽 문기둥의 3분의 2가 되는 윗부분에 붙인다. 대부분의 유대인 집의 대문에는 늘 이것이 붙어 있다. 메주자를 붙인 문지방에 들어가는 것은 성전에 들어가는 것과 같은 의미가 있다. 따라서 가정이 성전과 같은 의미를 지니고 있다. 안식일 때는 가정의 식탁이 희생 제단이 되고 가정예배는 성전의 제사와 같다. 유대인은 방문을 들어가고 나갈 때마다 이 메주자에 손을 댄 후에 그 손을 입에 대고 입맞춤을 한다. 이것은 하나님의 말씀이 꿀보다 더 달다는 것을 의미한다.

"네가 들어와도 복을 받고 나가도 복을 받을 것이니라."
(신명기 28:6)

고대 유대인들은, 메주자를 매달아 놓으면 이 집을 하나님께서 지켜 주실 것이라고 믿었다. 유대인 집에는 모두 다 메주자를 붙이는데 이것은 유대인의 집이라는 상징이 담겨져 있다. 이스라엘의 유대인 집을 방문하면 호텔, 집 대문과 현관에도 이것이 모두 붙어 있는 것을 볼 수 있다.

메주자

탈리트(talit) :
모든 곳을 기도의 성소로 만들어라

탈리트는 '기도 옷'이라 불린다. 이것은 유대인 남자들이 매일 아침예배 때 두르는 기도용 어깨걸이로 오후 예배 때 예배 인도자가 두르기도 한다. 탈리트에는 보통 파란색과 검정색의 줄무늬가 있는데 전승에 의하면 검정색 줄무늬는 성전 파괴와 여러 나라에 흩어진 방랑생활을 되새기는 의미가 있다. 하나님의 날개 아래 거한다는 상징을 담고 있는 탈리트는 어디서든지 기도의 성소를 만들 수 있는 이동식 성전과 같다. 탈리트를 머리에 쓰고 벽에 가까이 하면 주변의 모든 것을 차단하고 오직 하나님에게만 향할 수 있는 좋은 기도의 도구가 되며 기도할 때 집중이 잘 된다. 또한 예배할 때는 예식 가운처럼 사용할 수도 있다. 탈리트 끝에는 끈과 술들이 많이 달려 있는데 그것을 '찌찌드'라고 말한다. 이것은 율법인 613개의 계명을 의미한다. 유대인은 찌찌드를 손으로 잡고 기도한다. 이것은 자기 생각대로 기도하는 것이 아닌 계명을 붙잡고 기도하는 것을 뜻한다. 유대인이 기도 쇼올을 만든 것은 다음 성경 구절에 근거한다.

"여호와께서 모세에게 일러 가라사대 이스라엘 자손에게 명하여 그들의 대대로 그 옷단 귀에 술을 만들고 청색 끈을 그 귀의 술에 더하라. 이 술은 너희로 보고 여호와의 모든 계명을 기억하여 준행하고 너희로 방종케 하는 자기의 마음과 눈의 욕심을 좇지 않게 하기 위함이라. 그리하면 너희가 나의 모든 계명을 기억하고 준행하여 너희의 하나님 앞에 거룩하리라. 나는 너희의 하나님이 되려 하여 너희를 애굽 땅에서 인도하여 낸 여호와 너희 하나님이니라. 나는 여호와 너희 하나님이니라." (민수기 15:38-40)

탈리트

키파(kipa) : 머리 위에 하나님이 계신다

키파는 유대인 남자들이 쓰는 작고 테두리 없는 모자로 어떤 이들은 키파를 항상 쓰지만, 어떤 이들은 기도 시간이나 식사 시간에만 쓴다. 유대인은 보통 이 모자를 쓰는데 이스라엘에서는 다른 아랍인과 구별하는 의미로 사용된다. 유대인은 자신들의 머리 위에 하나님이 늘 계신다는 의미로 모자를 썼다. 이것은 자녀교육용으로도 사용된다. 언제 어디서든지 하나님이 함께 함을 알게 하고 어디서든지 하나님이 보고 계시다는 것을 인식하고 정직하게 살아가야 함을 가르친다. 남의 눈치를 보고 살기보다는 위에 계신 하나님이 보고 계신다는 생각으로 살면 거짓말이나 도적질이나 간음을 하지 않게 될 것이다. 간단한 모자이지만 유대인의 자녀에게는 효과적인 시각적 교육도구다.

검정옷과 검정 중절모 :
그날을 소망하며 겸손한 삶을 살라

이스라엘이나 미국, 유럽 어디든지 유대인이 사는 거리에 가면 정통파 유대인이 검은 정장을 입고 검정 중절모를 쓰고 곱슬곱슬한 구렛나루를 한 모습을 흔히 볼 수 있다.

왜 유대인은 검은 옷과 검은 모자를 쓸까? 그것도 긴 두꺼운 외투 같은 옷을 사시사철 입는다. 이스라엘의 통곡의 벽에 가면 검은 옷을 입은 유대인들이 모여서 기도하는 모습을 볼 수 있다.

정통 유대인들에게 왜, 검은색 옷을 입느냐고 물으면 그들은 겸손한 삶을 지향하고 성전이 무너진 것을 애곡하기 위한 표현이라고 말한다. 유대인은 예루살렘 성전이 재건될 때까지 검은 옷을 입으면서 애도함을 상징한다. 검은 옷을 입는 것은 화려하지 않고 겸손한 삶을 유지하기 위해서다.

지금 이스라엘의 성전이 있는 성전산이 모슬렘에게 넘어갔다. 매주 금요일마다 무슬림들은 성전 산(바위돔이 있는 장소)에 올라가서 그들의 신에게 경배를 드리지만 그 땅의 주인이었던 유대인들은 그 자리에 올라가지 못하는 안타까움이 있다. 유대인은 검은 옷을 입으면서 언젠가 다시 성전이 세워질 그 날을 기다리고 있다.

유대인은 지금 상황이 한 마디로 말하면 상중(喪中)이라는 것이다. 여름에도 두꺼운 검은 외투를 입고 다니는 정통 유대인을 보면 측은한 마음이 든다. 하지만 유대인은 이런 모습을 통해 다른 민족과 구별되는 것을 오히려 영광으로 삼고 산다.

길에서 이야기를 나누고 있는 정통 유대인들

미크바(mikvah) : 손과 몸을 정결하게 하라

'미크바'는 유대인의 정결을 위한 목욕 의식이다. 미크바 목욕을 통해 오염된 것에서 깨끗해진다. 구약시대 이스라엘인들이 성전에 들어가기 전에 '미크바'라는 의식을 통하여 몸을 물에 담가 정화한 뒤 들어갔다. 예를 들면 시체를 만진 유대인은 모세의 율법에 의해 '오염된 상태'가 되어, 성전에 들어가기 위해서는 미크바를 행하여 정결한 상태가 되어야 한다. 미크바는 유대인이 의식적 정결을 회복하기 위해 사람이 목욕하는 자연수로 된 못을 말한다. 이것은 유대인의 법전인 미쉬나에 기록이 나와 있다. 과거에 미크바는 각 유대인 공동체에 매우 필수적인 것이었다. 현대에도 전통을 고수하는 유대인들은 아직도 미크바를 사용한다, 남성들은 매주 금요일과 주요 절기를 앞두고 목욕을 하며 여성들은 결혼식 전이나 아이를 낳은 뒤 또 월경기간이 지난 뒤에 법이 규정한 대로 미크바를 사용한다.

종교적으로 부정해진 사람들이 몸을 정결하게 하는 미크바의 물은 보통 웅덩이, 강, 연못, 호수, 바다처럼 자연히 이루어진 물이다. 성경에 기록된 다양한 부정을 씻어내기 위해 성경시대에는 남녀 모두 미크바로 가곤 했다. 요즈음도 유대인 중에는 미크바에 가는데 주로 생리기간을 끝낸 여자들이 미크바를 찾는다. 여자가 생리가 끝난 후 칠일이 지나 미크바에 몸을 담그기 전에는 부부관계를 가질 수 없다. 정통파 유대인은 지금도 안식일이나 명절을 맞기 전에 미크바에 몸을 담그는 풍습이 있다. 토라 두루마리를 기록하는 서기관들도 작업을 시작하기 전에 미크바에 가는데, 아침마다 일하기 전에 미크바에 몸을 담그는 서기관들도 있다. 우리가 중요한 일을 할 때는 몸과 손을 씻듯이 유대인 역시 손을 씻고 목욕을 하는 미크바는 일상사이다. 안식일을 시작하기 전 모든 가족이 손을 씻는 것도 이런 의식과 연관이 있다. 이것은 마음을 깨끗하게 하기 위해서 먼저 손과 몸을 정결해야 한다는 뜻이 담겨져 있다. 후에 교회 안에 세례탕을 두고 교회에서 베푸는 세례의식은 이것에 근거한 것이다.

닛다(Niddah):
미리 준비하여 좋은 자녀를 낳아라

유대인은 교육으로 세계강국을 이루었다. 그들 나름대로 특별한 인재를 만드는 방법이 있는데 그것이 닛다 임신법이다. 그들은 이것을 세계에서 가장 똑똑한 두뇌와 거룩한 인성을 가진 유태인의 임신법이라고 부른다. 정확하게 그것을 검증하기는 어렵지만 유대인은 닛다 방법을 1,000년 이상 지속해오고 있다. 그리고 유대인이 머리가 좋은 것은 이 방법이 한몫 한다고 본다. 이것은 1980년대에 시작된 유네스코의 닛다 프로젝트를 통해서 연구되었다. 유대인들의 임신법과 유대인들의 우수성의 함수관계를 연구하는 프로젝트다.

'닛다'는 '월경'이란 말의 히브리말이다. 레위기 15:19에 근거를 두고 있다. 닛다에 따르면 월경 첫날부터 적어도 5일은 성생활을 금하고, 월경이 끝난 후에도 7일간은 동침할 수 없게 되어 있다. 즉 한 달 중 12일이 금욕 기간인 셈이다. 12일째 밤이 되면 '미크베'라는 목욕탕에 들어가 몸을 깨끗이 씻은 뒤 성관계를 한다. '닛다'는 신선한 난자와 원기 왕성한 정자가 만나야, 건강하고 우수한 재능을 가진 아기가 태어난다는 과학적인 근거를 지닌 타이밍 임신법이다. 닛다에서 말하는 금욕기간 동안 엄마의 자궁은 새 생명을 맞을 준비를 하게 되고, 아빠는 원기 왕성한 정자를 만들게 된다. 가장 좋은 조건이 갖추어진 후, 배란일에 맞추어 활력이 넘치는 정자를 들여보냄으로써 건강하고 똑똑한 아기를 만들 수 있다는 것이다. 닛다에서 금욕이 풀리는 날은 계산상으로 배란 하루나 이틀 전에 해당하므로 임신확률이 가장 높은 시기다.

유대인은 이것을 '타이밍 임신법'이라고 말한다. 사람은 본질적으로 자신의 유전자를 바꿀 수는 없다. 그러나 정자와 난자가 지닌 좋은 유전자가 100% 발휘될 수 있도록 가장 좋은 수정 환경을 만들어 줄 수는 있다. 이것이 닛다 임신법의 핵심이다. 타이밍 임신법은 정자와 난자의 수정 환경을 가장 바람직한 상태로 만들어줌으로써 아기의 선천적인 능력을 높여주는 적극적인 계획 임신법이다.

사람의 능력은 선천적으로 타고나는 소질과 출생 후에 주어지는 교육적 환경에 의해 결정되지만, 타고나는 소질은 물론 유전적인 요인에 의해 크게 좌우된다. 하지만 수정 타이밍이 좋지 않으면 아무리 뛰어난 유전자라 하더라도 그 소질이 온전히 전해지지 않는다.

사람에게는 수정 단계에서 이미 이상을 가진 수정란이 많다. 성교의 시기가 나빠 난자나 정자가 노화된 상태에서 수정이 되기 때문이다. 정자나 난자가 가장 건강하고 신선한 상태에서 수정될 수 있도록 성교 시기를 조절한다면 정상아 출산율은 높아지는 반면, 선천성 이상아의 출산율은 훨씬 낮아진다. 정자는 사정 후 약 80여 시간 동안 수정 능력이 있지만 지극히 건강한 상태는 48시간 정도이다. 그 후에는 서서히 쇠퇴한다. 난자는 배란 직후부터 노화되기 시작하여 8시간이 지나면 그 현상은 더욱 두드러진다. 타이밍 임신법은 이처럼 가장 신선한 상태의 난자와 정자가 수정할 수 있도록 때를 맞춰 성관계를 갖는 선택 임신법이다. 타이밍 임신법에서 말하는 가장 이상적인 수정은 정자가 사정된 지 48시간 이내에 난자가 배란된 지 2~3시간 이내에 이루어지는 것이다. 타이밍 임신법은 난자나 정자의 노화로 인한 이상아의 출산을 방지하는 것에 그치지 않는다. 신선한 난자와 건강한 정자를 수정시켜 튼튼하고 슬기로운 아기를 낳는 적극적인 의미를 지닌다. 노화되지 않은 신선한 정자와 난자를 만나게 하려면 배란일을 정확히 알아야 한다. 그리고 배란 당일 또는 배란일 하루 전에 성교를 하는 것이 중요하다.

유대인의 닛다 임신 교육은 랍비를 통해 회당에서 교육된다. 임신된 후에도 일개 가정 단위가 아니라 민족 단위에서 태교를 한다. 랍비들이 임산부 앞에서 시편을 읽고 신명기를 읽는다. 태어난 아이는 돌이 지나면, 닛다 후 쉐마교육에 들어간다. 우리에게도 충분히 적용될 수 있는 임신법이다. 상식적으로 생각해 보아도 아무 준비 없이 임신하는 것보다 자신을 깨끗하게 준비한 임신이 훨씬 좋은 아이를 출생하게 할 것이라는 생각이 든다. 우리는 정말 중요한 자녀의 출생을 위한 과정을 너무 소홀하게 지나치는 경향이 있다.

코셔(Kosher) : 순수한 음식을 먹어라

성경 레위기 11장과 신명기 14장에는 먹을 음식과 먹지 못하는 음식을 구분해 놓고 있다. 먹을 수 있는 음식을 코셔음식이라고 정한다. 유대인은 아무 음식이나 먹는 것이 아니다. 부정한 음식은 금하고 정결한 음식을 먹는다. 유대인은 코셔를 통해 자신의 정체성을 다시 한번 재확인하고 오랜 세월동안 유대민족으로 서로 연결하는 역할을 해 왔다. 유대인은 음식을 먹을 때 코셔 인증을 한 식당이나 가게를 간다. 음식을 요리할 때도 코셔 식품을 선별하여 한다. 반면에 우리는 크게 신경쓰지 않고 음식을 먹고 조리를 한다. 인간이 병이 드는 것은 음식을 함부로 먹기 때문이다. 사실 먹는 음식만 잘 구별하여 유기농으로 먹는다면 건강을 지킬 수 있다. 코셔음식은 유기농으로 조리할 때나 밭에 씨를 심을 때도 해가 되는 물질을 사용하지 않는다. 이런 이유로 유대인은 늘 코셔 음식을 즐겨 찾는다.

체데카(Tzedaka) :
자선을 통해 어려운 이웃과 함께 하라

'체데카'는 기부와 자선을 베푸는 것을 말한다. 체데카는 '정의'라는 의미다. 결국 어려운 사람을 위해 자선을 베풀면서 하나님의 정의를 실천한다는 의미를 갖고 있다. 유대인은 수입의 10분의 1을 자선의 목적을 위해 사용한다. 십일조 사상은 성경에서 유래했는데 이것은 제사장과 가난한 사람들을 위해서 사용되었다. 오늘날은 성전이 없기에 제사장이 없다. 제사장에게 드리지 않는 십일조를 가난한 사람들에게 준다.

유대인은 소득 중에서 일부를 가치 있는 일(가난한 사람을 도와주는)에 사용하는 것은 당연하다고 생각한다. 물론 현대 유대인은 10분의 1을 정확하게 지키는 것은 아니다. 필요에 따라 더 줄 수도 있다. 유대인의 가정은 매주 안식일마다 가족들이 체데카 통(저금통과 같은 것)에 자선금을 넣는다. 이렇게 해서 체데카 자선통이 가득 차면 그것을 깨뜨려 어려운 이웃을 돕는데 사용한다. 유대인 대부분이 이런 일을 한다고 생각하면 그 액수는 어마하다.

어려운 이웃을 도우면서 유대인의 빈부격차를 줄이는 역할을 한다. 이것을 통해 유대인은 어려운 이웃과 함께 하는 삶을 어릴 때부터 실천한다. 어릴 때부터 훈련된 자선은 그들의 몸에 밴 일상생활이다. 그런 이유로 지금도 유대인들의 기부문화는 세계적으로 유명하다. 미국의 경우 전체 기부금 가운데 유대인의 기부금이 높은 비율을 차지한다. 유대인은 공동체에 기부를 하여 어려운 이웃들을 돌보고 사업을 도와주고 성공할 수 있도록 돕는다.

메노라(menora) :
언제나 희망을 잃지 말고 참된 삶을 살아라

'메노라'는 히브리어로 '촛대'라는 뜻이다. 메노라는 성전에서 사용하는 일곱 개의 촛대를 의미한다. 모세가 시내산에서 십계명을 받을 때 불이 붙었으나 타지 않는 떨기나무에 나타난 하나님을 상징한다. 7개의 금 촛대는 7일간의 천지 창조를 뜻한다.

유대인이 안식일과 절기 때 가정에서 사용하는 메노라는 여덟 개로 갈라져 있는 촛대다. 안식일을 시작할 때 가정의 주인인 어머니가 촛불을 켠다. 어둠에 빛을 밝히는 초는 유대인의 삶을 말해 준다. 어둠속에 빛을 비추듯이 희망을 잃지 말고 세상에 초처럼 빛을 비추는 삶을 살 것을 초를 켜면서 다짐한다. 메노라는 유대교의 사명을 나타내는 것으로 영원한 빛으로 세상에서 살아가야 함을 말한다. 메노라는 현재 이스라엘 공화국을 상징하는 국장으로 사용된다.

다윗의 별(Star of David) :
어디서나 유대인임을 잊지 마라

유대인은 육각형의 다윗의 별을 전 세계 유대 공동체의 상징으로 사용한다. 다윗은 이스라엘 두 번째 왕으로 이스라엘이 가장 존경하는 왕이다. 위쪽 삼각형은 하나님을 말하고 아랫쪽 삼각형은 이 땅을 말한다. 이 두 삼각형은 서로 분리할 수 없는 것으로 하나님과 이스라엘의 관계를 상징한다. 오늘날 다윗의 별은 이스라엘 공화국과 유대인 공동체를 상징한다. 다윗의 별은 아이러니하게도 죄인의 상징으로 사용되기도 했다. 제2차 세계대전 때, 폴란드 정부의 한스 프랑크는 유대인의 옷에 노란색 다윗의 별을 달도록 법으로 정하였는데 유대인의 옷에 달린 다윗의 별은 훈장이 아닌 저주의 상징이 되었다. 유대인은 자신의 신분을 나타내는 상징으로 어딜 가든지 옷에 다윗의 별을 달아야만 했고 그 별을 달지 않거나 혹시 떨어지기라도 하면 사형을 당하기도 했던 치욕스럽고 아픈 역사가 있다.

Tips 탈무드식 한국인 교육법

외적으로 나타나는 성품은 그 사람의 내적인 모습이다. 그런데 내적인 인성이 외적 성품으로 자리잡기까지는 오랜 시간이 필요하다.

인성은 오랜 습관이 될 때 자연스럽게 성품으로 드러난다. 아무리 좋은 내용이라도 그것이 완전히 나의 것으로 몸에 배게 하기 위해서는 지속적으로 생활 속에서 훈련해야 한다. 몸에 완전히 배도록 하는 방법은 상징과 교육도구를 통해 할 수 있다. 상징과 교육자료는 의미를 마음과 몸에 새기는데 효과적이다. 그것들이 생활 속에서 연관될 때 계속하여 기억하고 마음에 새기게 된다.

잊어버리지 않고 몸에 익숙하게 되려면 계속 보고 듣고 만져야 한다. 오감을 통해 의미가 나에게 다가오게 하는 것이다. 이것은 일상생활 속에서 반복적으로 이루어져야 한다. 또한 이것이 이루어지려면 혼자가 아닌 공동체적으로 훈련하는 것이 중요하다. 어린이들은 부모들이 하는 모습을 보면서 닮고 그것이 나의 것이 된다. 가족 속에서, 또한 공동체와 민족 속에서 이루어진다면 이보다 더 좋은 교육방법은 없다. 성품 교육을 하는 교육적 상징 자료는 그 안에 깊은 의미가 들어 있다. 의미를 알고 그것을 행하면 성품 주제들을 우리 몸에 익히는데 도움이 된다.

유대인은 이런 교육적 상징을 온 가족이 효과적으로 사용하고 있다. 인성과 성품을 교육하는 데는 가정만한 곳이 없다. 유대인의 성품 교육은 다양한 교육자료와 상징적 도구를 통하여 가정에서 매주 생활화 하는데 의미가 있다. 예를 들면 유대인은 체데카의 저금통에 안식일마다 자선금을 넣으면서 자선과 배려와 자비와 사랑과 정의 등의 성품 주제들이 지식이 아닌 실천으로서 자연스럽게 어릴 때부터 몸에 배도록 한다. 우리도 이런 방법을 가정 속에서 적용하면 가장 좋다. 성품은 생각만으로는 안 되고 생각한 것을 구체적인 삶속에서 실천할 때 나의 것이 된다.

우리도 이런 것들을 실천할 수 있는 방법들을 찾아서 적용하면 좋을 것이다. 어려운 이웃을 돕는 저금통을 식탁에 두어서 매주 구제를 하게 하는 방법을 우리 나름대로 적용할 수 있다. 어려운 이웃을 생일이나 기념일에 초대하여 함께 시간을 갖는 것도 한 방법이다.

주변에 감사할 사람들에게 일년에 몇 번 감사편지를 쓰는 시간을 온 가족이 갖는 것도 가능하다. 또한 가정의 날을 매주 중 하루 정하여 가족모임을 할 때 식탁에 각자 작은 초를 켜게 하면서 어두운 세상에 빛으로 살기를 다짐하는 시간을 가질 수 있다. 이런 일을 통하여 우리는 배려·정직·봉사·감사·긍정 등의 성품을 배우며 몸에 체득하게 된다. 가정의 기념일과 국가 기념일을 잘 활용하면 가족의 전통이 될 수 있고 그것을 자손대대로 물려주는 교육의 모습이 가능하다. 국가적으로 이런 좋은 교육적 의미와 상징을 찾고 사용가능한 것을 계발하여 적용하면 더 효과적일 것이다.

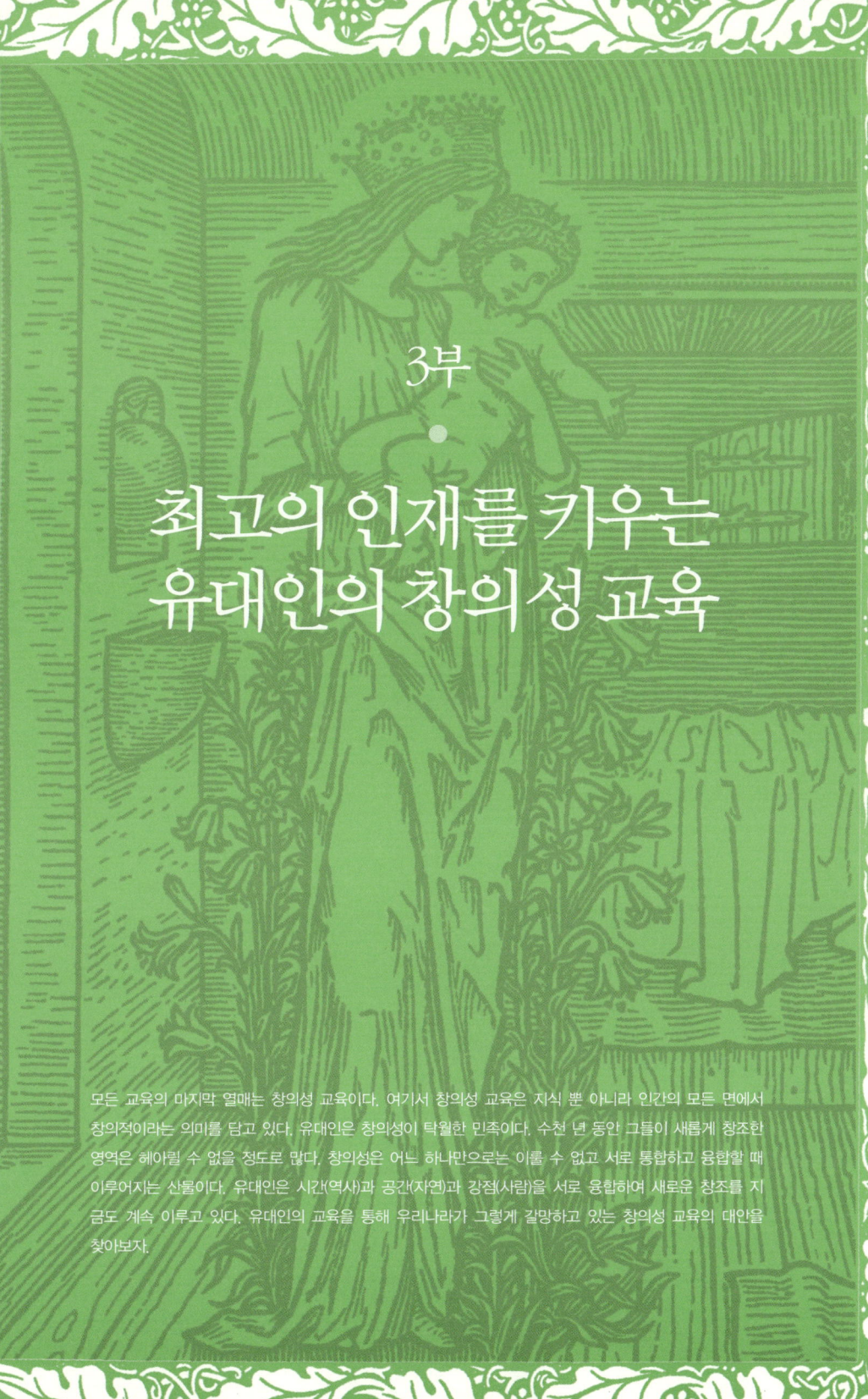

3부

최고의 인재를 키우는 유대인의 창의성 교육

모든 교육의 마지막 열매는 창의성 교육이다. 여기서 창의성 교육은 지식 뿐 아니라 인간의 모든 면에서 창의적이라는 의미를 담고 있다. 유대인은 창의성이 탁월한 민족이다. 수천 년 동안 그들이 새롭게 창조한 영역은 헤아릴 수 없을 정도로 많다. 창의성은 어느 하나만으로는 이룰 수 없고 서로 통합하고 융합할 때 이루어지는 산물이다. 유대인은 시간(역사)과 공간(자연)과 강점(사람)을 서로 융합하여 새로운 창조를 지금도 계속 이루고 있다. 유대인의 교육을 통해 우리나라가 그렇게 갈망하고 있는 창의성 교육의 대안을 찾아보자.

1장

정체성 교육
역사에서 자신의 뿌리를 찾아라

실패의 역사현장을 체험하라

우리는 보통 실패를 부끄럽게 생각하고 감추려고 한다. 우리는 성공의 역사만 기억하고 실패는 잊어버리려고 한다. 그러나 유대인은 오히려 실패를 기억하기 위해 애쓰며, 그것을 통하여 한 단계 앞으로 나가는 것을 자랑스럽게 생각한다.

유대인은 수천 년 동안 성공보다 패배의 역사가 많았다. 유대인은 패배의 쓴잔을 마시며 지금까지 살아남았다. 이스라엘과 관련된 고대제국은 모두 사라졌다. 그러나 이스라엘은 수많은 실패와 침략과 전쟁과 박해 속에서도 당당하게 살아남아 세계적으로 강력한 영향력을 행사하고 있다.

유대인의 성공은 실패를 기억하는 점에 있다. 유대인은 실패를 기억하면서 그것을 자손대대로 교육으로 상기한다. 유대인은 치욕과 실패의 날을 기념한다. 유대인은 패배 속에서 내일의 희망을 보고 살았다. 지금의 이스라엘은 수많은 실패를 딛고 다시 세운 나라다. 이스라엘 옛 수도인 예루살렘에 가면 감람산 주변에 16만개의 묘지들이 모인 장소가 있다. 사람들이 볼 수 있게 납골당이 무수하게 널려져 있다. 유대인에게 무덤은 죽음의 상징이 아닌 생명과 희망의 상징이다. 인생의 마감을 상징하는 묘지를 보면서 유대인은 내일을 약속하는 희망의 말뚝으로 생각했다.

유대인은 자신들의 치욕스러운 역사의 현장을 박물관으로 보존하여 다음 세대 교육용으로 사용하고 있다. 유대인의 박물관은 기념관이라기보다는 기억하는 장소로 역사의 교훈을 주는데 초점을 두고 있다. 역사의 현장에 없었던 자녀들에게 유대인의 역사를 오늘 속에서 경험하게 하면서 민족의 아픔과 실패의 교훈을 찾게 하는 목적이 있다. 역사는 기억하는 것이다. 기억을 통하여 실패를 두 번 다시 반복하지 않는 것이 중요하다.

그날을 기다리는 통곡의 벽

예루살렘 성전은 역사적으로 두 번이나 파괴되었다. BC 586년에 바벨론에게 파괴되었고 스룹바벨에 의해 재건된 예루살렘 성전은 AD 70년에 로마에 의해 파괴되었다. 공교롭게도 예루살렘 성전이 파괴된 날이 모두 아브월 9일이다. 물론 연도는 다르지만 같은 날에 파괴되었다. 유대인은 지금도 이 날을 가장 슬픈 날로 기억하고 있다 유대인은 성전이 파괴된 날을 다양한 방법으로 기억하며 다양한 방법으로 교훈을 삼고 있다. AD 70년 로마 디도 장군이 파괴한 성전 중에 남아 있는 서쪽 성벽이 바로 '통곡의 벽'이다.

AD 135년에 유대인 2차 대반란이 일어나자 로마는 유대인들을 국외로 추방시켰다. 국외로 추방당한 유대인들이 예루살렘으로 들어오면 죽임을 당하는 법이 만들어졌다. 그러다가 비잔틴 시대가 되어서야 유대인들이 성전 파괴일 하루만 와서 기도할 수 있도록 허락해주었다. 이 날은 전 세계에 흩어졌던 유대인들이 모여서 이스라엘의 회복을 위해서 눈물로 기도했는데 이것을 사람들이 보고 통곡의 벽이라고 부르기 시작한 것이 지금까지 그대로 전해 내려오고 있다. 지금도 유대인들은 성전 파괴일인 아브월 9일 전날 밤에 통곡의 벽에 모여서 바벨론이 침략하여 성전을 파괴한 내용을 기록한 예레미야 애가를 읽으며 금식 기도를 한다.

필자는 오래 전에 이스라엘의 통곡의 벽을 방문했었는데 그때 많은 유대인들이 통곡의 벽 앞에서 기도하는 모습을 보았다. 부모와 자녀들이 같이 방문하여 자신들의 역사를 직접 체험하는 모습이 특별한 느낌을 주었다.

유대인은 결혼식 때 신랑이 포도주잔을 깨뜨리는 의식을 행한다. 이것은 두 가지 의미로 사용된다. 하나는 한번 한 결혼은 절대로 유리잔처럼 깨져서는 안 된다는 것을 말하고 또 하나는 예루살렘 성전이 파괴된 날을 기념하는 의미가 있다. 왜 하필 가장 기쁜 날에 포도주잔을 깨뜨리는가? 그것은 즐거운 날에도 가장 슬펐던 재앙의 날을 기억하라는 의미가 담겨 있다. 유대인은 결혼을 통하여 가정을 건설하는 것은 후에 예루살렘 성전을 재건하는 책임감도 함께 포함되었음을 포도주 잔을 통하여 상기한다. 진정한 즐거움은 고난을 기억하는데서 생긴다. 고난을 잊어버리면 지금의 즐거움도 오래가지 못한다. 유대인은 통곡의 벽에서 매주 월요일과 목요일에 바르 비쯔바(성인식)를 행한다. 유대인은 성인식을 역사의 현장에서 행함으로써 민족의 역사를 기억하고 자녀에게 자신의 정체성을 돌아보게 한다.

홀로코스트와
유대인 박물관

유대인이 거주하는 지역에는 대부분 유대인 박물관이 있다. 예루살렘에도 있지만 미국에도 네 개 이상의 박물관이 있다. 세계 어디를 가도 자기들의 역사 박물관을 만드는 유대인의 교육적 사고는 대단하다. 그것은 비록 다른 나라에서 살지만 자기 민족의 전통과 역사를 소중하게 여긴다는 의미가 있다. 박물관에는 생활용품들이 가득하다. 기록하는 습관을 지닌 유대인에게 이런 보존은 당연한 것이다. 당시 나치에 의해 학살당하는 민족의 이야기를 어린 학생의 눈으로 그린 《안네의 일기》는 불후의 명작으로 기억되고 있다.

이스라엘에는 '홀로코스트(holocaust)' 박물관이 있다. 홀로코스트는 대학살이라는 뜻이지만 제2차 세계대전 당시 나치 독일의 유대인 대학살을 일컫는 고유명사로도 많이 쓰인다. 유대인이 자녀들을 데리고 일 년에 한번은 꼭 방문하는 곳이다. 홀로코스트 박물관은 보는 이로 하여금 가슴 뭉클하게 만든다. 독일군들이 유대인을 사람 기름으로 만들었던 비누공장 전면에 비누를 만드는 원료들을 넣는 터널이 있다. 유대인을 나체로 세운 뒤에 비누원료로 유대인을 사용했던 그때의 현장을 볼 수 있다. 당시 가스실에서 죽어가는 장면을 묘사한 가스실 모형도, 수용소 장면과 유품들, 포로들이 사용했던 수많은 안경과 의복과 신발과 머리털은 당시의 상황이 어떠했음을 실감하게 한다.

나치에 의해 학살당한 사진과 명단과 그 현장을 지금도 보존하여 박물관으로 사용하는 유대인의 지혜는 놀랍다. 이런 고난의 현장을 통하여 유대인은 자녀들에게 역사 의식을 갖게 하고 유대인으로 태어난 것이 무엇인지를 어릴 때부터 생각하게 한다. 이런 현장 경험은 자녀들로 하여금 "나는 유대인으로 살리라."는 자긍심을 갖게 하고 더 열심히 공부하고 일하여 성공하는 민족으로서 살아가겠다고 다짐을 하게 하는 촉진제가 된다. 그리고 나라를 위하여 헌신하겠다는 다짐을 하는 기회가 된다. 그 예로 세계적 영화감독인 유대인 스필버그가 〈쉰들러 리스트〉 영화를 만들어 자신의 유대인 자긍심을 세계에 알린 스토리로 너무도 유명하다.

최후의 항전지
마사다

마사다는 이스라엘의 사해에서 4km 떨어진 곳에 있다. 암석으로 된 천혜의 요새로 직사각형 모양을 띠고 있다. 마사다에 올라가면 사해가 보인다. 높이는 434m가 된다. 마사다 사건은 AD 70년 예루살렘이 멸망당하는 시점으로 거슬러 올라간다.

예루살렘 성은 로마 디도 장군에 의해 완전히 파괴되었다. 그리고 끝까지 저항하기 위하여 피해간 마사다 요새에 유대인의 마지막 사람들이 있었다. 로마군대는 마사다에서 마지막으로 저항하던 유대인 960명을 포위하여 압박하고 있었다. 로마는 10만 대군을 동원하여 공격했지만 특수한 지형으로 인해 더 이상 공격을 할 수 없었다. 3년이 지났지만 마사다에 있는 유대인은 항복하지 않았다. 그러나 마사다는 로마의 토성을 쌓는 방법으로 공격을 계속하여 결국 함락될 지경에 놓였다. 막다른 골목에 이른 마사다에 있는 최후의 유대인들은 로마의 노예가 되기보다는 오직 하나님만을 섬기면서 죽기로 결의한다.

지도자 엘리아자르 벤 야이르(Eliezer ben Yair)는 모두를 모아 놓고 다음과 같은 요지의 마지막 연설을 했다고 한다. "내일 아침 로마군에 잡혀서 온갖 수모를 겪느니 차라리 오늘밤에 우리가 스스로 자유스럽게 영광의 죽음을 선택합시다."

이 말에 감동한 각 가족의 가장들이 사랑하는 아내와 아이들을 칼로 찔러 죽인 다음 남자들이 한자리에 모여 열명을 추첨하여 그 열명이 나머지 남자들을 죽였고, 남은 열명이 한명을 추첨하여 아홉 명을 죽인 후 그도 최후로 자결하였다.

로마장군 실바가 마사다에 들어가서 유대인의 죽음의 모습을 보고 경탄하며 당시 유대인 지도자였던 죽은 엘리아자르에게 "내가 졌네. 당신이 이겼네!" 하고 외쳤다고 전해진다. 실제로는 2명의 여자와 5명의 어린이가 살아 붙잡혔다고 하는데 실바 장군은 이들을 모두 살려 주었다고 한다. 이후로 유대인들은 세계 각지로 흩어져 약 1,900년 동안 떠돌이 생활을 하다가 1948년 독립하여 지금의 이스라엘을 세웠다.

이런 역사의 현장을 통해 유대인은 자손 대대로 치욕의 그날을 기억하며 다시 이런 일이 생기지 않기 위해 열심히 노력해야 함을 배운다. 이스라엘의 군대 임관식에는 이곳에서 맹세를 한다. "우리에게 마사다와 같은 사건은 영원히 다시는 없을 것이다." 이곳은 지금도 이스라엘 군대의 훈련장으로 사용하고 있다. 유대인은 고난의 역사를 오늘의 삶에 잘 적용하고 있다. 유대인은 그날의 비극을 로마에 의해서가 아닌 하나님이 심판하신 것으로 이해하고 있다. 그들이 멸망한 이유가 선택된 민족의 거룩함을 무시하고 하나님의 말씀을 어기고 패역한 죄를 지은 결과라는 것이다.

필자도 최후까지 로마에 항전한 마사다의 현장을 간 적이 있다. 죽음의 바다 사해가 보이는 마사다 언덕과 그곳에서 항전하며 지내던 집터들은 당시 얼마나 힘든 상황이었을까를 상상하게 하기에 충분했다. 높은 마사다 언덕에 올라가자 이스라엘의 많은 학생들이 현장교육을 하고 있는 모습이 보였다. 민족의 정신과 패망의 이유를 되새기는 교육의 현장은 가슴을 뭉클하게 만들었다. 특히 로마 장군 실바가 9천 명의 병정과 6천 명이 넘는 유대인 포로를 이용하여 주변에 성채를 쌓아 올린 당시 모습은 장관이었다. 6개월에 걸쳐 경사로를 축조하여 마침내 공성퇴를 이용해 마사다 성벽을 무너뜨린 당시 상황을 상상해 보자 현장감 있게 다가왔다.

미래를 꿈꾸는
유대 광야

　탈무드는 "배가 부른 사람은 사악한 짓을 많이 저지른다."고 가르친다. 유대인의 역사는 광야의 삶이다. 유대인들이 지금 가나안 땅에 들어오기 전 40년은 광야에서 보냈다. 이스라엘 남부 네게브 사막 지역에서 40년 동안 지냈다는 것은 인간적으로 상상하기 어렵다. 필자도 이스라엘의 남부 사막 지역을 가보았지만 사람 살기에 적합하지 않은 땅이다. 풀도 없고 물도 없는 메마른 광야에서 40년을 어떻게 보냈을까 생각하면 상상이 가지 않는다.

　성경은 이스라엘 백성이 전적인 하나님의 도움으로 바위에서 물을 내어 먹고 만나와 메추라기를 먹으면서 살았다고 기록하고 있다. 그런 광야의 삶속에서 만들어진 것이 지금 유대인이다. 지금 유대인이 주로 살고 있는 이스라엘의 대부분 지역은 척박하다. 남쪽으로 조금만 내려가면 광야로 사람이 사는 환경으로는 적합하지 않다. 그러나 이스라엘을 방문해 보면 경험하는 것이지만 이스라엘은 가는 곳곳마다 물이 나오도록 상수도 시설을 해 놓았다. 이스라엘에서 먹을 수 있는 물은 북쪽 갈릴리 호수가 전부다. 사해로 흐르는 요르단 강이 있지만 지금 요르단강은 말라서 물을 찾아보기 힘들다.

놀라운 것은 남부 지역의 광야를 찾아 간적이 있는데 그곳에서도 물이 흘러나오도록 시설을 해 놓았다. 사람이 살 수 없는 광야에 푸른 밭이 널려져 있는 것을 보고 감탄한 적이 있다. 이스라엘은 이처럼 전국에 상수처리가 되어 있어서 어디서도 물을 얻을 수 있다. 광야에서 어떻게 농사가 가능한지 의문이 들지만 이스라엘은 세계에서 농업이 가장 발달한 나라다. 농사가 될 수 없는 땅에서 농사가 가장 잘 발달한 이스라엘을 보고서 광야 속에서 살아남은 유대인의 힘을 발견할 수 있었다.

유대인에게 광야는 그들을 새롭게 하는 원동력이 된다. 어려운 환경이기에 더욱 머리를 쓰게 만들었고 계속 방법을 찾다 보면 사람들이 미처 생각하지 못하는 창의력을 발견하게 된다. 이것은 광야가 주는 놀라운 축복이다. 이런 면에서 광야는 창의력의 샘터다. 유대인의 창의력은 민족의 고난과 광야와 척박한 환경과 깊은 연관이 있다. 이스라엘 북쪽은 풍부한 물과 푸른 풀과 숲이 가득하다. 레바논의 푸른 숲과 연결된 이스라엘의 북쪽은 우리나라 휴양림에 온 듯한 느낌이다. 그러나 예루살렘을 중심으로 한 유대 남부는 척박하다. 예루살렘 고대 도시는 모두 산중턱에 건설했다. 해안 평야는 블레셋이 차지했기에 이스라엘은 주로 산위에 집을 지었다. 그것은 적들의 침입을 방어하는 전략적 의미도 있다. 이스라엘 역사를 보면 북쪽은 우상 숭배로 타락하여 앗수르에게 먼저 멸망했다. 물질적 풍요가 그렇게 만들었다. 이것은 모든 고대 도시가 멸망한 것과 동일한 모습이다. 그러나 사막과 같은 광야를 끼고 있는 남쪽 유다 땅은 사람이 살기에 좋지 않은 환경이다. 그럼에도 그들이 이스라엘의 중심이 되어 지금까지 유대인의 뿌리로 이어 갈 수 있었던 힘은 바로 광야가 주는 고난 때문이다. 고난이 지금의 이스라엘을 지켜준 것이다.

사람은 풍요롭고 배가 부르면 죄를 저지르게 된다. 사람들은 물질적 풍요를 원하지만 역사적으로 보면 물질적 풍요야말로 사람을 빠르게 멸망하게 하는 지름길이다. 유대인에게 광야는 그들을 살리는 생명의 뿌리가 된다. 지금도 수도원들은 유대 광야에 있다. 남쪽의 쿰란 공동체의 수도원 생활 모습은 당시 유대인들이 어떻게 광야의 삶을 유지했는지 알게 하는 좋은 현장이다. 유대인은 자녀들을 데리고 남부 광야와 주변의 사해와 엔게디를 견학한다. 사해는 죽은 바다로 물고기가 살 수 없는 곳이다. 그러나 그 속에는 수많은 귀한 광석들이 널려 있고 이스라엘의 수출산업을 이루고 있는 곳이다. 엔게디 광야는 이스라엘 왕이었던 다윗왕이 숨어 지내던 곳으로 유명하다. 그곳에서 이스라엘 최고의 왕이 만들어졌다는 것은 역사의 아이러니다.

자녀들과 같이 죽은 바다 사해와 광야를 체험한다는 것은 인생에 많은 것을 경험하게 한다. 고난을 사랑할 때 인간의 타락을 막을 수 있다. 순수함은 고난을 통해서 나오고 고난을 피해가면 멸망이 찾아

온다는 역사적 교훈을 유대인은 광야를 거닐면서 배운다. 이렇게 보면 광야가 그들 속에 길게 널려 있다는 것은 축복이다. 광야는 인생을 공부하는 좋은 교과서요 스승이 된다. 인간의 욕망을 절제하고 끝까지 포기하지 않고 인내하면 결국 승리를 얻을 수 있다는 것을 광야 속에서 배우게 된다. 풍요로운 삶을 살다 보면 인간의 어려운 순간을 잊어버리기 쉽다. 이때마다 한번쯤 광야에 나가서 하룻밤을 가족과 같이 지내보는 것은 매우 유익하다. 자녀들의 인성 교육에 이보다 더 좋은 현장은 없다.

필자도 이스라엘 배낭여행을 하면서 유대 광야에서 텐트를 치고 하룻밤을 지내본 적이 있다. 아무것도 먹을 것이 없는 척박한 광야에서 지내는 하룻밤은 어느 곳에서보다 평안했다. 밤 하늘에 쏟아지듯이 펼쳐지는 별빛은 아주 밝았고 아무런 소음도 들리지 않는 적막한 광야의 밤은 지금도 잊을 수 없는 시간이다. 도시에서 하룻밤을 지내는 것과 광야에서 밤을 보내는 것은 차원이 다르다. 광야를 통해서 인간은 하루를 감사하게 되고 불평을 멈추게 된다. 살면서 불평과 원망이 많을 때 가끔 광야를 거닐면서 인생을 생각하는 것은 정말 좋은 교육의 현장이라는 생각을 해 보았다. 사막과 광야는 인간을 깊게 생각하게 만드는 원천의 역할을 한다. 이런 점에서 유대 광야는 유대인에게 더 없는 교육의 현장이다. 인간의 욕심을 버리고 처음으로 다시 돌아가게 하는 수도원이다.

Tips 탈무드식 한국인 교육법

교육에서 자기 정체성은 매우 중요한 요소다. 자기 정체성이 분명하지 못하면 모든 것은 흔들린다. 우리가 살면서 힘든 것은 정체성에서 문제가 생기기 때문이다. 정체성만 분명하면 어떤 고난이 와도 이길 수 있다. 정체성은 민족의 역사와 연관이 있다. 그래서 역사교육이 중요하다. 한국인의 정체성을 확립하고 그 안에서 자신을 발견하는 일을 어릴 때부터 교육한다면 큰 인물이 될 수 있다. 한국인은 한국인의 역사를 알고 거기서 역사의 교훈을 찾는 것이 필요하다. 자기나라 역사를 모르면 자기 정체성을 찾기 어렵다. 우리나라도 이런 역사적인 현장들을 찾으면 많이 있다.

필자가 사는 집 근처에 남한산성(경기도 광주시 소재)이 있다. 시간이 날 때마다 가족과 같이 자주 찾는 곳이기도 하다. 남한산성의 '수어장대(守禦將臺)' 누각에는 '무망루(無忘樓)'라는 현판이 걸려 있다. 이것은 '잊지 않는다'는 뜻이다. 여기서 일어난 역사적 사건은 1637년 1월 30일, 조선의 16대 임금 인조 때이다. 청나라와 병자호란 전쟁 발발 후 45일 만에 조선왕 인조는 삼전도에서 청 태종에게 한 번 절할 때마다 세 번 머리를 땅바닥에 찧는 예를 올렸다. 이때 인조는 얼어붙은 땅에 머리를 사정없이 부딪쳤고 이마는 피투성이가 됐다. 당시 인조가 청태종에게 항복의 예를 올렸던 자리에(현재 서울특별시 송파구 석촌동 소재) 치욕의 '삼전도비'가 있다.

우리나라가 삼전도의 굴욕을 당한 이유는 역사로부터 배우지 못하고 고난을 기억하지 못한 탓이다. 병자호란이 일어나기 39년 전 조선은 이미 7년 동안이나 임진왜란의 국난을 겪었다. 이때 임진왜란도 알고 보면 10년 전 이율곡이 조정에 '10만 양병론'을 건의했지만 무시한 결과였다. 그런데 불과 39년 만에 임진왜란의 교훈을 잊고 국방을 소홀히 하여 청나라에 '삼전도의 굴욕'을 당하게 됐다.

유대인이 실패의 역사를 기념하는 것처럼 우리나라도 이런 치욕의 역사를 자녀들과 국민들이 기억하는 교육이 필요하다. 그러나 이런 교육을 우리는 중요하게 생각하지 않는다. 1월 30일이 '삼전도의 날'임을 아는 사람은 우리 국민 중에 별로 없다. 치욕의 역사는 많이 있다. 1950년 6월 25일(6.25사변), 1910년 8월 29일(한일합병의 날), 3.1절, 4.19혁명, 8.15해방일 등 우리나라 정체성을 발견할 수 있는 기념일이 많이 있다. 그러나 현재 한국인은 이런 기념일을 휴일 정도로만 알고 그 날을 기억하는 교육이 제대로 이루어지지 않고 있다. 사실 이것만 잘 복원하여 우리의 정체성을 세우는 날로 정하여 역사 프로그램을 가진다면 국가 뿐 아니라 자신의 정체성을 재확인하는데 큰 도움이 될 것이다.

탈리트와 테펠린을 쓰고 기도하는 정통 유대인과 필자

2장

시간 교육
흐르는 시간을 정복하라

시간을 정복하라

유대인은 공간보다 시간을 중시하는 민족이다. 유대인은 모든 시간은 유일하고 한순간만 주어지기에 포착하기 어렵다고 여기며 시간을 아주 소중하게 보낸다. 특히 자녀들에게 시간을 잘 보내는 법을 가르친다. 특히 시간을 그냥 보내는 것이 아니라 성스럽게 보내는 법을 삶에 적용하고 있다.

시간은 아무도 빼앗을 수 없는 것으로 유대인은 시간을 통해서 자신의 정체성을 이어 오고 있다. 그리고 시간을 통하여 자신을 거룩하게 만들어가고 새로운 창조를 꿈꾸며 시간을 정복하는데 심혈을 기울여 왔다. 보이는 공간보다 보이지 않는 시간을 우선으로 했기에 그 많은 고난 속에서도 유대인은 자신을 지탱해 올 수 있었다. 공간에 집착하고 시간을 사용하는 법을 배우지 못했다면 유대인은 벌써 멸망당했을 것이고 역사 속에서 살아남지 못했을 것이다. 하지만 고대 국가 가운데 유일하게 이스라엘만 살아남았다.

애굽, 앗수르, 바벨론, 바사, 헬라, 로마 등 거대한 고대 제국의 공통점은 시간보다 공간을 중시했다는 것이다. 그들은 공간을 넓히기 위해 땅을 정복하고 신전과 도시와 건축에 모든 노력을 쏟았다. 하지만 그것들은 역사가 지나면서 모두 폐허가 되었고 그들의 업적은 사라졌다. 하지만 시간을 중시한 유대인들은 나라가 사라진 상태로도 2천년 동안 생존할 수 있었다.

시간은 역사와 관계가 있다. 시간과 절기를 통해서 유대인은 민족의 정체성을 확립했다. 또 시간 속에서 역사하시는 하나님의 섭리를 기억하면서 과거의 시간을 현재의 삶에 적용하고 있다. 안식일, 하루에 세 번 기도하는 시간, 안식년, 희년 그리고 일년 동안 계속 되는 명절 등은 유대인만이 가지고 있는 고유한 시간 교육의 모습이다.

유대인을 만든 안식일

유대교는 시간의 종교다. 유대인은에게는 시간 속에서 거룩함과 신성한 시간들을 만들어 가는 지혜가 있다. 이것은 자신들이 창조해 낸 것이라기보다는 오래전부터 성경이 가르쳐준 교훈이다. 하나님이 6일 동안 세계를 만들었고 일곱째 날에 안식하신 것을 근거로 유대인은 지금까지 안식일을 지킨다.

유대인은 이 날을 지키면서 커다란 힘을 얻었다. 안식일의 24시간은 일하는 것을 금지한다. 안식일에는 일을 해서도 안 되지만 일에 대한 이야기와 생각조차도 해서는 안 된다고 가르친다. 그것은 철저하게 안식하기 위해서다. 물론 요리조차도 안 된다. 전날에 요리를 모두 준비하고 안식일은 오직 휴식을 갖는다. 교통수단도 사용하지 않는다. 회당에 갈 때도 차를 타지 않고 걸어서 간다. 여자들은 안식일이 시작되기 전에 청소를 하고 집안의 모든 것을 깨끗이 한다. 그리고 안식일을 위해 음식을 정성껏 준비한다. 온 가족이 깨끗한 옷을 입고 먼저 가정에서 안식일을 지키고 다음날 회당에 가서 안식일을 지킨다.

안식일은 가족과 같이 지내는 날이다. 아버지는 자녀들의 공부를 보아주기도 하고 자녀와 대화를 나눈다. 이렇게 안식일을 통해서 철저하게 일을 금지하는 것은 인간은 일만 위해서 태어난 것이 아니기 때문이다.

탈무드는 "휴일은 인간에게 주어진 것이지, 인간이 휴일에 주어진 것이 아니다."라고 말한다. 안식일에 온전히 쉼을 갖기 위해서는 평일에 열심히 일해야 한다.

유대인이 안식일을 지킨 것이 아니라 안식일이 유대인을 지켰다고 말할 정도로 유대인에게 안식일은 중요한 시간이다. 안식일은 일곱째 되는 날에 휴식하는 것이다. 이것은 고대로부터 지켜온 유대인의 오랜 전통이며 법이다. 안식일은 금요일 해질 무렵부터 토요일 해질녘까지 이어진다. 한주간의 세속적인 일과 거룩한 휴식의 시간을 구분하는 것으로 안식일이 시작될 때와 끝날 때는 촛불을 켠다.

유대인 중에는 알콜중독자나 우울증과 노이로제 환자가 적다. 가정불화나 자녀들이 가출하는 경우가 거의 없다. 이것은 가정에서 안식일을 지키고 있기 때문이다. 유대인은 휴식하는 법을 알고 그것을 통해 인생을 풍요롭게 사는 법을 배운다. 안식일은 단순히 노는 날이 아닌 성스러운 날로서 휴식한다는 것이 우리와 다른 점이다. 인간은 안식일을 통해서 인간의 삶을 배운다. 만약 안식일을 지키지 못하면 인간은 일만 하는 불행한 삶을 사는 것이 된다. "쉬는 방법에 따라 그 인간을 알게 된다."는 탈무드의 말은 안식일과 인간의 관계를 잘 보여준다.

쉬지 않고 오직 일중독에 빠지다 보면 내가 누구인가를 잊어버리게 된다. 어느 순간에 인간으로서의 존재감을 상실하게 된다. 우리나라는 열심히 일하는 나라로 알려졌다. OECD 국가 중에 일을 많이 하는 나라에 속한다.

그러나 유대인은 쉬는 민족이다. 일과 휴식 사이의 적당한 긴장 관계를 유지하면서 충분한 휴식을 갖는다. 이것은 법적으로 정했기에 모든 유대인이 따라야 한다. 쉬는 것은 선택이 아닌 필수다. 성경은 십계명에 안식일을 거룩하게 지키라고 명령으로 규정해 놓고 있다. 이유가 없이 무조건 지켜야 한다.

그들은 쉼을 갖되 완전한 쉼을 갖는다. 아무리 안식일이라 해도 집안에서 일을 하면 그것은 쉬는 것이 아니다. 그들은 안식일에 해야 할 일과 하지 말아야 할 일을 규칙으로 정해 놓았다. 그것은 더 잘 쉬기 위함이다. 왜 쉼의 시간을 가족과 같이 갖는가? 그것은 단순히 육체적인 쉼을 갖는 것 이상의 뜻이 있다. 자기 시간을 가지면서 인생을 돌아 볼 수 있다.

이런 휴식 시간은 자신을 발전시키는 창조적 역할을 한다. 유대인의 이런 쉼은 다른 민족을 능가하는 창의력을 발휘하는데 힘을 제공한다. 유대인은 안식일에 일에 대한 이야기를 하지 않는다. 일을 위해 하는 일체의 행동이 금지된다. 사업이나 일에 관한 편지를 읽거나 글을 쓰거나 계산하는 일을 하지 않는다. 일에 대한 생각도 하지 않고 이날은 완전히 일에서 해방감을 느낀다. 책을 읽어도 일에 관한 책이 아닌 역사와 인문학과 종교에 관한 책을 읽는다.

안식일은 다른 날과 구별된 날이다. 평일은 일을 하는 날이라면 안식일은 창조의 날이다. 유대인은 안식일을 통하여 쉼을 얻고 새로운 발상을 하게 된다. 이날을 지키는 것을 선택이 아닌 필수사항인 법으로 정하여 온 민족이 지키고 있다. 안식일을 이처럼 강요적으로 법을 정해 놓은 것은 그만큼 안식일이 중요하기 때문이다.

유대인은 안식일을 통하여 단순히 쉼을 얻는 차원을 넘어 토라와 탈무드를 공부하는 시간으로까지 적용하고 있다. 소극적인 안식일이 아닌 적극적 의미에서 안식일을 지킨다. 히브리어로 쓰인 토라와 탈무드를 공부하면서 지적탐구와 아울러 모국어인 히브리어를 배운다. 만약 안식일이 없다면 토라와 탈무드를 유대인들이 지금까지 이어오지 못했을 것이다.

안식일을 통하여 유대인은 가족과 대화를 나누고, 토라와 탈무드를 배우고 책을 읽고 생각하고 기도하며 예배드린다. 가족과 유대관계를 가지고 육체적으로는 쉼을 얻는다. 특히 유대인이 지키는 가정 안식일은 민족적인 배움의 터전이 되었다.

가정에서의
안식일 순서

유대인의 모든 가정은 안식일을 지킨다. 물론 세계 각국에 흩어져 있는 모든 유대인 가정이 동일하게 이날을 지킨다. 유대인이 금요일 저녁에 가정 안식일을 지키는 모습을 그려 보면 다음과 같다.

금요일이면 아버지는 일찍 집에 돌아와 목욕을 한다. 그리고 가장 좋은 옷을 꺼내 입는다. 깨끗하게 치운 방에 가족들이 하얀 테이블 보를 깐 식탁 주위에 빙둘러 앉는다. ― 하얀 포를 식탁에 덮는 이유는 이스라엘 민족이 광야에 있을 때 흰 만나가 땅을 덮은 것을 기념하는 의미다. 안식일이 거룩하고 순결하다는 것을 상징하기도 한다. ― 모두 함께 이렇게 말한다.

"샤바트, 샬롬!(안식일에 평안 있으라!)"

테이블 위에 놓은 두 개의 초에 불을 붙이면서 하나님을 찬양하는 노래를 시작한다. 가족들이 모두 큰 소리로 노래를 부른다. 책상을 두드리면서 리듬을 맞추어 반복하여 노래를 부른다.

노래가 끝나면 포도주와 빵으로 음식을 주신 하나님께 축복과 감사의 기도를 한다. 기도가 끝나면 아버지가 빵을 잘라 가족들에게 나누어 준다. 이때 빵은 어머니가 직접 만든 달콤한 빵이다. 가족들이 일어나 세면장으로 간다. 그리고 금속 그릇에 물을 받아서 오른손과 왼손으로 교대로 뿌려 손을 씻는다. 손을 씻고 가족이 돌아오면 가족 식사가 시작된다. 식사가 끝나면 디저트와 커피가 나온다.

그리고 아버지가 그 주간에 읽어야 할 토라를 읽는다. 아버지는 토라의 내용 중에 중요한 구절을 가족에게 설명한다. 아버지의 말을 듣고 가족 중에 질문할 내용이 있으면 질문한다.

아버지는 탈무드 이야기를 들려준다. 가족들은 이야기를 관심을 갖고 듣는다. 이야기를 듣고 있던 자녀들이 의문 나는 것을 질문한다. 이어서 가족 토론이 이루어진다. 토론을 마치면 안식일 식후 노래를 부르면서 가정에서의 안식일 순서를 끝마친다.

유대인은 안식일에는 전화 뿐 아니라 요리, TV 시청, 라디오 청취, 청소, 목욕, 전등켜기, 가스불 켜기 등도 금지된다. 버스도 운행이 중단된다. 음식은 금요일 일몰 전에 준비해야 하고 전화기의 자동응답기 사용마저 금지된다. 물론 여행이나 친구를 만나러 다른 곳을 다닐 수 없다. 가정에서 가족들과 안식일을 먼저 보내고 다음날 회당에서 유대인들과 같이 기도와 예배하면서 공동체 시간을 보낸다. 이것은 철저한 쉼을 갖기 위해서 정해진 그들만의 규칙이다.

유대인은 제대로 쉬는 민족이다. 유대인처럼 쉼을 오래전부터 전국민적으로 실천한 민족은 세계 어디를 보아도 없다. 탈무드를 보면 "인간은 자주 손을 쉬게 함으로써 오히려 큰 것을 만들어 낸다."는 말이 있다. 쉼은 자신을 제대로 보게 하는 유익이 있다. 일만 하다 보면 지금 자기의 모습을 볼 수 없고 지금 제대로 방향을 잡고 가는지 분별하기 어렵다.

인간은 일만 하다가 사라지는 존재가 아니다. 인간의 행복은 의미 있는 일을 할 때 생긴다. 이것을 위해서는 일주일에 한번 안식일을, 7년과 50년을 주기로 쉼을 갖는 것이 필요하다. 이것은 성경에 나와 있는 내용으로 유대인은 이것을 지키려고 한다. 이스라엘은 7년마다 밭갈이를 위해 땅을 일년 동안 쉰다. 그래야 더 많은 경작을 낼 수 있다. 인간도 마찬가지다. 이것을 적용하여 안식년의 제도를 경영에 도입하는 기업이 있다. 휴가와 안식년 등을 통하여 새롭게 자신을 돌아보면 일상을 창의적으로 만들어 가는 것은 유익한 제도라 본다. 충전 없이 사용한 기계는 더 이상 사용할 수 없다. 기계를 중간 중간에 충전하듯이 인간의 삶도 이러해야 하지 않을까?

공동체가 함께 지키는 민족 명절

탈무드에 "배의 노를 저어 앞으로 나아가려면 뒤를 보고 앉아야 한다."는 말이 있다. 무슨 말인가? 앞으로 나아가기 위해서는 과거에서 배우는 것이 중요하다는 교훈이다. 유대인은 자기들의 5천년 역사를 통해 과거 중에서 꼭 기억해야 할 중요한 사건을 명절로 정해서 그것을 전 국민적으로 지킨다. 물론 이것은 성경 속에서 가르친 내용에 근거한 것이다. 민족 명절을 지킨다는 것은 과거를 기억하며 그 역사 속에서 오늘을 배운다는 의미가 있다. 역사는 시간을 기억하는 것이다.

유대인은 평범한 하루의 시간을 신성하게 만드는 힘을 가지고 있다. 유대인은 일년의 기간 동안에 종교적인 것과 민족에 관련된 명절을 지키고 있다. 이런 명절을 통해서 자연스럽게 민족의 역사와 정체성 교육을 하고 있다. 가정을 중심으로 이루어지고 있으며 이것은 수천 년 동안 정착되어온 관습이다.

　미국에서 가을 신학기가 되면 유대인의 설날인 로쉬 하샤나(Rosh Hashanah, 9월), 또 10일 후엔 속죄의 날인 얌 키푸르(Yom Kippur, 10월)가 다가온다. 유태인들의 입김이 센 대도시들, 즉 뉴욕이나 로스앤젤레스의 많은 공립학교들은 로쉬 하샤나와 얌 키푸르에는 아예 문을 닫고 쉰다. 로스앤젤레스 교육구(학군)에서는 '학교가 일하지 않는 날'로 정할 정도다.

　유대인은 고대부터 지켜온 전통 명절을 계속 전수해 오고 있다. 이것은 지금도 진행형이다. 자녀와 다음세대 교육을 이루는데 최적의 교육경험이다. 그들이 명절에 읽는 토라는 아직도 두루마리 형태를 고집하고 있다. 두루마리는 읽는데 매우 불편하다. 두루마리 토라는 혼자서 읽기 힘들고 다른 사람이 말아가는 것을 도와주어야 읽기가 가능한 구시대적인 방법임에도 고집하는 것은 전통을 그대로 이어 가려는 의지 때문이다.

　명절은 크게 두 가지로 나누는데 하나는 민족적으로 지키는 절기이고 또 하나는 개인적으로 삶의 주기에 따라 지키는 의식이다. 민족적으로 지키는 명절을 살펴보면 다음과 같다. 유대의 신년은 우리와 다르게 일곱째 달에서 시작된다.(우리로 하면 9~10월 정도에 해당된다.) 설날(로시 하샤나)은 농사 주기가 한 바퀴 바뀌는 시점에서 하나님의 창조가 다시 시작하는 것을 경축하는 절기이다. 한해를 돌아보는 기간이 열흘 동안 이어진다.

　유대인들의 신년맞이는 섣달 그믐날 오후 1시에 드리는 회당예배를 마치고 집으로 돌아와 목욕을 한다. 반나절동안 금식을 끝내고 식사를 한다. 신년에는 새해를 사과처럼 향기롭고 꿀처럼 달콤하게 보내기를 바라는 마음으로 초콜릿을 먹거나 석류 열매를 먹는다. 이것은 한 해를 새콤달콤하게 살면서 석류 알맹이 수만큼 좋은 일들이 많이 일어나기를 기원하는 의미가 있다. 석류안에 들어 있는 빼곡한 알맹이들을 보면서 613개의 율법을 잘 지키겠다는 신앙을 다지기도 한다. 이 때는 생선 머리를 먹으면서 '머리가 되고 꼬리가 되지 않게' 해달라고 기도하기도 한다.(신명기 28:13, 사사기 9:15) 신년이 되기 한 달 전부터 구제를 많이 하며, 연하장도 주고받는다. 신년 회개는 열흘 동안 계속된다.

　신년 기간의 절정은 욤 키푸르(회개일, 대속죄일)이다. 이날은 흰옷을 입고 성관계를 삼가며 금식하여 자신의 죄를 회개하는 시간이다.

　이 날은 대중교통인 열차와 비행기 운행도 중단된다. 도로에는 경찰 순찰차와 엠뷸런스 이외의 모든 차량이 운행을 하지 않는다. 사람들은 회당에 가는 외에는 가족과 함께 금식하면서 경건한 시간을 보낸다. 대신 아이들은 자전거나 롤러 스케이트를 타고 나와 국도와 고속도로에까지 들어가 차 없는 날을 만끽한다.

　속죄일로부터 닷새 후에는 초막절(숙콧) 축제가 한 주간 동안 열린다. 추수가 끝난 것을 기념하는 날이다. 이것은 이스라엘 역사와 관련이 있다. 이스라엘 백성들이 약속의 땅에 들어오기 전에 40년 동안 사막에서 지냈던 거처를 초막으로 해석하여 그날을 기억하여 온 가족이 마당이나 지붕에 초막을 짓고 거기서 유숙한다. 초막절 마지막 날은 토라 읽기가 1년 주기가 끝나는 날로 이를 기념하여 신명기 34장과 창세기 1장을 읽으면서 토라 봉독을 다시 시작한다.

하누카 절기는 8일 동안 계속되는데 164년에 예루살렘 성전을 재봉헌한 것을 기념하는 날이다. 우리로 하면 12월 24일이 되는데 이 날이 되면 집집마다 창가에 촛불을 켜 둔다. 아홉 개의 촛불을 켜면서 하누카의 명절이 시작된다. 하누카란 '봉헌'이라는 의미로 유대인이 그리스와 전쟁을 벌여서 성전을 탈환한 것을 기념한다. 유대 역사에 마카비가 예루살렘성을 정복한 날을 기념하여 유대성전의 등불을 다시 밝힌다는 상징적인 뜻이 담겨져 있다. 이날은 기름에 튀긴 도넛을 먹는데 이것은 성전에서 일어난 올리브 기름의 기적을 기리기 위해서다.

부림절은 페르시아 제국의 포로 시절에 유대인들이 구원 받은 날을 기념하는 절기다. 이때는 부림절의 역사가 기록된 에스더를 읽는 것이 축제의 중심이 된다. 이때 하만이라는 이름이 나오면 회중은 그를 야유하기 위하여 라아샨이라는 딱따기를 돌리거나 발을 굴러 시끄러운 소리를 낸다. 이날은 온가족과 학교의 학생들이 가장 행렬을 하면서 퍼레이드를 벌인다. 그리고 가난한 사람에게 선물을 나누어 준다.

그 다음으로는 유월절(逾越節)인데 유대력의 첫 달(우리로는 3~4월)이다. 한 해 농사의 첫 수확을 축하하는 절기지만 이날에 출애굽을 기념하여 출애굽 이야기를 되새기면서 유대인은 속박과 해방을 함께 기억한다. 유월절은 8일 동안 계속되는데 첫날밤은 가정에서 만

찬 의식을 가진다. 이때는 의지할 곳이 없는 사람이나 이방인들을 초대하는 풍습이 있다

가정에서 이루어지는 유월절 만찬은 집안에 누룩이 있는지를 점검하고 집주인이 초에 불을 붙이고 기도를 드리고나서 유월절이 시작되었다고 말한다. 와인으로 축복하고 4시간 정도 〈하가다〉라는 예식서를 읽고 이집트 탈출에 대한 민족의 역사 이야기를 나누면서 출애굽 경험을 간접적으로 체험한다. 중간에 노래를 하면서 진행된다. 특히 유월절 식탁에는 쓴 나물과 하로세트라는 사과와 호두를 섞어서 만든 음식 등 여섯 가지 음식재료를 늘어놓는다. 음식 하나하나에 의미가 있고 먹을 때도 순서가 있다. 쓴 나물을 먹으면서 유대인 자손은 3천년 전에 자신의 조상들이 애굽에서 당했던 노예의 고통을 공유한다. 쓴 나물을 소금물에 찍어 먹는데 소금물은 광야에서 고난의 생활을 의미한다.

시간이 길기에 아이들은 자유롭게 시간을 보낸다. 모임이 끝날 때면 아이들은 다시 제자리로 모인다. 이때는 아피코만이라는 보물찾기 놀이가 있다. 아버지가 저녁 식사를 시작하기 전에 방 어디엔가 하얀 크레카 빵조각을 숨긴다. 하가다를 다 읽기 전까지 아이들은 그것을 찾는다. 또 유월절에는 누룩이 없는 마짜라는 빵을 먹는다. 마짜라는 맛 없는 빵을 1주일 내내 먹는다. 이것을 통해 출애굽 사건의 고통을 기억하면서 민족의 정체성을 되새긴다.

유월절이 지난 칠 주 후에는 오순절을 지킨다. 오순절은 밀 수확을 기념하는 날로 시내산에서 계시를 기다리던 7주간을 기념하는

날이다.

　AD 70년에 일어난 성전파괴를 기억하는 날 역시 지키는데 우리의 7~8월에 해당된다. 유대사의 수많은 사건을 기억하면서 이 날을 금식하면서 지낸다. 현대에는 두 가지 기념일이 추가되었다. 하나는 홀로코스트 기념일로 2차 세계대전 때 독일에 의해 학살된 600만 명의 유대인을 추모하는 날이다. 또 하나는 이스라엘이 독립한 날을 기념하는 경축의 날이다.

　유대인의 절기 명절은 보통 1주일에서 10일간 계속되며 이때는 3대가 같이 모인다. 그리고 이스라엘 공동체 전체가 이 절기를 지킨다. 절기를 통해서 그들은 모든 것을 통합시킨다. 예를 들면 역사의식, 인생철학, 의식과 전통, 가족과 자녀, 공동체 의식, 민족과 국가에 대한 사랑을 자녀에게 전수하며 온 국민이 재확인하는 시간을 매년 갖는다. 이런 시간들이 반복되면서 이스라엘 민족의 정체성을 갖게 되고 이것은 결과적으로 나라 사랑, 가족 사랑, 하나님 사랑을 하는 유대인으로 성장하게 하는 교육적 효과가 있다.

개인적인 통과의례

유대인은 민족 공동체 속에서 지키는 명절뿐 아니라 개인적으로 삶의 주기에 따라 이루어지는 통과의례가 있다. 출생에서 죽음까지 각 단계에 해당되는 개인적인 의식이 있다.

♠ 출생

유대인의 출생은 유대인의 정체성을 이해하는데 중요하다. 어디서 태어나든 유대인 부모에게 태어나면 유대인이 된다. 부친만 유대인이고 어머니가 유대인이 아니면 그는 유대인이 될 수 없지만 부친이 이방인이고 어머니가 유대인이면 그는 유대인이 된다.

유대인들은 아이를 병원에서 낳는다. 모든 분만비는 보험회사에서, 산후 보조비는 나라에서 지원한다. 이런 복지 정책은 이스라엘의 다산 정책에 한 몫 한다. 유대인은 가능한 한 아이를 많이 낳는다. 보통 10명 정도가 평균 인원이다. 그것은 아이를 갖는 것은 축복 중에 축복이라고 생각하기 때문이다. 유대인의 장자가 태어나 생후 1개월이 되면 장자의 속전을 바친다. 속전 헌납은 유대인 회당에 가서 랍비에게 현금으로 돈을 내는데 몸값을 하나님께 바친다는 뜻이다. 약 2달러 정도의 헌금을 한다.

♠ 할례

남자는 8일째 되는 날에 회당에서 랍비가 할례를 행한다. 이것은 성경의 아브라함 시대부터 이어지는 고대 전통이다. 할례를 받으면서 유대공동체의 일원이 되는 것을 상징한다. 유대인은 아이가 할례를 행함으로 하나님과 계약을 맺는 것으로 이해한다. 이름도 이때 짓는다. 현대에는 여자도 할례와 같은 의식을 행하면서 딸의 출생을 축하한다. 수천 년 동안 행해져 온 할례를 통하여 유대인은 영원한 동지의식을 갖는다.

장자는 30일째 되는 날에 속죄 의식이 부과된다. 여자일 경우는 어머니가 회당에 참석하여 감사 기도를 드린다. 개혁파인 경우는 아기를 축복하기 위해 회당으로 데려간다.

남자 아이를 낳으면 부모가 자랑을 하여 이웃과 친척에 알린다. 할례 의식의 날짜를 정해 가까운 친구와 일가친척들을 초청하는데 대체적으로 50여 명이 모인다. 모인 사람들은 다른 방에서 간단한 음식을 먹으면서 할례받는 것을 축하한다. 할례 때 초청된 사람들은 어린아이 옷이나 포도주 등 선물이나 축의금을 가져온다.

♠ 바르 미츠바(Bar Mitzvah, 성인식)

유대인의 자녀는 13세(여자는 12세)가 되면 성인이 된 것을 선포하는 성인식인 '바르 미츠바'를 행한다. 우리나라는 성인의 날이라고 해서 19세 되는 때에 정해 놓았지만 이것을 통과의례로 지키는 예는 없다. 우리는 성인이 된다는 것이 무엇인지 교육이나 의식이 없이 각자 자기 방식대로 살아간다. 그러다 보니 나이는 성인이지만 어린이 상태인 경우가 많다.

유대인의 성인식은 나이가 성인이 되었다는 것보다는 이제부터 하나님과 관계를 갖는 출발의 뜻이 담겨져 있다. 성인이 되었다는 것은 이제부터 평생 동안 하나님의 계명에 따라 사는 아들로 자란다는 뜻이다. 성인식 때 처음으로 대중 앞에서 토라를 읽으면서 대중 앞에서 토라를 읽는 자격이 주어진다. 이 의식은 종교인으로 자신의 신앙에 책임질 나이라는 의미를 지닌다. 부모 없이도 이제는 토라를 읽고 공부해야 한다. 이때는 가족의 3대가 참여를 하여 말씀을 자손 대대로 이어주는 것을 각인시킨다. 성인식이 거의 끝날 때쯤 랍비는 부모와 양가 조부모를 강대상으로 불러 들여서 토라를 친조부모에게 준다. 친조부모는 외조부모에게 주고 외조부모는 부모에게 주고 부모는 아들에게 건네준다. 이것은 말씀을 자자손손 이어간다는 의미를 지니고 있다.

　얼마나 의미심장한 시간일지 상상이 간다. 주인공은 큰 토라 두루마리를 안고 한 바퀴 돌면서 사람들과 함께 하나님을 찬양하는 의식을 갖는다. 오후에는 회당에 나가 많은 사람들 앞에서 직접 연설을 한다. 토라를 히브리어로 읽고 강론하면서 드디어 자신이 성인이 되었음을 모두에게 알린다. 성인식은 자녀로 하여금 일찍부터 자립하게 하며 자존감을 높이는 역할을 한다.

　성인식은 결혼식과 비슷한 모습으로 진행된다. 이때는 일가 가족이 모두 초대를 받는다. 성인식을 마치면 연회장을 빌려서 축하 모임을 갖는다. 음식을 먹고 춤을 추면서 사람들이 그날의 주인공을

성인식을 마친 후에 친구들과 같이 기념사진을 찍는 유대 소년

의자에 앉혀 높이 들고 헹가래 치듯이 추겨 세운다. 이것을 통해 이제 당당한 성인으로서 인정받게 됨을 세상에 선포하는 것이다. 이때 주인공은 나이가 어리지만 어른처럼 넥타이와 정장을 입는다. 성인식 행사에 참여한 가족들은 축의금을 준비하여 아이에게 준다. 보통 축의금이 우리나라 돈으로 5천만원 정도 된다. 이 돈은 아이의 이름으로 은행에 예금을 한다. 그리고 대학을 졸업하여 사회에 나올 때 종자돈이 되는데 약 1억원 정도가 된다. 이 돈이면 창업도 충분히 가능하다. 주변의 창업자금 지원을 받아 이스라엘 청년 70~80%는 창업정신을 가지고 청년 때 창업에 뛰어든다. 이렇게 5천만원이 자기 이름으로 통장에 들어 있다고 생각하면 살아가는 자세가 달라지고 이것은 자연스럽게 경제교육으로 이어진다는 점에서 우리도 적용해 볼 모습이다. 이렇게 일찍 성인식을 하면서 성인으로서 삶을 준비하며 훈련된 유대인 청년과 우리와 비교하면 확연히 차이가 난다. 그들과 경쟁에서 우리는 이기기 힘든 구조를 가지고 있다. 우리는 24년 넘게 학교 공부에 시달려 대학까지 다녀 졸업을 해도 큰 빚을 지고 사회에 나오는 상황이다. 우리와 비교하면 부럽기까지 하다. 성인식 때는 체데카 통에 구제금을 넣으므로 평생 구제에 의무를 갖고 살아가야 하는 것을 배운다.

성인식을 하기 위해서는 열 살 때부터 3년 동안 준비를 한다. 앞으로 성인이 되면 해야 할 기도 방법을 배우고 아침마다 이마와 손목에 테필린을 붙이고 기도하는 훈련을 한다. 이것은 평생 동안 스스로 신앙 생활을 하기 위해 준비하는 것이다. 그리고 성인식 때 회당에서 많은 사람들 앞에서 읽고 설명할 토라를 미리 공부하고 준비한다.

성인식을 치루고 나면 이제 성인으로서 살아가며 몇 가지 의무를 다해야 한다. 하나님께 자기를 위한 기도를 하며 안식일을 지켜 회당에 가서 예배에 참여하는 것이 필수다.

♠ 결혼식

결혼식은 세 부분으로 나뉘는데 결혼증서에 서약하고 반지를 끼우는 의식을 행한다. 마지막으로 부부가 신혼방에 들어가면서 결혼을 완성하는 단계에 이른다.

신랑은 자기의 탈릿을 신부의 머리 위에 펼쳐 보임으로써 앞으로 신부를 잘 보호하겠다는 의사를 전달한다. 여기에서 탈릿을 후파(결혼식 차양)로 사용하는 관습이 생겨나게 되었다. 결혼 예식에서 신랑과 신부는 새 보금자리를 형상화한 후파 밑에 서고 일곱 개의 축시를 낭송한 후 한 잔의 포도주를 나누어 마신다. 이때 신랑과 신부는 기도숄을 함께 쓰는데 두 사람을 하나로 묶는다는 의미로 허리에 벨트를 묶는다. 가장 즐거운 이날에 신랑은 예루살렘 멸망을 회상하며 유리잔을 바닥에 깨뜨린다. 이것은 깨뜨린 컵을 다시 회복할 수 없듯이 한번 한 결혼은 파기하면 안 된다는 것을 상징한다.

후파 아래서 신랑과 신부는 케투바(유대인 결혼 계약서)를 읽는다. 이 계약서에는 신랑이 죽거나 이혼하게 될 경우에 신랑이 신부에게 져야 할 의무들을 자세히 나열해 놓았다. 그러나 신부가 신랑에게 져야 할 의무는 적혀 있지 않다. 신부는 신랑에게 천막 아래서 키텔(kittel)이라는 흰 옷을 입힌다. 그것은 흰 옷처럼 결혼생활이 정결하고 깨끗해야 함을 강조하는 의미가 있다. 신랑 신부는 잠시 동안 격리한다. 유대인 결혼식은 검소하고 간소하게 치러진다. 신랑은 흰 남방에 신부는 수수한 흰 드레스를 입는다. 신랑 친구들도 평소 남방 차림을 한다. 부모님들은 신랑과 신부를 후파로 이끌어 담소를 나누며 축하하고 춤추며 연회를 갖는다. 일주일 동안 주야로 열기도 한다. 정통파 유대인들은 결혼하기 가장 좋은 날로 화요일을 꼽는데 그 이유는 성경에 하나님이 세상을 창조하실 때에 셋째 날에는 "(하나님의) 보시기에 좋았더라."라는 말이 두 번 기록되어 있는 것에 근거한다.(창세기 1:10-12) 여기서 한 주의 셋째 날은 화요일을 말한다.

　유대인의 결혼식은 복잡할 정도로 절차와 순서가 많다. 그리고 기간도 오랫동안 한다. 왜 그럴까? 그것은 유대인에게 결혼은 인류를 번성시키는 하나님의 섭리라고 보기 때문이다.(창세기 1:28) 유대인은 결혼을 아주 중요한 인생의 과정으로 본다. 탈무드에 "아내가 없는 자는 즐거움도 없고, 기쁨도 없고, 행복도 없다."라고 말하고 있을 정도로 결혼을 강조한다. 우리나라는 점차 결혼에 대한 의미가 약해지고 결혼하지 않는 분위기가 생겨나고 있다. 그리고 아이를 낳는 것도 기피하는데 이것은 좋지 않다. 결혼을 중요하게 만들기 위해서 결혼식을 예식장에서 30분 만에 끝내는 결혼 문화를 갱신하여 풍성하게 결혼의 의미를 새기는 방안을 연구할 필요가 있다.

♠ 임종

유대인들은 임종이 다가오면 죄를 고백하는 참회기도를 드린다. 정직하게 자신의 죄를 청산하며 영생을 기대하는 의미가 있다. 순교를 당해 죽어가면서도 쉐마 기도를 암송했던 랍비 아키바를 본받아 유대인들은 임종할 때 쉐마 신앙고백을 암송하며 죽음을 맞이한다.

죽음을 맞이한 가족을 위해 애도할 때는 가까운 친족들은 애도를 표하여 상징적으로 겉옷을 찢고 신발을 벗고 땅바닥이나 낮은 의자에 앉고 친구들은 찾아와 위로하고 매일 기도하고 공동체에서는 필요한 물질적 도움을 준다.

유대인 무덤

Tips 탈무드식 한국인 교육법

인생은 결국 시간과의 싸움이다. 시간 속에서 인간의 삶이 진행 된다. 인간이 시간을 정복하지 못하면 시간이 인간을 정복한다. 인생은 짧다. 그 시간을 어떻게 보내느냐에 따라 인생의 성공이 결정된다. 인간은 결국 시간이 다하면 모든 것을 내려놓아야 한다. 한국교육은 시간에 대한 교육이 부족하다. 그것은 근본적으로 시간에 대한 가치 인식이 부족해서다. 시간을 잘 이해하면 역사관이 생기고 그 속에서 인간의 정체성을 찾을 수 있다. 그러나 시간을 정복하지 못하면 결국 인간은 시간을 허비하게 된다. 시간은 모든 세대를 통합하게 하고 과거와 현재와 미래를 연결해주는 축이다. 얼마나 시간을 잘 보내느냐에 따라 인생의 성공이 결정된다. 이런 면에서 어릴 때부터 시간과 역사에 대한 인식을 갖게 하는 것은 아주 중요하다. 시간을 중요하게 생각하면 당연히 역사공부에 힘쓰게 된다.

모든 시간이 다 중요하지만 특별한 시간을 정해서 그것을 의미 있게 지키는 것은 시간을 잘 보내는 한 방법이다. 인간은 시간 속에서 살아간다. 인간은 유한한 존재이기에 어느 정도 시간이 되면 세상을 마쳐야 한다. 각자 주어진 한정된 시간을 어떻게 보낼까 하는 것은 모두가 고민해야 할 문제다. 얼마나 시간을 잘 보내느냐가 인생 성공을 이루는 중요한 요소가 된다. 부모는 자녀에게 하루 시간을 어떻게 하면 잘 보낼 수 있는지 몸으로 보여주면서 바르게 가르쳐야 한다. 시간을 관리하고 정복하는 것을 실패하면 인간은 한순간에 무너진다. 이런 점에서 유대인의 시간 교육관은 우리가 배울 필요가 있다.

한국사회의 가장 큰 문제로 인성 교육을 꼽는다. 이것을 위해서 정부와 학교가 노력하지만 해결방법이 안 보인다. 갈수록 심각해지는 학교폭력과 집단 괴롭힘(왕

따)은 모두 인성의 부재에서 일어나는 현상이다. 한국사회의 스마트폰·게임·인터넷 중독은 심각한 지경에 이르렀다. 특히 세대 간의 단절로 교사와 부모가 아이들을 교육하기 힘든 상황이 되고 있다. 점차 개인주의가 심각해지고 있으며 이제는 가족이 해체되는 문제까지 심각하게 대두되고 있다. 특히 물질만능주의와 쾌락주의가 만연하면서 많은 사회적인 문제를 야기하고 있다. 다문화 사회에 접어들면서 이제는 한국인의 정체성까지 흔들리는 모습이 나타나고 있다. 이것을 해결하기 위한 방법으로 유대인의 전통과 절기 교육의 접목이 절실하다.

수천 년 동안 전통을 이어오고 있는 유대인의 안식일과 절기교육은 오늘 우리에게 큰 도전을 주고 있다. 한국은 유대인처럼 5천년의 역사와 전통을 가지고 있다. 그런데 이것이 서구화되면서 점차 붕괴되고 있다. 세대가 계속 이어져가는 것은 역사와 전통을 통해서 가능하다. 지금이라도 한국의 전통문화와 민족의 절기와 명절의 가치를 살려서 우리 것으로 소화해 내는 교육과정이 필요하다.

국제화를 이루기 위해서는 우리 것을 찾는 작업이 먼저다. 그렇지 못하면 국제화에서 이겨나갈 수 없다. 특히 가족과 민족의 정체성을 찾는 교육이 절실하다. 그것을 통해 한국민족이 하나됨을 느끼고 그 힘으로 세계화를 이룰 수 있다. 함께 고유명절을 지키면서 가족애와 사랑을 나누고 그것을 통해 새로운 에너지를 분출하는 과정이 필요하다. 명절과 절기교육이 없으면 세대 간의 단절이 일어나고 결국은 가족이 해체되는 상황까지 올 수 있다. 이렇게 되면 전국가적인 재앙을 초래하게 된다.

특히 매주 하루를 가정의 날로 정해서 밥상머리에 둘러 앉아 가족 간의 시간을 가지는 가족공동체 운동이 절실하다. 유대인이 안식일을 통해서 유대국가를 다시 세웠듯이 한국사회도 가족의 날을 전 국민적으로 실시하여 가족의 회복이 먼저 정착되어야 한다.

필자도 이것의 필요성을 느껴 십여 년 전부터 '가정 안식일'이라는 가족의 날을 정하여 밥상머리 교육을 해왔는데 좋은 효과를 보고 있다. 지금은 자녀들이 다 성장하여 성인이 되었지만 초등학교 중등학교부터 매주 실시하고 있는 밥상머리 교육은 인성과 영성 형성에 큰 도움을 주었다. 2시간 정도 진행되는 밥상머리 교육은 가정의 모든 문제를 나누고 대화하면서 가족애를 다시 확인하는 시간이 되고 사회에 나가는 진로 교육까지 겸하게 된다. 이것이 자손대대로 이어지는 좋은 전통이 되기를 소망해 본다. 나중에는 유대인처럼 3대가 같이 모여 밥상머리 시간을 가진다면 얼마나 좋을까 생각해 본다. 그런 날이 올 줄로 믿는다.

이 시간만 가족이 잘 지켜도 가족의 문제는 대부분 해결된다. 간단한 것 같아도 이것을 실천하기 위해서는 많은 장애 요인을 제거해야 한다. 어쩌다 하는 것이 아니라 꾸준하게 시행하는 것이 중요하다. 필자가 가정의 날에 대한 좋은 효과를 경험하고 주변 사람들에게 적극 권해 보지만 이것을 실천하고 있는 가정은 거의 없다. 모두가 생각은 있지만 그동안 해온 관행이 실천을 어렵게 한다. 가능한 명절이나 가족 모임 시간에 모든 가족이 같이 참석하는 것을 실천하고 있다. 대부분 장성하면 자녀들이 개인주의적인 성향 때문에 참여하지 않는 경우가 많은데 작지만 이것부터 실천하는 것이 필요하다. 이것은 역사와 시간 교육의 중요성 때문이다.

교육은 가정에서 거의 이루어진다고 해도 과언이 아니다. 보통 통과 의례라고 하는 다양한 가정의 행사들은 출생부터 죽음까지 다양하다. 지금까지 우리가 전통적으로 해오고 있는 행사들만 잘 적용해도 충분히 가능하다. 예를 들면 백일, 생일, 성인의 날, 결혼식, 결혼기념일, 명절, 칠순, 기일과 장례 등 우리에게도 전통들이 있는데 이것을 잘 정리하여 가족의 건전한 문화로 만드는 것이 필요하다. 여기에 매주 한 번씩 갖는 밥상머리 시간이나 가정안식일을 추가한다면 우리도 유대인 이상으로 충분히 좋은 전통과 절기 교육이 될 수 있다. 이런 시간들을 통하여 가정과 민족의 역사를 이어가고 그 속에서 세대 간의 통합뿐 아니라 인성 교육은 저절로 이룰 수 있다. 모범적인 매뉴얼을 만들어서 자손 대대로 지켜 나가면 좋을 것이다.

특히 아쉬운 것은 우리나라는 유대인의 성인식과 같은 성인식 통과의례가 없다는 점이다. 실제 19세의 성인의 날이 정해져 있지만 그것을 지키는 경우가 거의 없는 실정이다. 성인의 날이 중요한 것이 아니라 성인의 날까지 가정에서, 학교에서 교육을 제대로 하고 그것을 축하하고 모두가 인정해주는 교육과정이 절대적으로 필요하다. 유대인처럼 13세가 너무 이르면 16~18세로 늦추어서라도 성인의 의미를 살려내는 노력이 필요하다. 자녀들이 정신적, 경제적으로 하루 빨리 자립할 수 있는 그런 구조를 가정과 사회가 만들어내는 것이 미래 한국사회를 성장시키는 힘이 된다. 이것에 대한 구체적인 프로그램을 알기 원하면 필자가 저술한 《예즈덤 영재교육—이론편, 실천편》을 참조하면 좋을 것이다.

3장

공간 교육
3차원 교육공간을 가져라

배움의 공간을
가져라

성경의 구약시대에 이스라엘에는 거룩한 장소가 있었다. 그곳은 성막과 성전이다. 광야에서 이동할 때는 성막으로, 가나안 땅에 정착해서는 성전을 건축했다. 이스라엘에서는 오직 성전만이 거룩한 곳이다. 성전은 하나님이 늘 임하는 곳이다. 세상의 다른 곳과 구별되는 성스러운 장소다. 이스라엘 백성은 성전을 중심으로 살았고 성전은 그들의 모델이었다. 그런데 그 성전을 거룩하게 만들지 못하고 타락하고 말아, 하나님은 거룩한 성전을 헐어 버리셨다. 그리고 그 대가로 이스라엘을 바벨론에 포로로 잡혀가게 하셨다. 70년 이후에 스룹바벨이 중심이 되어 이스라엘이 포로에서 귀환하여 성전을 재건했지만 다시 죄를 지음으로 인해 성전이 다시 파괴되고 말았다.

이런 일련의 과정에서 유대인은 성전을 대치할만한 성전을 만들었는데 그것이 가정이다. 그리고 교육할 수 있는 장소 공간으로 회당과 예시바를 만들었다. 유대인의 모든 교육은 이곳을 중심으로 이루어진다. 세상의 학교에서 공부가 이루어지는 것이 아니라 태어나서 죽을 때까지 가정과 회당과 예시바 학교가 세 축이 되어 유대인 사회를 지켜나가고 있다.

인간은 영 뿐 아니라 몸도 가지고 있기에 공간적인 부분도 무시할 수 없다. 이런 점에서 유대인은 시간을 중시하는 민족이지만 아울러 공간도 소중하게 생각한다. 물론 유대인이 생각하는 공간은 이동하는 공간으로 시간적인 의미가 들어 있다. 유대인이 생각하는 공간은 오랫동안 정착하는 공간보다는 이동이 쉬운 공간적인 의미로 이해한다. 특별한 것은 유대인이 생각하는 공간은 모두 교육적인 의미가 있다는 점이다. 유대인은 공간을 언제나 교육하는 장소로서 사용하고 세운다. 유대인의 교육의 장은 크게 가정과 회당(synagogue)과 학교(schule)로 설정된다. 세 개의 공간이 서로 긴밀하게 연결되어 교육의 부족한 부분을 보완한다.

최고의 학교는
가정이다

아이들은 어른들, 특히 가족과의 관계 속에서 자라므로 이들과 함께 교감하면서 잘 지내는 것이 무엇보다 중요하다. 가정은 모든 교육의 원천이다. 가정교육은 아이들이 성장하면서 자신만의 개성을 형성하는 데 중요한 역할을 한다. 유대인에게 가정은 모든 것의 시작이다. 유대인 교육의 우수성은 튼튼한 가정교육에 있다. 학교는 가정교육의 보조일 뿐 교육의 중심은 아니다.

하지만 우리는 가정보다 학교교육이 더 중요하다. 가정교육을 포기하다시피 하면서 거의 학교교육에 집중한다. 그 이유는 우리 교육의 중심이 학과과목이기 때문이다. 학과과목은 가정에서 하기 힘들다. 그러나 유대인 가정은 다르다. 유대인 가정교육은 학교 교육의 기초가 된다. 얼마나 가정교육이 잘되었느냐에 따라 학교교육이 결정된다. 자녀에게 가정은 학교가 할 수 없는 영역을 채워 준다. 그것은 주로 인성과 성품에 대한 부분이다. 인성은 평생 동안 공부할 수 있는 힘을 제공한다.

학교에서 공부를 잘하기 위해서 기본적으로 공부에 대한 자세가 중요하다. 학교 공부를 잘하기 위해서는 먼저 자존감, 동기력, 긍정적인 자세, 비전을 가지고 있어야 한다. 이것이 먼저 해결이 안 되면 집중력과 인내력이 떨어진다. 이것들은 모두 인성에서 이루어진다. 학교에 들어가기 전에 먼저 이런 인성의 영역이 해결되어야 학과공부도 잘 할 수 있다. 평생 공부할 수 있는 학습 능력을 튼튼하게 키워주는 것은 바로 가정이다.

가정에서 교육의 중심은 어머니이다. 어머니는 아이들의 전 생활을 책임지고 교육한다. 어머니의 중요한 역할은 어릴 때부터 토라를 읽어주는 일이다. 아버지는 어떤 역할을 할까? 아버지는 주로 역사와 전통을 공부시키는 일을 한다. 또한 아버지는 토라와 탈무드를 가르친다.

유대인 부모는 아이가 들어갈 대학에 대해서 미리 걱정하지 않는다. 하지만 우리는 미리부터 대학을 결정하고 공부한다. 인생의 목표가 대학인 것처럼 생각한다. 유대인 부모는 공부할 수 있는 환경을 만들어 준다. 자녀에게 지식을 가르치기보다는 지식을 자기의 것으로 만들어주는 방법에 관심을 갖는다. 공부를 즐겁게 하고 지속적으로 할 수 있는 공부 능력을 길러준다. 가정은 아이가 가지고 있는 관심 부분과 재능을 찾아주는 곳이라고 생각한다.

유대인만큼 가정을 소중하게 생각하는 민족은 없다. 나라가 없는 아픔을 당했어도 민족이 사라지지 않고 지금까지 살아남은 것은 가정에서 행한 자녀교육 때문이다. 유대인은 전 세계로 흩어져 살았지만 가정이 있었기에 사라지지 않았다. 유대인의 가정은 성전과 같이 튼튼하다. 유대인에게 이혼이나 불화의 모습을 찾아보기 힘든 것은 가정이 건강하기 때문이다. 유대인은 자손 대대로 가족의 전통과 교육법이 전수되고 있다. 유대인 교육의 모든 것은 가정에서 이루어진다고 해도 과언이 아니다. 왜 이처럼 가정을 중요한 교육의 장소로 여길까? 그것은 아이들이 보고 배우는 곳이 가정이기 때문이다. 아이는 책을 읽고 안식일을 지키고 가정을 사랑하는 부모의 모습을 그대로 보고 배운다.

유대인 가정은 대화가 중심이다. 특히 안식일에는 일을 멈추고 모든 가족이 모여 이야기를 나눈다. 대화가 풍부하고 서로 소통이 잘 이루어지는 가정은 인생의 활력소를 얻는 샘터와 같은 곳이다. 그러나 가정이 이런 역할을 하지 못하고 오히려 스트레스를 주는 곳이 된다면 모든 삶은 엉망이 된다. 유대인은 이런 가정의 소중함을 알고 모든 공동체 중에서 가정을 가장 소중하게 여기면서 살아왔다. 유대인의 강력한 힘은 모두 가정에서 나온 것이다.

회당은 공동체를 살리는 행복센터다

회당(synagogue)은 유대교 공동체의 센터이다. 가족 10명이 되면 회당을 세울 수 있다. 유대인은 성전이 없어지면서 성전을 대신할 장소로 회당을 지었다. 성전에서 행하는 제사 대신에 회당에서 기도하고 공부하고 교육시키며 구제 및 사회 활동을 한다. 회당은 예배 처소로서 바벨론 포로기에 생겼다.

필자는 미국에 있는 여러 유대인 회당에 간 적이 있었는데, 토요일인 안식일에는 예배드리는 곳으로 사용하고 일요일에는 토라와 탈무드를 교육하는 장소로 사용하고 있었다. 미국에는 4,000여개의 유태인 회당이 있다. 유대인에게 회당은 유대인 공동체가 하나되며 서로 도움을 받는 중요한 삶의 센터다. 그들은 이사할 때 회당까지 걸어서 갈 거리에 있는가를 최우선적으로 고려할 정도로 회당 중심이다. 개혁파 유대인들은 예루살렘 성전을 상기하는 것으로 '템플'

이란 말을 사용하지만 전통을 존중하는 유대인들은 템플이란 말을 싫어하여 주로 시나고그란 말을 사용한다.

회당의 중요한 기능은 매일 기도하는 장소다. 유대인들은 회당에 와서 기도의 예전을 행한다. 유대인들은 매일 규칙적으로 기도를 해야 만족한다. 또 하나 회당의 중요한 기능은 연구의 집이다. 유대인의 교육은 성인식이 끝나면서부터 본격적으로 성경 연구로 일생을 보낸다. 회당은 이런 공부를 위한 도서관과 같은 역할을 한다. 물론 어려운 사람을 위한 복지행사와 공동의 과제를 위한 세미나 등을 열기도 한다. 또한 자녀들을 교육하는 장소로 사용된다.

회당은 주로 평신도들로 이루어진 위원회가 운영한다. 위원회는 각종 활동이나 공동체를 위한 랍비를 고용하는 문제 등을 의논하고 결정한다. 회당의 예전은 전부 혹은 일부가 평신도들에 의하여 집례된다. 정통파 회당에서는 여자들의 자리를 따로 마련해 둔다. 2층으로 발코니를 만들어 두거나 뒤편에 만들어 두기도 하고 그렇지 못할 때는 담이나 커튼으로 남자와 여자 좌석을 분리하여 예배를 드린다. 남자들은 여자들이 있는 곳에 들어갈 수 없다. 예배 후에는 함께 모여서 코서 음식을 먹으며 교제를 가진다.

예시바 학교와 함께 성장하라

예시바는 가정에서 교육을 할 수 없는 전문적인 토라와 탈무드 교육을 돕는 기관이다. 친구들과 랍비들과 함께 하면서 교육의 질을 높여 세상에 나가서 살 수 있는 능력을 키운다. 모든 유대인은 이런 교육의 혜택을 받고 산다는 점에서 우리에게는 부러운 모습이다. 예시바 학교가 존재한다고 해도 이것이 가정교육을 대신하지는 않는다. 가정교육의 보조 역할이다. 우리나라는 가정교육이 사라지고 그 것을 학교로 이동시킨 듯한 느낌을 받지만 유대인 학교 교육은 다르다. 유대인 예시바 학교의 학제를 보면 철저히 토라와 탈무드를 중심으로 이루어진다. 오전에는 주로 탈무드를 공부하고 오후 시간에는 학과목을 공부한다. 저녁에는 개인적인 공부를 한다.

보통 학교(schule)는 회당 교육관에 개설되는데 5~7세 어린이는 의무적으로 참석한다. 지금은 따로 예시바 같은 초등고등학교로 독립적으로 운영되기도 한다. 학교는 '성서의 집' '설명의 집' '연구의 집' 등으로 이뤄진다. '성서의 집'은 토라를 반복해 암기하는 것을 주로 하는데 우리나라의 초등교육 수준이다. 따라서 읽기 쓰기 셈하기를 공부한 후에 쉐마, 할렐, 창조 이야기, 제사법, 예언서, 잠언, 집회서 등을 교육한다. '설명의 집'에서는 토라를 설명하고 질의 응답식으로 율법을 연구하고 해석하는데 우리나라의 중등교육이다. 연구의 집에서는 질의 응답식 방법으로 진행하는데 우리나라의 고등교육에 해당된다.

미국에는 현재 800여개의 유대인 예시바 학교가 있다. 또한 유대인 대학에 유대인 지도자 양성 프로그램을 개설해 차세대 지도자를 키우고, 유대인들이 미국에 동화되더라도 고유의 전통을 잃지 않도록 교육한다. 유대인은 세계 어디를 가서도 유대인 공동체를 이루고 거기에는 예시바와 같은 학교가 있다. 유대인은 이런 학교를 통해 민족의 정체성과 종교적인 의무를 훈련하고 세상에 필요한 지식과 기술을 배우는데 필요한 기초 교육을 한다. 예시바 학교는 어린이부터 어른에 이르기까지 모두 공부할 수 있는 시스템으로 되어 있다. 유대인의 이런 독특한 교육시스템은 그들이 어떻게 교육강국으로 우뚝 섰는지 알 수 있게 한다.

Tips 탈무드식 한국인 교육법

진정한 교육은 혼자 스스로 배우고 실천하는 것이지만 교육의 시작은 혼자 할 수 없다. 이것을 위해서 여러 교육 기관이 필요하다. 크게 가정과 학교가 필요하다. 여기에 종교적인 영역을 담당하는 교회를 추가하면 좋을 것이다. 물론 신앙이 없는 사람에게는 교회가 필요 없겠지만 진정한 교육을 위해서는 교회가 필수적이다. 유대인의 회당 교육은 오늘날 교회교육과도 연결된다.

우리나라는 학교교육만 있다고 해도 과언이 아니다. 여기에 하나 다른 나라에 없는 교육기관이 있는데 바로 학원이다. 우리나라는 어디를 가도 학원이 만연해 있다. 학교보다 학원이 더 많다. 사교육인 학원교육으로 인해 대한민국 교육은 무너진다고 해도 과언이 아니다. 왜냐하면 사교육인 학원은 돈과 직결되기에 가난한 사람은 넘볼 수 없다. 우리나라 가계비 지출의 큰 부분을 사교육이 차지한다는 점을 고려해보면 우리나라 학원 교육은 심각한 문제를 낳고 있다.

교육 격차가 벌어지면서 이것은 신분제도의 변화로까지 이어진다. 한국은 학원공화국이라 할 정도로 학원이 대학교육을 좌지우지하고 있다. 심지어 입시 학원의 교육소프트웨어를 대학에 들어가는 중요한 자료로 공교육이 사용할 정도다. 학원에서 주최하는 입시 설명회에 수많은 인파가 모이는 것만 보아도 우리나라 교육이 얼마나 잘못되어 있는지 알 수 있다. 가정교육과 공교육인 학교교육이 제자리를 잡지 못하는 사이에 학원이 한국교육의 중심을 차지하고 말았다.

지금 우리에게 가장 먼저 회복해야 할 교육기관이 있다면 가정이다. 교육의 기초는 가정인데 우리나라는 이 부분이 거의 소멸되었다. 부모의 맞벌이로 가정에 부모가 없다. 가정에서 부모가 자녀를 교육하기가 현실적으로 어렵다. 학원비를 벌기 위해 부모는 일터에 나가서 일하고 그 돈은 모두 학원비로 들어간다. 이러한 이상한 교육구조를 바꾸지 않고는 진정한 교육이 이루어지기 어렵다.

우선적으로 부모를 교육하면서 가정에서 교육이 이루어지도록 장려하고 특히 0-3세 가정 자녀양육비 무료 지원 등 국가 차원의 획기적인 가정교육 방안이 필요하다. 이와 같이 공교육이 정상화가 되면 정상적으로 우리나라 교육이 자리를 잡을 수 있다. 국민 모두가 가정과 학교와 교회의 교육 시스템의 도움을 받고 그 속에서 교육이 이루어진다면 유대인처럼 우리나라도 놀라운 교육혁명이 일어날 수 있다.

4장

강점 교육
개성으로 인생을 승부하라

평생 사용할 수 있는 것을 찾아라

부모가 자식에게 물려주어야 할 것 중에 가장 귀한 것은 무엇일까? 그것은 평생 사용할 수 있는 것이다. 돈이나 물질은 나중에 사라지고 없어진다. 보통 성공의 요소로 생각하는 배경이나 인맥과 학벌도 시간이 지나면서 지속될 수 없다. 외적인 요인들은 한시적이다. 그러나 내적인 것은 영원하다. 평생 사용할 수 있는 것은 외적인 것이 아닌 내적인 것이다. 내적인 것 중에 다른 사람과 차별되는 것을 찾는다면 그것은 그 사람이 가진 고유한 개성이다. 개성은 다른 사람이 흉내 낼 수 없다. 그리고 개성은 하늘이 준 고유한 선물이다. 인생의 성공은 이것을 얼마나 빨리 찾아서 개발하느냐에 달려 있다. 이렇게 되면 나만의 강점을 찾아서 평생 동안 다른 사람과 비교하지 않고 살 수 있는 길이 생긴다.

하나님은 인간을 공평하게 만들었다. 그것은 각자에게 주신 개성에서 증명이 된다. 개성을 찾아서 그것을 강점으로 만들면 인간은 누구든지 성공할 수 있다. 문제는 개성을 어떻게 찾을 수 있는가 하는 문제다. 어떤 사람은 자신이 스스로 찾기도 하지만 누군가 도와주어야 하는 경우도 있다. 물론 개성을 찾는 방법은 사람마다 다양하다. 어떤 사람은 일찍 개성을 발견할 수도 있지만 어떤 사람은 인생 후반에 발견되기도 한다. 어디서 개성을 발견할지 아무도 모르기에 개성을 아직 발견하지 못했다면 다양한 경험을 해보는 것이 필요하다. 모든 가능성을 열어 보고 다양한 체험을 하다 보면 자기에게 있는 개성을 찾을 수 있다.

유대인은 이런 개성의 중요성을 알고 자녀들에게 다양한 체험을

키부츠의 박물관

하도록 돕는다. 유대인의 학교에서도 같은 방식으로 교육을 한다. 그들의 학습과정을 보면 모두 같은 수업을 하지 않는다. 어떤 수업을 얼마나 많이 하느냐가 중요한 것이 아니라 아이가 좋아하는 것, 관심 있는 것, 잘하는 것이 무엇인지를 어릴 때부터 찾아내는 것을 교육의 목표로 삼는다. 그러므로 어떤 것을 잘 하지 못한다 해서 그 것을 책망하지 않는다. 부모와 교사는 아이의 개성을 찾아서 그것을 계발하여 강점을 만들어 주는 것이 역할이다.

자기만의 개성을 찾아서 공부하고 그것을 계속 계발한다고 하면 그는 평생 공부가 가능하다. 자기의 개성을 중심으로 공부하고 일을 하면 그는 지치지 않고 평생 동안 할 수 있다. 평생 동안 자기의 개성을 찾아서 새로운 것을 창출하다 보면 누구나 그 분야에서 성공할 수 있다. 그런 이유로 유대인은 노벨상 수장자를 세계에서 가장 많이 배출하는 민족으로 알려져 있다. 다른 나라들은 어쩌다 노벨상을 받지만 유대인은 지속적으로 노벨상 수상자들이 나온다. 왜 그럴까? 그것은 그들의 개성을 중시하는 교육 때문이다. 개성은 창의력의 시작이다. 자기만의 개성을 갖지 못하면 새로운 창조를 할 수 없다.

한 순간에만 성공하지 말고 평생 성공하고 싶거든 자기 개성을 찾아라. 이것이 유대인이 발견한 성공 비결이다. 개성을 찾게 되면 다른 사람과 비교하지 않게 되고 행복한 삶을 살 수 있다. 우리도 자녀를 이렇게 키우면 좋을 것이다.

나의 개성을 강점으로 만들어라

유대인을 말하는 '헤브라이'라는 말은 히브리어의 뜻으로 '혼자서 다른 편에 서다'라는 의미다. 이것은 나와 다른 사람은 다르다는 것을 의미한다. 나의 의견에 반대하는 것을 두려워해서는 안 된다. 아울러 다른 사람이 나와 같아야 한다고 생각하는 것도 잘못이다. 인간은 다르게 태어났다. 서로 다른 출생이다. 세계가 모두 같은 방향으로 갈 수는 없다.

탈무드는 "만일 모든 사람들이 한 방향으로 향하고 있다면 세계는 기울어지고 말 것이다."라고 말한다. 서로 다른 것은 너무나 당연한 일이다. 이것을 이상하게 보거나 문제시하는 것은 잘못이다. 우리나라는 이 생각이 부족하다. 나와 같은 것을 좋아하고 나와 같지 않으면 틀렸다고 생각하여 싫어하는 경우가 많다.

70억의 세계 인구가 있다. 그런데 이렇게 많은 사람들이지만 그중에 같은 사람은 하나도 없다. 그것은 각자 자기만의 개성을 가지고 있다는 것을 의미한다. 하나님이 인간을 이렇게 만든 것은 각자의 개성대로 살기 위함이다. 그렇게 살면 행복하게 살 수 있다. 다른 사람과 경쟁을 하다 보면 시기와 질투가 생긴다. 그러나 나만의 것을 찾아서 그것을 극대화하면 다른 사람과 경쟁할 필요가 없다.

그러나 우리의 삶은 모든 것이 경쟁 구도로 되어 있다. 왜 이런 현상이 생길까? 그것은 기준을 같이 보기 때문이다. 경쟁을 하려면 기준이 같아야 가능하다. 기준이 다르면 서로 경쟁이 불가능하고 그것을 순위로 매기는 것 역시 힘들다.

한국사회는 경쟁교육으로 성장한 나라다. 우리 학교교육을 보면 한결같이 경쟁을 부추기면서 순위를 매긴다. 모든 것이 순위로 결정된다. 순위와 경쟁을 빼면 우리 교육을 논하기가 어려워진다.

유대인 부모는 자녀의 개성을 찾아서 그것을 하도록 권유한다. 부모의 희망보다는 자녀의 희망을 물으면서 그것을 추구하도록 돕는다. 행복은 자기 개성을 찾을 때 찾아온다. 나만의 것을 찾지 못하면 즐거움이 없다.

유대인 부모의 관심은 자녀들이 어릴 때부터 자신의 개성과 재능을 찾는데 있다. 부모는 자녀가 가지고 있는 재능을 찾아주는 역할이다. 물론 학교 교사 역시 아이가 가진 고유한 재능을 찾아주는 일이 가장 중요하다. 자기의 개성을 발견하고 그 위에 다양한 지식과 노력을 쌓을 때 성숙해진다. 그 출발점이 개성이다. 이것이 가장 중요한 일이다. 유대인 부모들은 아이의 개성을 발견하는 것을 가장 우선시한다. 유대인 교육은 아이의 개성을 기초로 자기 인생을 발견하고 새로운 도전을 갖게 한다.

자기의 개성을 갖게 하려면 자기 존중감이 전제되어야 한다. 자신에 대한 믿음이 없으면 자신의 개성을 찾을 수 없다. 자녀에게 자존감(자기 존중감)을 갖게 하면서 자기만의 고유한 것을 찾아내도록 해야 한다. 유대인 부모와 유치원 및 초등학교 교사는 성적보다 13세의 성인식까지 자기의 개성을 찾는 일에 초점을 두고 교육한다. 부모는 집에서 아이의 강점이 무엇인지를 찾도록 수없이 관찰하고 다양한 것을 경험하게 한다. 유대인 학교의 교사도 마찬가지다. 아이의 독특한 장점을 아이 스스로 찾기 어렵기에 그것을 발견하도록 돕는 일이 가장 중요한 임무다. 그런 이유로 학교의 교사는 초등학교 1학년 때부터 계속 학년이 올라갈 때 함께 간다. 왜냐하면 학생이 가진 잠재력을 찾는데 교육의 초점이 있기 때문이다. 교사가 자주 바뀌면 그 아이의 특성을 찾기 어렵다.

그러나 우리는 어떤가? 학년이 바뀔 때마다 교사가 바뀐다. 아이 자체에 관심을 갖고 지속적으로 관찰하고 지도하면 그 아이의 장점을 찾을 수 있다. 이렇게 부모와 같이 협력하면 6년 동안 누구든지 아이의 개성을 찾을 수 있게 된다.

유대인은 개성을 찾으면 누구나 성공할 수 있다고 믿는다. 그런 이유로 유대인 부모와 교사는 모두가 개성에 관심을 갖고 교육을 한다. 성적은 조금 뒤떨어질 수 있다. 그러나 개성적인 측면에서 보면 그것이 오히려 그 아이의 개성을 찾는 좋은 기회가 된다. 공부에 관심이 적다면 분명 그 아이는 다른 면에서 능력을 발휘할 것이라고 믿는다. 어떤 분야에서 실력이 뒤처진다면 그 분야에는 그 아이의 관심이 적다는 것을 말하고 다른 분야를 경험하게 한다.

그러나 우리는 어떤가? 성적이 좋지 않으면 아예 무시하고 공부 못하는 아이로 낙인을 찍는다. 그런 아이는 우리학교 시스템에서는 설 자리가 없다. 국·영·수 중심의 학교교육이기에 우리는 국·영·수만 공부라고 말하고 다른 것은 공부에서 제외시킨다. 공부 못하는 아이로 지목되는 순간 학교에 적응하기 어렵고 주변에서 맴돌게 된다. 이것은 우리 교육이 개성 교육이 아님을 보여주는 좋은 예다. 이런 이유로 대학을 졸업해도 개성 있는 사람을 찾기 어렵다. 정작 창의성 교육을 강조하지만 우리는 창의성이 나오기 힘든 교육구조를 가지고 있다.

자기의 개성을 가지고 그것을 강점으로 만들면 멀리서도 그 사람을 찾아오게 된다. 그런 사람이 장사를 하면 손님들이 멀리서도 온다. 상권이 점점 넓혀진다. 개성은 사람을 끌어들이는 힘이 된다. 개성을 가지고 있으면 모든 분야에서 성공할 수 있다. 굳이 경쟁을 하지 않아도 된다. 개성을 가지고 있으면 다른 사람과 윈윈할 수 있는 길이 열린다.

자신의 분야에서
최고를 꿈꿔라

유대인은 고난의 역사를 살아왔다. 포로, 식민지, 유랑하는 생활을 수천 년 동안 지냈다. 나라 없이 지낸 시간이 길었다. 이런 고난 속에서 살아남기 위해서는 어떻게 해야 할까? 그것은 그 분야에서 최고가 되는 일이다. 유대인이 우수한 것은 유전인자가 달라서가 아니다. 오히려 유대인의 지능은 세계적으로 조사해 본 결과 평균치에 밑돌았다. 그런데 왜 유대인은 우수한가? 그것은 우수하고자 하는 열망이 그들 속에 있기 때문이다. 탁월해야 한다는 마음이 다른 나라 사람보다 더 강하다. 그것은 그들이 세계 속에서 살아남기 위함이다. 세계에 떠돌아다니던 수천 년 속에서 그들이 사라지지 않고 지금까지 살아남을 수 있었던 비결은 탁월함이다. 남과 같아서는 결코 살아남을 수 없다는 것을 유대인은 누구보다 잘 알았다.

그런 생존 본능에서 그들은 열심히 배우고 노력했다. 아무리 어려운 상황에서도 방법을 찾아냈다. 그것은 그들의 힘으로만 안 되는 일이었다. 그들이 믿는 야훼 하나님을 믿고 그에게 기도하는 일이 더 중요했다. 방법을 찾는다는 것은 인간적인 힘으로 노력한다는 것보다 하늘의 지혜를 얻는 것을 뜻했다. 하나님의 지혜를 구하기 위해 하나님이 주셨다고 믿는 토라를 열심히 연구하고 그대로 행했다. 토라 속에는 인간이 알아야 할 정치·사회·문화·과학·음악·문학·법·수학·경제·전쟁 등 다양한 분야의 지혜들이 숨어 있다. 토라를 연구하면 유대인은 누구나 그 속에서 지혜를 얻어 세계 최고가 된다고 믿는다. 그리고 수많은 인재들을 지금까지 배출하고 있으므로 그것이 사실임을 실제로 증명하고 있다.

토라에 보면 유대인들이 세계최고가 되는 비결을 이렇게 기록해 놓고 있다.

"네가 네 하나님 여호와의 말씀을 삼가 듣고 내가 오늘 네게 명령하는 그의 모든 명령을 지켜 행하면 네 하나님 여호와께서 너를 세계 모든 민족 위에 뛰어나게 하실 것이라. 네가 네 하나님 여호와의 말씀을 청종하면 이 모든 복이 네게 임하며 네게 이르리니." (신명기 28:1-2)

유대인이 말하는 최고는 레드오션의 경쟁이 아닌 블루오션의 경쟁이다. 우리처럼 같은 분야에서 경쟁하여 일등이 되는 것이 아니라 자기만의 것을 찾아서 최고가 되는 것이다. 유대인 1%의 최고가 아닌 모든 유대인이 100% 최고를 이루는 것이다. 자기의 영역에서 최고를 이루면 모든 국민이 최고를 누리는 행복한 최고가 된다. 이것이 하나님이 주신 최고의 법칙이라고 믿는다. 우리는 최고라고 생각하면 다른 사람과 경쟁하여 무너뜨리는 순위경쟁을 말하지만 유대인은 그런 경쟁이 아니다. 경쟁이 필요 없는 일등이다. 그래서 진정한 최고가 되려면 다른 사람보다 자신을 뛰어넘어야 한다고 유대인은 말한다. 가장 큰 경쟁자는 다른 사람이 아닌 자기 자신이다. 다른 사람과 비교할 필요가 없다. 자기 주도적으로 자기가 정한 목표에 이르는 것이다. 그것은 평생 동안 죽는 순간까지 계속된다.

우리의 탁월함은 유대인과 비교하면 많은 면에서 다르다. 우리는 모든 것이 경쟁을 통해서 우수성이 증명된다. 시험을 볼 때 같은 문제를 푼다. 거기서 일등을 고른다. 이미 자기 것이 없다. 정해진 문제만 있다. 그것에서 일등이지 자기만의 일등이 아니다. 이미 정해진 답을 맞추는 것이 일등의 개념이다. 그러나 유대인의 일등은 주어진 문제의 답을 맞추는 것이 아니라 자신이 새로운 문제를 만들어내는 일등이다. 자기의 고유한 것을 찾아가는 탁월함은 고달픈 것이 아닌 행복한 여행이다. 우리나라는 최고가 되고서도 정작 행복하지 못해 자살하는 경우가 많다. 왜 그런가? 잘못된 최고를 꿈꾸었기 때문이다. 다른 사람을 누르고 자신이 일등이 되면 그것은 행복하지 못하다. 우리나라 교육도 유대인처럼 시작부터 최고의 의미를 바르게 정립하여 다른 사람에게 유익을 주고 자신도 행복해지는 그런 최고교육을 하면 좋을 것이다.

교육과 돈을
강점으로 만든 유대인

민족마다 관심 있는 것이 다르다. 각자 자기 나름대로 특징과 강점을 가지고 있다. 유대인은 스포츠나 가수, 배우와 같은 연예계에서는 크게 두각을 나타내는 사람들이 거의 없다, 미국을 지배하고 있는 유대인이지만 미국의 스포츠나 연예인 스타 중에 알려진 사람은 찾기 힘들다. 그렇다면 유대인은 어떤 점에서 강점이 있는가?

유대인에게는 두 가지 강점이 있다. 그것은 교육과 돈이다. 교육은 눈에 보이지 않는 영적인 것이고 돈은 눈에 보이는 물질적인 것이다. 미국 아이비리그 대학을 석권하는 것도 교육을 통해서다. 노벨상을 휩쓴 유대인은 교육의 결과로 인한 것이다. 세계의 교육하면 유대인을 가장 먼저 떠올린다. 핀란드 등 다른 교육들의 우수성도 소개되고 있지만 유대인 교육은 고대부터 내려온 것으로 어떤 나라 교육도 뛰어 넘는 전통과 특별함이 있다. 유대인은 전국민이 교육하는 민족으로 지금까지 그 노하우를 자손 대대로 전수하고 있다.

그들의 교육은 책에 의한 것이 아닌 구두 언어를 통한 교육에 집중한다는 점이 특별하다. 지금도 성문 율법보다는 구전 율법에 더 권위를 두고 있다. 얼마나 언어를 통한 교육을 중시하는지 알 수 있는 대목이다. 탈무드를 가지고 서로 짝을 지어서 질문과 토론과 논쟁을 하는 유대인 교육법은 기계적인 배움이 아니라 날마다 새로움을 창조하는 교육의 진수를 가르쳐 주고 있다.

물론 어떤 민족보다 우수한 오래된 책인 토라와 탈무드를 가지고 교육에 적용하고 있다는 점은 다른 나라와 비교할 수 없는 강점이다. 유대인이 교육을 자기들의 강점으로 만든 이유는 바벨론에게 나라가 멸망하고 포로로 잡혀가는 고난 속에서 태동되었다. 그리고 페르시아와 헬라와 로마에 걸친 강대국 아래서 식민지 생활을 통해 확신하게 되었다. 강대국을 이길 수 있는 길이 땅을 정복하거나 건물을 세우고 전쟁을 하는 것이 아닌 교육을 통해서 가능한 것임을 체험적으로 깨닫게 되었다. 그 이후로 유대인은 교육을 자기들의 강점으로 삼고 그것에 심혈을 이루어 지금의 나라를 이루었다. 그들은 민족의 사활을 교육에 걸었다.

교육은 머리를 훈련하는 최고의 방법이다. 유대인은 실패의 역사를 통해서 다른 것은 빼앗겨도 머리에 든 것은 빼앗을 수 없다고 생각했다. 머리를 쓰는 일을 위해 전 국민적으로 교육에 집중한 결과 좋은 열매를 맺었다. 유대인이 주로 종사한 직업은 머리와 언어와 관련 있는 직종이었다. 예를 들면 의학 · 법학 · 교육 · 사업 · 언론·정치·과학·발명 등에서 세계 최고들이 많다. 미국의 4대 일간지인 월 스트리트저널, 뉴욕타임즈, 워싱턴 포스트, LA 타임즈 등은 모두 유대인이다. 반면에 스포츠 분야에서는 스타들은 없다. 왜 그럴까? 그것은 유대인이 몸보다 머리를 계발하는 일에 자기의 강점을 사용한 덕분이다.

또 한 가지 유대인의 강점은 돈이다. 이것도 교육과 마찬가지로 유대인들이 세계 속으로 흩어져 방랑하면서 얻은 교훈이었다. 유대인 하면 교육의 민족으로 인식이 되지만 세계의 돈을 지배한 민족으로도 잘 알려져 있다. 세계의 금융권은 거의 유대인이 지배하고 있다. 사업과 경영의 귀재들은 거의 유대인들이다. 세계의 돈의 흐름을 유대인이 장악하고 있다. 세계적 은행인 시티은행, 미국의 금융가와 금과 보석사업은 유대인이 장악하고 있다. 유대인이 세운 세계적 기업은 애플, 구글, 스타벅스 등 그 수가 아주 많다. 유대인의 사업과 상술은 모든 기업가들에게 모델이 되고 있을 정도로 탁월하다.

왜 이렇게 유대인은 돈을 잘 버는가? 그것 역시 교육과 연관이 있다. 높은 교육열이 곧 사업을 잘하게 하는 비결이다. 유대인은 돈으로 돈을 번다기보다는 머리로 돈을 번다. 유대인은 부모가 어릴 때부터 경제교육을 시킨다. 유대인은 밥상머리 교육과 대화와 질문과 토론 교육을 통해 사업을 할 수 있는 대화와 설득의 기본기를 훈련한다. 또한 돈에 대한 흐름과 돈의 성격과 윤리를 가르치고 돈을 지배하는 훈련을 한다. 돈을 자기의 욕심으로 삼는 것이 아닌 이웃에 자선을 실천하면서 나누는 습관을 갖게 한다. 이런 경제교육으로 돈에 지배당하지 않고 돈을 지배하는 힘을 기른다.

유대인의 상술을 보면 이것을 잘 알 수 있다. 유대인은 언제나 정당한 값만 받고 판다. 사업을 하면서 유대인은 하나님의 이름을 거룩하게 한다는 의식이 강하다. 이것은 '기드시 하셈'이라고 말한다. 흔히 우리는 박리다매라는 바보상술을 많이 쓴다. '박리다매'는 많이 팔아 많이 번다는 뜻이다. 우리 주변에 보면 가격을 낮게 책정하여 많이 팔면 돈을 벌 수 있다고 생각하며 이 방법으로 장사하는 사람이 있다. 동업자끼리 박리다매의 경쟁을 하면 결국은 모두가 쓰러진다. 처음에는 자기가 이기는 것 같지만 모두가 지는 상술이다. 유대인은 이런 위험한 상술은 하지 않는다.

또 불로소득이나 투기하는 것은 유대인에게 철저히 금지된다. 이것은 '이웃을 내 몸 같이 사랑하라'는 성경의 가르침에 근거한다. 투기와 불로소득은 결과적으로 자기와 다른 사람을 사랑하지 않는 행위이기에 그것을 금한다. 상품에 언제나 적정 가격을 붙이고 혼합된 상품은 배제한다. 순수한 상품만 판매하고 거래한다. 예를 들면 식품첨가물이 들어가거나 해가 되는 물품을 함께 섞는 것은 용납하지 않는다. 흠이 있는 물건은 절대 팔지 않는다. 이러다 보니 가짜 상품이 유대인에게는 없다. 또 상거래는 철저한 계약과 약속에 의해 진행된다. 특히 계약은 약자 보호를 우선으로 한다. 성경에는 고용주는 고용인의 보수를 다음날까지 미루는 것을 금지하고 있다.

갑과 을의 거래를 보면 모두 갑 중심으로 계약서가 작성되고, 계약 조건을 보면 약자가 피해를 입도록 되어 있는 경우가 많은 우리와는 차원이 다르다. 이런 유대인의 상거래 원칙은 모두 교육을 통해서 습득하고 그것을 지킨다. 물론 이것은 성경에 근거한 원리를 상술에 적용한 것이다. 보편적인 인류사랑에 근거하여 장사를 하고 돈을 번다. 이런 유대인의 상술은 사람들에게 신뢰를 주고 자연히 그들의 사업이 번성할 수밖에 없도록 한다.

반면에 우리는 어떤가? 사업을 하는 경우를 보면 무조건 돈을 많이 버는데 목표를 두고 사업을 한다. 경제에 대한 교육이 전혀 없이 사업을 하는 경우가 많다. 이리 저리 돈을 빌려서 유행하는 사업에 손을 댄다. 기본이 안 되다보니 늘 실패하고 마지막에는 사회적으로 큰 문제를 일으키는 예가 많다. 경제원칙을 지키지 않다 보니 설사 기업이 성공해도 사회는 더욱 더 힘든 구조로 가고 빈부격차는 커지게 된다. 유대인은 세계의 교육과 돈을 지배하고 있는데 알고 보면 그들이 가장 잘 할 수 있는 것을 잡아 성공한 사례라 볼 수 있다.

Tips 탈무드식 한국인 교육법

한국교육의 핵심과제는 한 사람의 개성을 찾아주는 교육으로 과감하게 전환하는 일이다.

처음 공립학교가 태동한 것은 산업혁명 이후에 국가의 산업일꾼을 만드는데 목표를 두고 세워졌다. 이것이 지금까지 이어온 학교의 모습이다. 서구 학교는 이런 학교의 문제점을 발견하고 변화를 계속하여 개성을 찾아주는 교육으로 많이 발전했지만 우리나라는 여전히 획일적인 교육이 주를 이루고 있다.

모든 학교가 같은 나라에서 정한 검인정 교과서로 같이 공부를 하다 보니 모든 교육이 비슷하다. 그런 속에서 차별성을 찾는 것은 처음부터 불가능하다. 이런 상황에서 변별력을 얻기 어렵고 결국 경쟁이라는 구조 속에서 우리 학교교육이 본질에서 벗어났다.

개인의 개성이 사라지고 점수에 의해서 사람이 평가 받는 교육이 되고 말았다. 대학에 들어가는 것도 점수에 따라 결정되는 상황이 되었다. 한국교육은 개성 교육이 아닌 입시교육이다. 오직 대학을 들어가는 교육에 집중하고 있다. 개개인의 강점과 개성을 찾는 것이 아닌 어떤 대학에 들어가는 것인가에 교육의 관심이 있다. 이것을 해결하기 위해서 우리 교육이 하루 빨리 개인의 개성을 찾아 주는 교육과정으로 전환해야 한다. 이렇게 되면 경쟁이 사라지게 되고 각각의 특성과 수준 중심의 교육이 될 수 있다.

순위를 매겨 일렬로 세우는 1% 경쟁 교육이 아닌 모두가 자기 영역에서 일등이 되는 특성화 교육이 필요하다. 정해진 교과과정 속으로 모든 학생을 집어넣고 교육하기 보다는 각각의 개성을 발견하고 그것을 계발하는 방향으로 교육개혁이 이루어진다면 우리나라 교육도 유대인처럼 충분히 개성을 발휘하는 교육이 될 수 있다. 이렇게 하면 모두가 행복한 교육이 가능하다고 본다.

물론 이런 교육을 위해서는 어릴 때부터 영성과 인성과 기본적인 교양과 기초가 먼저 형성되는 것이 중요하다. 우리나라 교육은 이런 기초적인 인성을 무시하고 어릴 때부터 바로 전문 교육이나 기능 교육을 하는 경향이 있는데 이것은 잘못된 개성 교육이다.

창의성 교육은 각자 개성을 찾지 못하면 이루어질 수 없다. 이런 면에서 창의성 교육을 위해서 개성 교육은 필연적으로 거쳐야 하는 과정이다. 우리나라가 창의성 교육이 뒤떨어진 것은 각자의 개성을 찾는 교육 환경이 부족했기 때문이다.

개성 교육을 이루기 위해서 먼저 초등학교의 과정을 새롭게 해야 한다. 기본적인 지식을 배우는 과정과 아울러 각자의 개성을 찾아가는 개별학습과 그룹학습이 많아져야 한다. 이런 면에서 몇 가지 과목을 중심으로 하는 획일적인 교과서를 좀 더 다양화할 필요가 있다.

5장

창의성 교육
창조를 이루는 9가지 방법

하브루타(hevruta) :
서로에게 교사가 되라

유대인은 오래전부터 '하브루타'라는 독특한 교육법을 모든 영역에 적용했다. 하브루타는 '친구, 동료와 한 팀을 이룬다'는 뜻이다. 주어진 문제를 혼자서 공부하는 것이 아니라 팀으로 연구하는 것이 하브루타 방식이다. 서로 자기주장을 논리적으로 펼쳐나가면서 토론하는 과정에서 새로운 결론을 도출한다. 친구가 때로는 교사이기도 한 셈이다. 랍비인 교사조차도 서로 토론하는 과정에 끼어들지 않는다. 조언을 할 뿐 결론을 맺지 않는다. 친구교사가 되어 준다는 자체로 서로에게 자극이 되고 상대방에 대한 책임감 때문에 긴장과 집중도가 좋아져 더 잘 배우게 된다.

유대인 교육은 철저히 토론 수업인데 이것이 가능한 것은 하브루타 교육법 때문이다. 유대인 학교인 예시바에 가면 두 명씩 조를 이루어 몇 시간 동안 주어진 문제를 가지고 토론하고 질문을 반복하는 모습을 볼 수 있다. 물론 공부 분위기는 아주 시끄럽다. 이렇게 열심히 질문과 토론과 논쟁을 반복하는 것이 유대인은 공부라고 생각한다. 조용히 앉아서 책을 읽는 것은 공부가 아니다.

하지만 우리는 둘이나 셋씩 짝을 지어 공부하기보다는 혼자서 조용한 공간에서 하루 종일 책을 읽고 암기하는 것이 전부다. 이렇게 25년 넘게 공부하지만 공부 방식은 유치원에서 대학교까지 혼자 공부하는 것이다. 이렇게 공부하다 보니 친구가 적이 되고 제쳐야 할 경쟁 상대가 된다. 서로의 필요를 채우거나 함께 배우는 존재가 아니다. 오히려 우리는 공부를 너무 열심히 하면 인성과 인간관계가 좋지 않게 된다. 그것은 우리들이 가진 잘못된 교육구조 때문이다.

유대인의 하브루타 교육은 짝이 누구냐에 따라 교육의 질이 달라진다. 그래서 비슷한 수준의 학생이 짝을 맺어 동료가 된다. 친구가 때로는 동료가 되고 조언자가 되고 스승이 되기도 한다. 탈무드에 나오는 주제에 대해 여러 가지 학자들의 의견을 연구하면서 그것에 대한 자신의 생각과 반론과 논쟁을 제시하면 상대방은 그것에 대해 반박을 하고 논리적 모순을 찾아 토론한다. 이런 과정을 통해 많은 배움을 얻게 되며 자신의 오류를 찾게 된다. 질문-대답-논증-반박-재반박 등의 과정을 통해 문제의 핵심을 찾아 간다.

이런 과정을 통해 유대인은 스스로 발견하고 스스로 창조하는 법을 터득한다. 이것은 혼자서는 불가능하고 상대가 있을 때 가능한 방법이다. 자신과 동료의 오류를 찾아내면서 생각을 새롭게 정리하고 수정하면서 서로의 발전을 이루어 나가는 것이다. 이것의 강점은 하브루타 과정을 통해 자신의 태도와 잘못과 고정관념을 계속 수정한다는 점이다. 그러나 우리는 지식주입식 교육이기에 자신의 주장을 수정하기보다는 잘못된 편견을 견고하게 다져 나갈 위험이 있다. 이런 교육은 나중에 고칠 수 없는 고집쟁이가 될 수 있다. 자칫 안다고 하지만 아무것도 모르는 무지한 교만을 드러내며 모두를 힘들게 할 수 있다.

예시바의 하브루타 교육은 하루에 평균 10시간 이상, 한 반의 학생 20명 정도로 적어도 8~9번 정도는 다른 동료를 만나서 공부한다. 하브루타를 하다가 동료들이 도저히 문제를 해결하기 어려운 것은 랍비를 찾아가서 도움을 구한다.

유대인 교육은 하브루타 교육이라고 이야기할 만큼 교육 전반에 적용된다. 가정에서 부모와 교육할 때도 하브루타 방식을 그대로 따른다. 아버지와 아들이 공부할 때 같이 질문과 토의 방식으로 공부한다. 우리처럼 일방적으로 설교하는 방식을 택하지 않는다. 물론 이것은 학교와 직장과 모든 곳에서 같은 방식으로 진행된다.

하브루타 교육의 핵심은 질문과 토론에 있다. 탈무드를 가지고 질문하고 공부하지만 책을 공부하는 것이 아니다. 책은 대화와 토론을 하기 위한 자료다. 책보다 지금 함께 있는 동료가 중요하고 같이 대화를 나누는 것이 가장 중요한 교육이다. 유대인은 이런 과정을 통해서 스스로 논리력, 사고력, 인내력, 언어력을 계발해 나간다.

하브루타는 유대인으로 하여금 사업능력, 언어력, 인간관계력, 설득력, 집중력, 경청력, 논리력을 자연스럽게 기른다. 어릴 때부터 이런 기초가 다져지면 어떤 학문과 영역이라도 소화할 수 있는 힘이 길러진다. 유대인이 중 고등학교 때에도 많은 시간을 탈무드 공부에 집중하는 것은 이런 기초능력을 중요하게 생각하기 때문이다.

이렇게 공부한 유대인 학생들은 대학교에서 더 탁월한 능력을 발휘하게 된다. 수학능력이 되기 때문에 어떤 공부도 힘들지 않고 창의력을 발휘할 수 있다. 이것은 학습력 뿐 아니라 인성도 같이 겸비하는 강점이 있다. 동료와 같이 질문과 토론의 과정에서 자연스럽게 인간관계가 형성되고 상대방에 대한 존중과 배려와 자신에 대한 인내와 절제의 힘을 터득한다.

우리 교육은 책으로만 공부를 하기에 공부를 잘할수록 오히려 인성이 떨어지는 문제를 야기한다. 당연히 공부는 주입식으로 할 수밖에 없다. 시험도 책에서 공부한 것을 출제한다. 이런 구조에서는 스스로 사고할 수 있는 능력이 부족하므로 새로운 것을 창조할 수 없다. 고시 공부하는 모습을 보면 잘 알 수 있다. 머리 싸매고 책의 내용만 달달 외우는 우리 교육의 현실은 공부 자체를 즐길 수 없는 구조다.

유대인은 하브루타를 통하여 사람과 지식을 융합한다. 그리고 거기서 새로운 창조를 찾아낸다. 특히 인간에게만 있는 고유한 질문과 토론을 통해서 숨겨진 잠재 능력을 찾아내고 있다. 다음으로 소개할 창의교육법인 침대머리 교육, 밥상머리 교육, 책상머리 교육, 키부츠 교육은 모두 하브루타를 기본으로 하여 이루어지는 교육이다.

Tips 탈무드식 한국인 교육법

하브루타는 유대인의 핵심 공부법이다. 하브루타는 쌍방적인 교육을 추구한다. 책보다 사람에 초점을 둔 교육으로 유대인의 근간이 되는 교육법의 핵심에 해당된다.

우리나라는 오래전부터 상호적인 교육법보다는 일방적인 교육법에 의존해 왔다. 교사가 강의하고 학생은 노트에 받아 적고 암기하여 그것을 시험시간에 풀어내는 복사식 공부법이다. 수많은 학생들이 모여서 교사 한 사람의 강의에 의존하는 방식이 아직까지 우리 교육의 중심이 되고 있다. 최고의 교육이라고 말하는 대학공부도 여전히 이것을 넘어서지 못하고 있는 실정이다. 교육의 현장에서 하루 빨리 이 문제를 극복하지 못하면 한국 교육은 창의적인 능력을 발휘하기 어렵다.

필자가 이런 문제점을 생각하면서 20년 전부터 고민하여 찾은 공부법이 이야기 대화식이다. 일종의 한국식 하브루타 교육방법인 셈이다. 공부할 본문 내용을 글자가 아닌 이야기와 사건으로 구성한 것으로 그것을 보면서 그 속에서 생동감 있는 질문과 대화를 나누며 공부하는 방법이다.

이것은 한국인에 맞는 공부법으로 필자가 현재 성경대학을 세워 성경을 공부하는 방법에 실제로 적용하여 이 방법으로 계속 공부하고 있는데 효과가 좋다. 지금까지 15년 동안 계속 적용하고 있다.

이것은 일반 학교에도 그대로 적용할 수 있는 교육방법이다. 지금까지 필자가 하브루타 방법으로 집필한 공부 교재가 약 120여권이 된다. 모두 질문식으로 구성하여 토론과 대화를 통해 깊게 공부할 수 있도록 구성했다. 설명은 거의 없고 질문이 제시되어 있는 방식으로 꼬리 질문을 만들어 공부를 하도록 구성되었다. 어린이, 청소년, 대학생, 장년 모두가 사용할 수 있는 통합적 교재다. 주로 성경에 대한 내용을 공부하는 방법에 적용했지만 이것을 응용하면 일반 국어, 영어, 역사. 사회 등 모든 과목에 적용할 수 있다.

　유대인은 고차원적인 탈무드를 가지고 하브루타를 한다. 이렇게 고차원 책으로 하다 보면 나머지 저차원의 학과 공부는 저절로 쉽게 공부가 된다. 유대인이 학과 공부보다 고차원인 탈무드 공부에 무서울 정도로 오랫동안 집착하는 이유가 여기에 있다. 오늘 우리는 탈무드보다 더 고차원이라 할 수 있는 최고의 베스트셀러 성경을 가지고 있다. 하브루타로 성경을 공부하면 유대인보다 더 탁월한 능력을 발휘할 수 있다. 성경의 내용은 구조, 문체, 구성, 논리적인 전개는 일반 문학이 따라올 수 없는 탁월함을 갖고 있다. 우리가 잘 알고 있는 문학의 대가들인 세익스피어. 디킨스. 빅토르 위고. 톨스토이. 도스토엡스키 등의 공통점은 성경을 통하여 위대한 문학 세계와 문장구성을 배웠다는 것이다.

하브루타 방식으로 탈무드를 함께 공부하고 있는 학생들

후츠파(chutzpah):
새로운 도전을 추구하는 뻔뻔 문화를 적용하라

유대인을 세계적인 창조국가로 만든 역할을 한 정신을 들라면 그것은 '후츠파'다. 후츠파란 '주제넘은, 뻔뻔스러운, 당돌한'이라는 뜻의 히브리어다. 후츠파 정신이 이스라엘 경제성장의 근간으로 자리잡게 된 것은 이스라엘이 가진 독특한 지역적 특성과도 무관하지 않다. 아랍권에서 작은 나라 이스라엘이 살아남기 위해서는 당돌함이 있어야 했다.

후츠파 정신은 정해진 고정관념에 자신을 가두지 않는 것을 말한다. 어떤 때는 당돌하고 무례할 정도로 형식을 거부하고 자신의 견해를 고집하는 후츠파 정신은 지금의 이스라엘의 부강을 이루는 힘이 되었다. 이것은 새로운 창조를 위해 꼭 필요한 것이다. 기존의 틀에 갇혀 있으면 새로운 창조를 이룰 수 없다. 애당초 후츠파는 욕이었다. 상대방에게 '후츠파'라고 얘기하면 욕이 되기에 이스라엘 사람들은 후츠파란 말을 별로 좋아하지 않는다. 우리말로 하면 '싸가지 없는 놈'이라는 뜻이다.

  필자도 유대인 전통 마을에 갔을 때 이런 모습을 발견하고 유교적인 문화에서 살아온 한국인으로서 아주 불쾌하게 생각했던 적이 있었다. 이런 후츠파 문화를 이해하지 못한 때문이라 생각된다. 후츠파 정신을 가지면 무례한 사람으로 오해 받을 수 있다. 자기주장을 당당하게 드러내다 보면 자칫 건방진 태도, 비판적이면서 독자적인 사고력과 반항적 행위와 거만함으로 보일 수 있다. 이것은 각자의 생각을 존중하는 것에서 나온 것으로 유대인의 개성을 강조하는 전형적인 이스라엘 정신이다. 인격이나 사람에 대한 자세가 아닌 문제에 대한 자세로 이해하면 공감이 간다.

  이스라엘에 가면 어디에서나 후츠파를 쉽게 접할 수 있다. 예를 들면 학생이 교수에게, 직원이 상사에게, 졸병이 상관에게, 사원이 사장에게 비판을 하고 논쟁도 벌이는 모습을 볼 수 있다. 유대인은 강한 주장을 내세우는 것이 올바른 가치기준이고 그렇게 하지 않을 때 자기 발전과 경쟁에서 낙오자가 될 수 있다고 생각한다.

  후츠파는 본래 예시바 학교에서 유래했다. 예시바 학교에서 하브루타 동료와 같이 논쟁을 벌이다 보면 어떤 때는 교사인 랍비와도 당당하게 격론을 벌이게 된다. 그런 태도가 너무 당돌하고 뻔뻔스럽게 보일 수 있다. 그러나 여기서 당당함이란 사람이 아니라 문제에 대한 것이다. 상대방의 의견을 무조건 받아들이기보다는 당당하게 다른 의견을 내놓는 행동은 그리 문제될 것이 없다. 이런 과정을 통하여 새로운 도전과 창조적인 생각이 발휘된다. 이렇게 유대인에게는 다른 민족에서 볼 수 없는 당당하게 자기 의견을 개진할 수 있는 후츠파 문화가 정착이 되었다.

창의력은 새로운 시도를 해 보면서 생긴다. 생각만 하고 그냥 앉아 있으면 도저히 창조는 일어날 수 없다. 그런 의미에서 후츠파는 창의력을 발휘하는데 좋은 기반이 된다.

"다른 사람의 의견에 반대하지 않는 사람은 유대인이 아니다."라는 말이 있다. 탈무드는 다양한 논쟁들을 모은 책이다. 그러므로 탈무드 공부는 논쟁을 통해서 이루어진다. 그것은 누구와도 할 수 있다. 부모와 랍비와 어른들 모두가 그 대상이다. 물론 논리적인 설명으로 해야지 감정적인 토론이 되면 안 된다. 세대와 상관없이 누구와도 활발한 토론 문화가 오늘날 이스라엘을 창업 국가로 만든 비결이다.

탈무드는 "교사는 혼자 이야기를 해서는 안 된다. 만일 학생들이 말없이 듣고만 있으면 많은 앵무새를 길러 내게 되기 때문이다. 교사가 말을 하면 학생들은 그것에 대해서 질문을 해야 한다. 그리하여 교사와 학생이 주고받는 말이 활발하면 할수록 교육의 효과는 커지게 된다."고 말한다.

유대인은 어른의 말에 말없이 순종하는 것을 미덕이라고 생각하지 않는다. 유대인의 미덕은 자기 의견을 분명하게 말하고 아닌 것은 "아니오."라고 말할 수 있는 것을 말한다. 자기의 주장을 조리 있게 말하는 것을 중요하게 생각한다. 유대인 부모는 자녀가 꼬박꼬박

묻거나 자기주장을 고집할 때에도 말대꾸한다고 야단치지 않는다. 우리나라 같으면 어른에게 말대꾸한다고 혼낸다. 유대인은 이렇게 하면 아이는 말을 더 이상 하지 않고 입을 닫는다고 생각한다. 유대인은 궁금한 것은 묻고 대답하는 관계가 가장 좋은 교육이라고 여긴다. 후츠파 문화가 어릴 때부터 가정에서 이루어지고 있는 셈이다.

이것을 이루기 위해서는 공동체 문화의 변화가 필수다. 우리나라 같은 환경에서 후츠파는 거의 생각하기 어렵다. 나이와 계급에 관계없이 상대가 누가 됐든 당당하게 자기 의견을 밝히고 토론을 통해 합리적 결론을 도출하는 문화는 하루아침에 만들어지지 않는다. 여기에 유대인의 강점이 있다. 아무도 실패를 부끄러워하지 않기에 새로운 도전 역시 두려워하지 않는다. 도전을 통해 혁신을 이루어 나중에는 창업을 북돋우는 문화의 바탕을 이룬다.

후츠파는 보통 7가지 요소로 이루어지는 데 그 내용은 형식 타파, 질문의 권리, 섞이고 섞임, 위험 감수, 목표 지향성, 끈질김, 실패로부터 교훈 얻기 등이다.

경직된 구조에서는 창의성을 발휘하기 어렵다. 인간은 누구나 창의적이다. 그러나 우리나라에서는 그것이 잘 나타나지 않는다. 그 이유는 과감하게 자신의 의견을 발표하고 강하게 주장하는 것을 당돌하다고 보는 유교적인 문화의 영향이 크다.

로시가돌(roshgadol) : 자기 주도적으로 문제를 해결하라

유대인 부모는 시키는 일만 하는 '로시카탄'적인 아이가 되지 말고 넓게 생각하고 일을 만들어내는 '로시가돌'적인 아이가 되도록 가르친다. 로시가돌이란 원래 '큰 머리'라는 뜻이다. 나중에 이스라엘 군대에서 '책임감을 가지고 적극적으로 맡은 일 이상을 해내는 것'이라는 의미로 바뀌었다. 이와 반대는 '자기가 지시받은 일만 마지못해 한다'는 의미인 로시카탄(roshkatan, 작은 머리)이다. 로시가돌적인 사람은 모든 일에서 책임감을 가지고 주인의식을 가진 주도적인 사람을 말한다. 이것은 가족을 잘 돌볼 뿐 아니라 이웃과 국가를 위해서 책임있는 삶을 살아가는 지도자의 성품이다.

유대인은 세상을 자신을 중심으로 꾸려 나가라고 말한다. 어디서든지 당당하게 유대인의 정체성을 가지고 살라고 어릴 때부터 가르친다. 이것은 성경에 나와 있는 이스라엘의 선민사상과도 깊은 연관이 있다. 유대인은 어디서든지 자신은 특별한 존재라고 생각하면서 자존감을 갖게 한다. 그러다 보니 자칫 거만한 모습으로 보일 수 있지만 자긍심을 갖는다는 점에서 중요하다. 그리고 인간의 위대함을 느끼며 자연과 세상을 정복하고 다스리는 것이 인간의 사명임을 강조한다. 이것은 창세기에 나와 있는 인간의 책임감에 근거한다.

> "하나님이 그들에게 복을 주시며 하나님이 그들에게 이르시되 생육하고 번성하여 땅에 충만하라, 땅을 정복하라, 바다의 물고기와 하늘의 새와 땅에 움직이는 모든 생물을 다스리라 하시니라." (창세기 1:28)

토라는 유대인이 중요하게 생각하는 삶의 지침서다. 토라에 보면 하나님이 이스라엘 민족을 특별하게 축복해주고 있음을 발견한다.

> "네가 네 하나님 여호와의 말씀을 삼가 듣고 내가 오늘 네게 명령하는 그의 모든 명령을 지켜 행하면 네 하나님 여호와께서 너를 세계 모든 민족 위에 뛰어나게 하실 것이라." (신명기 28:1)
>
> "여호와께서 너로 머리가 되고 꼬리가 되지 않게 하시며 위에만 있고 아래에 있지 않게 하시리니 오직 너는 내가 오늘날 네게 명하는 네 하나님 여호와의 명령을 듣고 지켜 행하며……" (신명기 28:13)

유대인은 어디서든지 자기 주도적인 삶을 가르친다. 이것은 꼬리가 아닌 머리 되는 삶을 말한다. 머리가 된다는 것은 모든 것에서 1등이라는 것보다는 주인 의식이라는 뜻이 더 강하다. 무슨 일을 하든지 책임감을 갖고 열심히 사는 것을 뜻한다.

이스라엘의 '후츠파' 정신은 뻔뻔함과 당돌함이다. 그러나 이것만 있으면 안 된다. 자기가 한 일에 대해 책임감을 갖는 것이 '로시 가돌'이다. 책임감을 갖기 위해서는 남보다 더 열심히 일하고 적극적으로 문제를 해결해야 한다. 방관자적인 자세가 아니라 문제를 적극적으로 해결하는 자기 주도적인 삶을 말한다.

자기 주도적인 삶을 살기 위해서는 먼저 자신을 존중해야 한다. 자신을 먼저 사랑해야 다른 사람을 사랑할 수 있다. 자기가 한 말과 약속에 대해 책임을 질 때 다른 사람이 나의 말에 권위를 인정한다. 자신의 것을 소중하게 생각할 때 다른 사람의 것도 소중하게 된다. 모든 일을 이런 태도로 대하면 물러서지 않고 닥친 문제를 정면 돌파하게 된다.

이런 책임감 있는 모습이 지금의 유대인을 만들었다. 유대인 부모는 자녀에게 어릴 때부터 자기가 한 일은 자기가 책임지도록 가르친다. 그래서 유대인 부모는 아이가 할 일을 절대로 대신해주지 않는다. 아이 스스로 행하도록 부모가 격려하고 기다려 준다.

유대인 부모들은 아이에게 독립심을 기르고 자기가 한 일은 자기가 책임지도록 도와준다. 친구 집을 찾아갈 때는 한두 정류장 정도는 혼자서 걸어가도록 한다. 아이가 집에 돌아오면 혼자 문을 열고

들어가도록 목걸이 열쇠를 만들어 목에 걸어준다. 부모가 쉽게 문제를 대신 해결해주기보다는 어떻게 하든지 스스로 부딪쳐 문제를 해결하는데 초점을 둔다.

우리나라처럼 아이가 부모에게 칭얼대는 일은 거의 없다. 유대인 부모는 아이가 칭얼댄다고 그 청을 들어주는 법은 절대로 없다. 대신 "넌 할 수 있어."하면서 다시 시도하고 실패하더라도 또 도전하도록 격려한다. 이런 과정을 통하여 유대인은 모든 일에 자기 주도적인 삶을 배운다.

13세의 성인식을 마치면 유대인 자녀는 모든 일을 스스로 한다. 우리나라처럼 부모가 아이에게 "제발, 공부 좀 해라."고 잔소리를 하지 않는다. 부모는 단지 아이 스스로 공부하고 스스로 문제와 진로를 찾도록 돕는 역할을 한다.

이것은 유대인 전반에 걸쳐 있는 로시가돌의 모습이다. 유대인은 수천 년 동안 고난의 역사를 가지고 있다. 그 속에서도 민족이 사라지지 않고 지금까지 살아남은 비결은 바로 로시가돌 의식이 있었기 때문이다.

침대머리 자녀교육 :
시작과 끝을 배우는 인생학교

유대인은 자녀들이 잠자리에 들 때 꼭 하는 일이 있다. 그것은 책을 읽어주거나 이야기를 하며 쉐마 기도를 하는 것이다. 쉐마는 구약성경의 내용으로 "이스라엘아 들으라. 우리 하나님 여호와는 오직 하나인 여호와시다."라는 구절을 말한다. 유대인 부모는 자녀가 잠들기 전에 쉐마의 기도를 외우게 한다. 이것은 아이가 잠자다가 죽을 수도 있기 때문에 이렇게 기도하는 것은 아이의 영혼을 하나님께 맡기는 의미가 있고 이것이 마지막 유언이 되기 위함이다. 유대인은 죽을 때 쉐마를 암송하고 죽는다.

유대인에게 쉐마는 태어날 때 뿐 아니라 죽을 때 읽고 암송하는 내용이다. 침대 머리에서 어머니나 아버지가 아이에게 이야기를 들려주는 모습은 유대인에게는 일상적인 일이다. 특히 아이에게 잠자기 전에 성경 이야기를 들려주면 잠자리에서 아이의 영혼을 지킬 수 있다고 본다. 부모가 침대 머리에서 이야기를 하거나 책을 읽어주면 애착관계를 좋게 한다.

유대인은 오래전부터 침대머리 교육을 실천하고 있는데 이것은 신명기 6:7에 나오는 '누워 있을 때에든지', '일어날 때에든지' 자녀에게 부지런히 가르치라고 한 명령에 근거한다.

침대는 인간이 하루를 마치고 다시 하루가 시작되는 곳이다. 자녀에게 침대머리는 인간이 태어나고 죽는 것을 상징한다. 침대머리는 하루를 시작하고 마치는 시간이다. 유대인은 바로 이런 시간을 자녀교육에 적용한다.

아무리 바쁜 맞벌이 부모라 해도 침상머리 교육만 잘 활용해도 좋은 효과를 올릴 수 있다. 이 시간에 좋은 이야기나 책을 읽어 주면서 매일 조금씩 자녀교육을 하게 된다. 비록 짧은 시간일지라도 계속되면 이보다 좋은 교육이 없다. 우리는 일에 쫓기다 보니 아버지들이 아이가 침대 속에 들어가는 것을 잘 보지 못한다. 어머니가 아이를 돌보지만 이 시간에 책읽기나 이야기를 들려주는데 인색하다.

부모가 잠들기 전에 들려주는 이야기는 아이들에게 상상력을 좋게 한다. 눈을 감고 부모가 읽어주는 이야기나 책의 내용을 듣는 것은 아이에게 환상적이다. 이 때 아이는 모든 것을 내려 놓고 스트레스를 받지 않는 휴식 상태가 된다. 잠자리의 편안한 상태에서 부모가 들려주는 이야기는 아이의 정서를 안정시키고 부모와 좋은 애착관계를 형성한다. 특히 아이가 이야기를 들으면서 자연스럽게 잠자리에 들게 하는 효과가 있다. 또 하루 중 가장 편안한 상태에서 이야기를 듣기에 아이에게는 상상력과 창의력이 생기는 순간이다.

유대인에게 침상머리는 하루를 정리하고 깨어 있는 시간과 잠자는 시간을 통합시키는 시간이다. 이런 시간에 자녀교육을 할 수 있다는 것은 부모만이 가지는 특권이다. 침대머리를 잘 활용하면 자녀의 두뇌발달은 물론 마음공부에도 좋다. 이것은 아이에게 마음의 평안을 갖게 한다는 점에서 인성 교육에도 효과적이다. 매일 빠지지 않고 부모와 자녀가 침상에서 만나고 그것이 조금씩 쌓이면 생각보다 많은 책을 읽을 수 있고 이야기 능력도 발달해서 나중에는 언어력이 좋아져 공부가 저절로 된다.

침대머리는 단순한 잠자리가 아닌 현재와 미래를 연결하는 통합의 자리이며 부모와 자녀 간에 좋은 관계를 갖게 하는 유익한 시간

예시바 대학교에서 수업하는 모습

이다. 자녀들이 침대머리에서 얼마나 마음의 평안을 얻고 거기서 자신의 미래를 꿈꾸는 시간을 갖느냐는 앞으로 삶에 매우 중요하다. 사실 침대머리 시간만 잘 가져도 교육의 절반은 이루어진다.

유대인 중에 세계적인 인물이 많이 배출되는 이유 중에 하나는 부모가 침대머리 이야기를 어릴 때부터 들려주었기 때문이다. 유대인에게 침대머리 책읽기는 부모의 의무다. 유대인은 돌이 갓 지나는 시기부터 책을 읽어 준다. 부모가 침대머리에서 들려주는 이야기와 책읽기와 기도는 아이의 모든 삶의 출발점이 되고 있다. 이것은 인생의 기초를 다지는 것으로 이것만 튼튼하게 갖추어지면 앞으로 어떤 일을 해도 잘 할 수 있다.

유대인의 탁월한 언어력은 어릴 때부터 이루어지는 침대머리 교육이 한 몫 한다. 이런 결과 유대인은 언어와 관련된 언론 · 방송 · 영화 · 교육 · 사업 · 정치 · 법의 영역에서 최고의 위치를 점령하고 있다. 우리는 어릴 때부터 학원에 보내면서 갖은 노력을 다하지만 학원에 보내지 않고서도 집에서 잘할 수 있는 길이 침대머리에서 이야기를 들려주는 교육이다.

어릴 때는 모든 것을 그대로 받아들이는 최적의 때다. 이때 부모가 자녀에게 좋은 이야기를 침대머리에서 들려주는 것은 평생 도움이 되는 최고의 교육법이다.

Tips 탈무드식 한국인 교육법

사람에게 가장 행복한 시간을 꼽으라면 그것은 잠자리에 들 때다. 특히 자녀들에게 잠자리는 가장 기다리던 시간이다. 잠을 자는 아이들을 보면 보는 사람도 얼마나 행복한지 모른다. 이런 행복한 침상의 시간을 자녀교육에 적용하는 것은 중요한 의미가 있다.

부모는 침대머리에서 다양한 것을 교육할 수 있다. 특히 정해진 시간에 자고 일어나게 하면서 어릴 때부터 생활습관을 훈련할 수 있다. 잠자리에서 자신감을 갖게 하고 책을 읽어주거나 축복의 말과 기도를 해주면 자연히 아이의 인성이 좋아진다. 비록 짧은 시간이지만 침대머리 교육 시간을 자녀와 함께 하는 시간을 12년 동안 (초등학교 졸업까지) 지속한다고 가정해 보자. 그 자녀가 앞으로 어떻게 자랄지 충분히 짐작이 된다.

아이가 세상을 살아가는데 중요한 무기는 언어. 언어능력을 키우면 모든 것을 정복할 수 있다. 억지가 아닌 자연스럽게 언어교육을 할 수 있는 것은 침대머리 교육만한 것이 없다. 어휘력만 해결되면 수학·과학·언어·외국어 등 모든 것을 잘 할 수 있다. 물론 비판력과 사고력과 논리력도 동시에 좋아진다. 매일 조금씩 12년을 침대머리에서 책읽기와 이야기를 해준다면 아이는 어마어마한 책을 읽게 된다. 물론 이때 책을 읽어주면서 질문과 대화를 함께 하면 효과가 있다. 아이의 발달 단계에 맞추어 질문과 대화를 할 수 있고 자장가와 노래와 시를 읽어 줄 수도 있다. 침대머리가 좋은 점은 특별히 시간을 내지 않고 잠자리에서 자연스럽게 부모와 자녀가 이야기와 대화를 나눌 수 있다는 점이다.

문제는 얼마나 부모가 확신을 가지고 지속적으로 어떻게 실천하느냐에 달려 있다. 침대머리는 모든 교육을 짧은 시간에 통합하여 할 수 있는 좋은 시간이다. 침대머리 교육을 지속적으로 하면 다음과 같은 효과를 기대할 수 있다.

① 자녀의 인지와 심성 능력이 발달할 뿐 아니라 정서적으로 안정이 된다.

② 집중력이 좋아지고 상상력과 창의성이 자라는 기회가 된다.

③ 아울러 부모와 애착관계가 좋아지면서 부모와 자녀관계가 원만해지며 행복한 삶을 살게 된다.

잠자리에 들면 우리는 어디든지 갈 수 있고, 누구든지 만날 수 있고 무엇이든지 할 수 있다. 이 강점을 이용하면 좋을 것이다. 부모가 자녀에게 잠들기 전에 좋은 이야기와 생각을 심어 주는 것은 꿈속에서 다양한 새로운 세계를 경험하게 하는 좋은 기회가 된다. 이것에 대한 실제 도움자료로 필자의 저서 《자녀 축복 침상 기도문》 《자녀의 성품을 위한 머리말 부모 기도》를 참조하면 좋을 것이다.

밥상머리 자녀교육 :
인생을 다듬는 최고의 교실

유대인은 매주 금요일 저녁이 되면 안식일을 지킨다. 안식일은 저녁 밥상머리에서 온가족이 모여 시작된다. 유대인의 가정안식일 예배는 저녁식사와 함께 한다는 점이 특별하다. 물론 안식일에는 아무 일도 하지 않는다. 미리 일을 다 해놓고 청소까지 마치기에 온가족이 모여 쉼을 갖고 음식을 먹으면서 가족 간에 대화를 여유롭고 깊게 나눌 수 있다. 안식일에 이루어지는 밥상머리 교육은 역사가 오래되었다.

유대인은 오래 전 고대 애굽의 지배를 벗어나 광야에서 지낼 때 안식일 전날에 이틀 분의 만나를 챙겼다. 그리고 안식일에는 집안에서 가족과 밥상머리에 함께 앉곤 했다. 이때부터 유대인에게 안식일은 공휴일이 되었다. 그 이후로 나라가 없이 떠돌이 생활을 할 때도 밥상머리 교육을 계속해 왔다. 학교가 없어도 그들은 가정에서 이루어지는 밥상머리를 통해 교육을 대신해 왔다. 유대인들은 "음식이 없는 곳에 토라도 없고 토라가 없는 곳에 음식도 없다."고 말한다. 탈무드에 "세 사람이 한 식탁에 앉아 식사를 하면서 토라에 대한 말을 한 마디로 하지 않을 때는 죽은 우상의 제물을 먹는 것과 같다."는 구절이 있다.

유대인에게 밥상머리는 온가족이 모여 대화와 토론을 하는 작은 학교다. 유대인은 안식일인 금요일 저녁이 되면 정장을 차려 입고 멀리 떨어진 형제들까지 이 자리에 함께 한다. 가족 간에 대화를 나누면서 토론장이 되기도 하고 때로는 부모와 자녀 간에 갈등을 해결하는 타협의 장소가 된다. 하나님께 예배를 드리며 경건한 의식을 행하는 밥상은 성스런 제단으로 바뀐다. 그리고 부모는 자녀를 가르치고 자녀는 부모에게 배우는 책상이 된다. 이런 밥상머리 교육은 모든 것을 통합하는 학교다. 아울러 이곳은 할아버지와 아버지와 형제들이 함께 하는 3세대 통합의 공간이기도 하다. 어떤 학교도 이보다 더 좋은 학교가 없다.

유대인은 밥상머리에서 모든 것을 다 해결한다. 유대인의 자녀의 인성 교육은 밥상에서 이루어진다. 배려와 인내와 감사와 경청과 절제력을 밥상생활을 통해 배운다. 맛있는 음식이 함께 하는 그 분위기는 학교와 비교할 수 없다. 유대인은 안식일에 서로 나누는 인사가 있는데 '샤밧 샬롬(Shabatt shalom!)'이다. 평안한 안식일이라는 의미다. 이 인사를 해야 밥상머리에 앉아 음식을 먹을 수 있다. 이것은 가족 간에 화해를 해야 음식을 먹을 수 있다는 뜻이다. 이렇게 이루어진 안식일은 하루 종일 이루어진다. 다음날 아침과 점심까지 밥상머리는 계속된다.

유대인이 세계적으로 각 분야에서 탁월한 능력을 발휘하는 비결은 어릴 때부터 행해 온 밥상 머리교육에 있다. 어쩌다 생각날 때 하는 것이 아니라 중요한 생활의 일부가 되어 안식일만 되면 온가족이 모여 이 시간을 하루 종일 가진다. 아이는 어릴 때부터 자연스럽게 배우고 익히며 안식일을 즐긴다.

조사에 의하면 유대인 아이는 식사 중에 가장 많은 어휘를 배운다고 한다. 가족 간에 식사에서 이루어지는 대화는 아이의 학습 효과와 언어 발달에 지대한 영향을 미친다. 따로 책을 읽고 공부를 하지 않아도 이 시간만 잘 활용하면 충분히 언어력을 키울 수 있다. 하버드 대학의 캐서린 교수의 조사에 의하면 활발한 대화가 오가는 가정의 아이가 책을 읽어주는 부모의 아이보다 많은 어휘에 노출되고 10배 이상의 언어를 접한다고 주장한다. 유대인은 오래전부터 밥상머리 교육을 통해 가장 좋은 조기 교육을 해오고 있다.

이것은 실제로 결과로도 증명되고 있다. 밥상머리에서 이루어지는 가족 간의 활발한 대화와 질문과 토론은 모든 교육의 총체를 담고 있는 효과적인 교육장소다. 시간이 갈수록 대화의 주제가 넓어지고 깊어지므로 우리가 기대하는 것 이상의 창의성이 발달되는 효과가 있다.

밥상머리 교육의 효과를 잘 알고 있지만 우리는 현실적으로 이것을 실천하기 어렵다. 일단 가족이 시간을 내는 것이 만만치 않다. 이것을 위해서는 다른 약속을 하지 않고 가족만의 시간을 우선으로 두어야 하지만 이것이 쉽지 않다. 직장과 일과 학업 등의 다양한 일로 우리는 이런 시간을 정하는 것이 힘들다. 그러나 유대인은 전 국민적으로 안식일이라는 고유한 시간이 정해져 있기에 밥상머리 교육이 가능하다.

행복을 누리는 방법은 생각보다 간단하다. 가족 간에 음식과 아울러 대화와 정보를 나누고 서로를 위해 기도해주고 축복을 빌어주는 것 이상 좋은 행복은 없다. 이렇게 보면 유대인은 이런 시간을 통해 가족과 개인의 행복을 밥상 머리교육을 통해 만들어 가고 있는 셈이다. 이것은 민족과 국가의 행복으로 이어진다.

밥상머리 교육을 오래전부터 실시해오고 있는 유대인의 가족은 대화가 잘되고 행복하다. 이런 결과 유대인은 청소년 범죄율과 자살률과 음주와 흡연과 이혼율이 세계 최저 수준이다. 이것은 학교의 공부와 비교하여 가정에서 이루어지는 밥상머리 교육이 얼마나 중요한지를 보여주는 대목이다. 인성과 공부를 동시에 잡는 효과적인 유대인 특유의 교육법이다.

Tips 탈무드식 한국인 교육법

자녀들 뿐 아니라 어른들도 가장 즐거워하는 시간을 들라면 당연히 음식 먹을 때다. 특히 사랑하는 가족 간에 음식을 먹는 것처럼 즐거운 시간은 없다. 우리가 밥상머리 시간을 잘 가진다면 즐거운 하루 삶이 될 수 있다.

우리나라도 전통적으로 가족문화이기에 밥상머리의 역사는 오래 되었다. 온가족이 함께 어울려 음식을 먹는 밥상머리 교육을 가지고 있다. 하지만 한국인의 밥상머리는 말 그대로 밥을 먹는 곳이었고 아이들은 같이 참여하기 어려운 유교적 분위기가 강했다. 그러다 보니 밥상에서 부모들은 아이들을 혼내고 훈계하는 경우가 많았다. 가족 모두가 대화와 질문과 토론을 하는 분위기가 아니라 아이들이 어른들의 이야기를 듣는 경직된 시간이었다. 그냥 하루 세끼 먹는 음식밥상 그 이상이 아니었기 때문에 아이들은 빨리 밥 한술 먹고 자리를 일어나는 것이 상례였다. 특히 밥상에서는 말을 하면 안 되는 금기가 있어서 밥상이 대화의 장소가 되기는 어려웠다.

이것은 지금도 그대로 이어져 우리의 밥상은 대화가 없는 그저 밥만 먹는 장소가 되고 있다. 그러다 보니 함께 밥을 먹기보다는 각자 개인적으로 밥을 먹고 하루 일과를 시작한다. 따로 시간을 내서 가족 간에 대화를 나눈다는 것이 어려운 현실이지만 힘들어도 일주일에 한 번은 가정의 날을 정해 밥상머리에 가족이 함께 모이는 시간을 가지는 것이 중요하다.

우리나라의 교육은 인성이 부족하고 학과 공부에만 매달려 있는 실정이다. 우리나라 교육의 가장 큰 문제는 인성 교육이 실종된 것이다. 이것을 해결하는 가장 좋은 방법은 밥상머리 교육을 가족전통으로 삼는 일이다. 일단 가족의 날을 정하고, 좋은 음식을 함께 나누면서 경직된 분위기를 화목하게 만드는 것이 필요하다.

먼저 부모가 시간을 정해서 온가족이 참여하도록 단계적으로 실시하도록 하자. 이것을 위해서 우선 친구나 일이나 직장보다 가족을 우선하여 생각하는 자세가 필요하다. 그것을 위해 시간을 낼 수 있어야 한다. 많은 사람들이 이것을 실천하지 못하고 흐지부지한다.

이것을 위해서는 부모와 자녀들이 좋은 대화법을 배우는 것이 순서다. 일방적인 대화보다는 서로 질문하고 토론하며 대화가 오가는 방식에 더 익숙해져야 한다. 공감과 경청을 통한 소통능력이 훈련되지 않은 상태에서 이루기 쉽지 않지만 그래도 조금씩 실천하는 것이 중요하다.

한국인은 대화 문화가 아니기에 아무래도 대화를 나누는 기술이 부족하다. 지금부터라도 가족 간에 좋은 대화법을 서로 배우고 훈련하는 자세가 필요하다. 가족 간에 서로의 관심사에 공감을 갖고 경청하면서 그것을 중심으로 대화를 해나가는 것도 한 방법이다. 부모와 자녀, 부부 간에 문제가 생기는 것은 대화 부족이 가장 큰 원인이다. 밥상머리 교육을 통해 가족 간에 대화를 회복한다면 누구든지 창의력 있는 자녀로 키울 수 있다.

책상머리 자녀교육 :
창의성을 여는 생각 주머니

유대인은 공부하는 민족이다. 세계 민족 중에 유대인처럼 공부를 열심히 하는 민족은 없다. 우리는 학교를 졸업하면 거의 공부를 하지 않는다. 하지만 유대인은 졸업이 없는 평생 공부를 한다. 유대인은 나이든 노인이 공부하는 모습을 보는 것은 흔한 풍경이다. 유대인은 어린이부터 노인에 이르기까지 쉬지 않고 공부한다. 유대인에게는 침상과 밥상만 있는 것이 아니라 책상이 있다. 침상은 잠을 자고 밥상은 먹는 곳이라면 책상은 공부하는 곳이다.

유대인에게는 책상머리가 있다. 유대인의 책상머리는 예시바에서 시작된다. 책과 책상을 늘 가까이 할 수 있도록 유대인의 도서관이라 불리는 예시바 학교가 있다. '예시바(yeshiva)'는 '앉다'라는 의미를 지니고 있다. 책상에 앉는다는 의미다. 예시바 학교는 유대인 사회가 있는 곳이면 어디든지 있다. 이들은 예시바를 통하여 배우고 교제하고 새로운 것을 창출하는 힘을 얻는다. 예시바는 가정교육을 보완하는 학교 교육이다. 우리는 학창시절에만 공부를 생각하지만 유대인에게 학교 교육은 평생 동안 지속하는 자기계발이다.

유대인에게 예시바는 생각을 키우는 보물창고다. 예시바의 학생들은 자신이 읽은 책 내용에 대해 친구들과 질문하고 토론한다. 유대인의 힘은 예시바에서 나온다. 이곳에서는 주로 토라와 탈무드를 학습하며 유대인의 가치를 연구하고 배운다.

그런데 유대인 예시바 학교는 우리와 다른 학교구조다. 우리나라 학교는 앞에 칠판이 있고 교탁이 있고 교사가 혼자 가르치고 학생들은 일렬로 책상에 앉아 교사에게 일방적으로 배우는 구조다. 하지만 예시바 학교는 도서관에서 책상 앞에 책을 놓는 것처럼 많은 책들이 놓여 있다. 그들은 도서관에서 서로 짝을 지어 토론한다, 이리저리 옮겨 다니면서 수다를 떨 듯이 시끄럽게 이야기를 한다. 마치 우리나라 시장 바닥을 연상하게 한다.

우리나라 도서관은 조용하고 조금이라도 소리가 들리면 퇴장해야 한다. 유대인에게 도서관은 책을 보는 곳 이상이다. 책상에 서로 마주보고 앉아 질문하고 토론하는 곳이다. 도서관 책상과 의자 구조 역시 둘 이상 마주보고 앉아서 토론하도록 배치가 되었다. 유대인들은 이곳에서 책을 읽고 읽은 책에 대하여 질문을 던지고 대답과 토론을 하면서 새로운 것을 찾아낸다.

유대인은 결혼한 이후에 바로 남자들이 예시바에 1년 동안 들어가서 공부한다. 물론 이 기간 동안에 필요한 거주비, 교육비, 생활비는 모두 유대인 공동체가 지불한다. 공부에 전념하기 위해서다. 왜 결혼한 신랑이 신혼 초기에 예시바에 들어오는가? 그것은 한 명의 가장으로서 유대인으로서 또한 사회인으로서 자질을 갖추기 위해서다. 먼저 성품과 교양과 지식과 신앙을 갖추어 가정을 이루어 나간다는 의미가 있다.

좋은 부모와 남편이 되는 필수조건은 자신이 먼저 배워 모범을 보이는 것이다. 이것을 위해서 공부는 필수다. 창조적인 노력을 해야 좋은 가정을 이룰 수 있다.

유대인의 강점은 모든 것을 다른 사람이 아닌 자신으로부터 시작한다는 데 있다. 헤브라이어로 '1'이라는 말은 '에하토'인데 숫자의 '1'이라는 의미와 '유익하다'는 뜻을 담고 있다. 항상 자기가 처음이 되도록 노력하라는 뜻이다. 모든 것은 자신이 본보기를 보이면서 시작된다. 가정과 부부관계도 이것은 그대로 적용된다. 시작을 만들 수 있는 사람을 만드는 것이 창의 교육의 핵심이다.

이것을 위해서는 먼저 배우고 계속 배우는 일이 지속되어야 한다. 유대인의 다른 언어인 이디시어로 '학자'란 '람단'이다. '람단'은 '알고 있는 사람'이라는 뜻이 아니라 "배우는 사람"이다. 누가 진정한 학자인가 하면 그것은 많이 알고 있는 사람이 아니라 지금도 계속 배우는 자를 말한다.

유대인은 젊은이라 할지라도 배움을 쉬면 그는 이미 죽은 자라고 생각한다. 유대인은 젊음을 유지하는 것은 나이가 아닌 배움이라고 생각한다. 청춘은 나이가 아닌 삶의 태도요 배우려는 자세에 달려 있다. 배우기를 그치면 설사 그가 나이가 젊은이라 할지라도 노인으로 본다.

예시바 학교는 1학년을 '현자', 2학년을 '철학자', 3학년을 '학생'이라고 말한다. 우리와는 반대다. 누가 가장 높은 자인가? 겸손하게 배우는 자다. 이것은 유대인의 책상머리 교육이 무엇인지를 보여주는 대목이다. 배우는 자는 마지막까지 자기도취에 빠지지 않고 겸손하게 살 수 있다. 그러나 배우는 것을 그치면 나중에 가장 어리석은 자로 인생을 마칠 수 있다.

유대인은 책상머리 교육이 평생 지속되기에 누구나 천재적인 삶을 살 수 있다. 평생 동안 연구하고 공부하다 보면 누구나 천재라는 말을 들을 수 있다. 노벨상은 대부분 노인의 시기에 주어진다. 공부하는 노인의 모습은 생각만 해도 설렌다. 유대인들이 노벨상이 많은 것은 이런 책상머리 교육의 영향이 크다.

키부츠(kibbutz) : 개방과 공유를 체험하는 창조 공동체

키부츠는 이스라엘의 집단생활 공동체의 한 형태를 말한다. 키부츠는 2,000여 년 동안 땅을 잃고 흩어져 살던 유대인들이 1948년에 이스라엘로 돌아와 척박한 땅에서 농사를 짓기 시작하면서 생긴 것이 효시다. 이스라엘은 키부츠를 통하여 함께 생활하면서 생산과 분배를 동시에 하는 농업 공동체를 이루어 결과적으로 이스라엘 산업을 일으키는 원동력이 됐다. 키부츠는 히브리어로 '집단' '협동'을 뜻한다. 이스라엘은 아주 척박한 땅이다. 그런 땅을 혼자는 힘들지만 함께 협동하면 큰일을 이룰 수 있다고 믿고 우리나라 협동조합과 같은 형태로 집단농장을 운영했다. 키부츠 인구는 이스라엘 전체의 2.5%밖에 안 되지만 농업의 40%와 산업의 20%를 차지하는 이스라엘 농업의 근간이 된다.

키부츠 공동체는 대부분이 농업에 종사하지만 세계적으로 유명한 공업 분야도 있다. 재산은 모두가 공유하는 것을 원칙으로 하고 공동체 일원들의 의식주와 복지·의료 활동 등에 쓰이고 남은 재산은 키부츠에 재투자된다. 키부츠는 어른들 뿐 아니라 아이들도 함께 들어간다. 키부츠는 모든 것을 함께하는 공동체 특징을 가지고 있다. 요리와 식사도 공동으로 한다. 키부츠는 주 1회 모든 구성원이 모인 가운데 전체회의를 개최하여 정책을 결정하고 필요한 행정요원을 선출한다.

현재 이스라엘에는 약 200개 이상의 키부츠에 10만 명 이상의 주민이 거주하고 있다. 키부츠에 들어가려면 함께 공유하는 정신만 있으면 된다. 모든 것을 함께 나누는 마음만 가진다면 누구든지 입소가 가능하다. 문제가 생기면 공동체가 결정한다. 욕심을 부릴 필요가 없고 일용할 양식과 하루생활에 평안과 즐거움을 누리면 된다. 유대인은 키부츠에서 단순한 삶을 경험한다. 키부츠의 규모는 다양하다. 30여 가족부터 큰 것은 700여 가족이 모여서 사는 키부츠도 있다. 키부츠에 있는 동안에는 누구나 평등하다. 모두 같은 음식과 옷과 같은 혜택을 받는다. 키부츠에는 어린이집도 운영되어 온가족이 들어가서 2~3년 생활할 수 있다. 아이들을 데리고 있는 부모는 하루일과가 끝나면 아이들을 데리고 잠들기 전까지 같이 지낸다.

필자도 이스라엘을 방문하여 갈릴리 호수 옆에 있는 키부츠 주변 야외에서 텐트를 치고 하룻밤을 보낸 적이 있다. 키부츠 안에는 체육시설, 수영장, 식당 등 다양한 시설이 갖추어져 있었다. 마치 큰 도시 속에 또 다른 작은 마을처럼 느껴졌다. 필자의 아들도 대학생 시절에 휴학을 하고 이스라엘 북쪽에 있는 욥바 지역의 키부츠에서 3개월 동안 생활한 적이 있다. 키부츠에서 세계의 다양한 사람들과 만나서 공동생활을 하면서 보낸 경험은 평생 잊을 수 없는 체험이다. 낮에는 나사 조립하는 공장에서 일하고 거기서 나온 월급으로 먹고 자는 모든 생활비를 충당했다. 주말에는 이스라엘의 성지를 방문하고 세계 여러 나라에서 온 동료들과 주변 나라를 여행하는 시간을 보냈다. 다양한 세계인들이 어울려 소통하고 공감하며 서로를 이해하는 시간은 키부츠만이 가지는 강점이다. 키부츠는 자녀들에게 기회가 되면 한 번쯤 꼭 보낼만한 장소다. 한국 키부츠에 신청하면 누구나 갈 수 있도록 문호가 개방되었다.

키부츠는 이스라엘의 한 단면을 경험할 수 있는 좋은 장소다. 유대인은 지금도 이런 키부츠 생활을 통하여 서로 공유하고 개방적인 자세로 상대방을 이해하는 법을 터득한다. 이것은 직접 생활공동체를 통해서 체험하는 살아 있는 지식이다. 유대인은 자녀들과 같이 2~3년씩 키부츠 공동체를 경험한다. 키부츠를 통해 유대인의 정체성을 배우고 세계 사람들과 같이 한다. 또 일과 생활을 겸비하면서 어떻게 사람들과 소통하고 갈등을 해결하고 공동체를 운영하는지 함께 배운다는 점에서 키부츠는 좋은 교육의 장소다.

키부츠에서의 하루 생활은 아침 일찍부터 시작된다. 보통 하루에 6~8시간씩(일~금) 일을 해야 하며, 그 이후 시간은 자유시간이다. 보통 키부츠 내의 공장이나 농장 또는 키부츠에서는 아침과 점심을 같이 한다. 유대인은 키부츠에서도 어김없이 금요일 저녁부터 안식일을 지킨다. 유대인은 이런 키부츠 공동생활을 통하여 창의적인 생각을 익히고 동료들과 같이 사는 법을 체득한다. 나중에 작은 회사를 어떻게 운영하고 공동체의 의사를 결정하는지를 직접 몸으로 배우는 일종의 창업 학교라 할 수도 있다. 수입과 지출에 대한 노하우도 배우게 되고 이런 생활을 통해 자신만의 창업을 꿈꾸게 된다. 실제로 이스라엘 키부츠에서 생산되는 물품 중에 세계적으로 인정받는 명품들도 많다.

키부츠는 그동안 이스라엘의 수많은 지도자들을 배출했다. 모세 다얀 국방장관이 최초의 키부츠인 데가니아 출신이었고 건국의 아버지로 불리는 벤구리온 수상은 여생을 네게브 사막에 스데 보켈이라는 아름다운 키부츠를 건설한 것으로 유명하다. 이스라엘 군대의 엘리트들 대부분이 키부츠 출신인 점도 키부츠의 중요성이 어느 정도인지 말해준다.

유대인에게 키부츠는 삶을 직접 몸으로 배우는 자리이다. 직접 생활하면서 모두가 주인으로서 자기 주도적인 실제적인 삶을 배운다. 거기서 다양한 삶과 사람들을 만나면서 혼자가 아닌 더불어 함께 사는 공동체를 이루는 능력을 키운다. 키부츠는 다른 나라에서 찾아볼 수 없는 유대인만의 독특한 창의적인 능력을 만들어내는 기초공동체다.

Tips 탈무드식 한국인 교육법

우리나라 경제개발 프로그램이었던 새마을 운동은 사실 유대인 키부츠 운동을 모델로 한 것이다. 1950년 이후의 한국사회는 참담했다. 전쟁의 폐허 속에서 가난을 벗어나지 못한 나라였다. 가장 큰 것은 국민들의 배고픔이었다. 이것을 해결하기 위해 박정희 대통령은 이스라엘 키부츠를 모델로 한 새마을 운동을 추진했다.

이스라엘의 협동농장인 키부츠제도를 도입하기 위해 우리나라에 온 당시 농업 전문가는 우리나라의 모습을 둘러보고 난 후에 두 가지 사실에 놀랐다고 한다. 첫째는 너무나 좋은 자연 환경에 놀랐다. 산천초목이 무성하고 물은 어디 가든지 흐르고 땅은 비옥했다. 둘째는 이렇게 좋은 자연 환경 속에서 한국 사람의 가난한 모

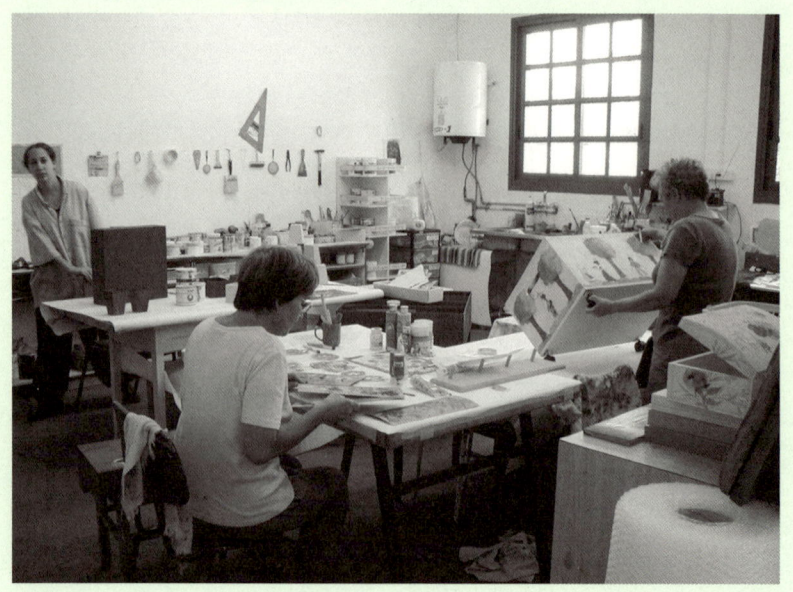

키부츠에서 수공예 작업을 하는 모습

습이었다는 것이다. 반면에 이스라엘은 한국과 비교할 수 없을 정도로 사막과 광야와 산지가 대부분인 악조건을 가지고 있었다.

결국 새마을 운동을 추진하여 40년 후에 한국은 세계 경제 대국 15위에 들었다. 농촌마다 농업을 발전시켜 지금의 한국의 경제기초를 세웠다. 그러나 한 가지 키부츠를 적용하지 못한 것은 그들의 공동체 생활이다. 서로 소통하고 나누는 민주적인 공동체의 삶은 제외시키고 물질적인 것만 적용한 한계를 지니고 있다. 물질적인 것보다 그 속에서 이루어지는 소통과 공감과 개방과 나눔을 배워야 했는데 이것이 없었다는 점에서 새마을 운동의 한계가 있다.

한국사회에도 이런 이웃공동체의 삶을 경험할 수 있는 시스템이 필요하다. 주말 농장과 협동 농장 같은 시스템을 체험하도록 하면 좋을 것이다. 교실에서 책으로만 배우는 교육이 아니라 함께 어우러져 살면서 배우는 기숙 공동체가 필요하다. 농업과 공업과 기술 등 다양한 분야를 섭렵하고 그 안에 있는 구성원과 더불어 사는 법을 배우고 익힌다면 인성 교육이 저절로 이루어진다. 자연스럽게 창의 교육도 가능하다.

가족이 함께 하면서, 또한 이웃과 같이 하면서 생활 속에서 이루어지는 인생 공부가 필요하다. 가족 안에 갇힌 이기적인 공동체를 탈피하여 더불어 이웃과 함께 하는 사회와 민족 공동체 경험은 나라를 건강하게 만드는 요인이다. 이런 삶 속에서 나라의 지도자가 태어난다.

탈피오트(talpiot) : 창업 인재의 산실

세계에서 징병 제도를 가진 나라는 이스라엘과 한국이다. 하지만 이스라엘은 우리나라와 달리 남녀 모두에게 의무복무제를 채택하고 있다. 이스라엘 국민이라면 누구나 17세 때 신체검사와 적성검사 등을 거친다. 이듬해 군사 주특기 분류를 하고 이때 일부는 엘리트 정보부대 등에 차출된다. 마치 우리나라 해병대에 차출되는 것과 같다. 19세에 고등학교를 졸업한 남성은 대부분 3년간, 여성은 2년간 의무복무를 하지만 출산할 경우에는 병역을 연기하거나 면제받을 수 있다. 병사들은 매달 약 21만원 정도의 월급을 받으며 휴가는 1년에 15~20일을 쓸 수 있다.

이스라엘과 우리나라 모두 의무 군대 제도가 있지만 우리와는 사뭇 다른 점이 있다. 이스라엘은 대학을 군대를 제대한 이후에 간다. 그래서 그들에게 진로를 물으면 군대 간 이후에 정한다고 대답을 한다. 고등학교 졸업하고 바로 군대를 가다 보니 대학입시 중심으로 고등학교가 되지 않는다. 오히려 군대에 가서 앞으로 대학에 갈지 아니면 직장을 택할지 결정한다. 이스라엘에서 군대 3년은 국가관을 교육받는 시간이면서 미래의 진로를 선택하는 중대한 시간이다. 우리는 대부분 대학에서 인생을 결정하지만 이스라엘은 군대에서 결정한다. 우리나라는 어떻게 하든지 대학에 가는 것을 목표로 하지만 이스라엘은 그렇지 않다. 물론 군대를 가는 것은 정통 유대인은 제외된다. 국가에서 그들에게 군대를 가지 않는 대신에 종교적인 일에 집중하도록 배려를 하고 있다.

이스라엘 군대는 나라의 모든 젊은이들을 잠시 인큐베이터에 모아서 새롭게 만드는 인재기관과 같은 역할을 한다. 그중에서 엘리트 군인들을 만드는 '탈피오트'라는 별도 프로그램이 있다. 히브리어로 '최고 중의 최고'를 의미하는 말인 탈피오트는 군 복무를 통해 최고의 엘리트를 육성하는 프로그램이다. 이스라엘은 '탈피오트'라는 엘리트 군인 양성 프로그램을 통해 최고의 IT 인재를 배출하고 있다.

이스라엘의 군대는 우리나라처럼 인생을 허비하는 곳이 아닌 벤처 인생을 꿈꾸며 창업준비를 하는 곳이다. 이스라엘은 군대에서 창업할 수 있는 공부와 모든 훈련을 받는다. 군사 훈련 뿐 아니라 전공 훈련과 기업가로서 갖추어야 할 다양한 리더십을 배운다. 이스라엘 벤처 기업가들은 군대에서 만들어진다. 군대 3년의 기간은 자기 영역에서 최고의 전문가를 만드는 기간이다.

세계적 보안 프로그램인 '체크포인트'는 이스라엘군 컴퓨터를 보호하기 위해 처음 개발되었다. 또 1억 명 이상 가입한 세계 점유율 1위의 ICQ 메신저 역시 이스라엘 컴퓨터 담당 군인들이 상관에게 들키지 않고 대화를 나누기 위해 처음 만들었던 것이다. 이스라엘 군대에 들어가서 3년의 복무를 마칠 때면 당장 창업에 뛰어들만한 전문가가 된다. 이스라엘의 전기차 배터리 제조업체 '베터플레이'는 세계적으로 유명한 회사인데 이 회사의 창업자들은 모두 공군에서 배운 기술을 응용해 회사를 세웠다.

우리나라는 군복무 시간을 아까워하며 어떻게 하든지 가지 않으려고 한다. 그러나 이스라엘에서 군복무는 가지 않으면 손해가 되는 곳이다. 우리 군대도 이렇게 창의적으로 바꾸어야 한다. 이스라엘이 세계 최고의 IT 국가로 성장한 가장 큰 원동력은 이스라엘의 군대다.

이스라엘 군대의 탈피오트 군 복무 프로그램은 이스라엘 젊은이에게 가장 인기가 높다. 탈피오트에 들어가려고 열심이다. 선발방식은 매우 까다롭다. 전국 고등학교 졸업자를 대상으로 시험을 치른 후 1만 명의 1차 합격자를 선정하고 다시 150~200명의 2차 합격자를 대상으로 2일간 집중 시험을 치른다. 그리고 최종후보로 50여명이 남는다. 이렇게 합격한 최종 합격자는 40개월 동안 히브리 대학의 물리학과·수학과·컴퓨터공학과에서 집중적으로 공부해 학사학위를 받고 대학 졸업 후에는 장교로 임관돼 6년간 의무적으로 국방관련 연구개발을 수행한다.

이것은 우리나라 학군단과 비슷한 제도지만 질적인 면에서 차원이 다르다. 현재 탈피오트를 통해 700여 명의 인재가 배출됐다. 이러한 인재들은 실제로 군 복무 후 대개 IT 관련 벤처기업을 창업해 이스라엘의 IT 산업을 이끄는 원동력이 되고 있다. 고등학교를 졸업해서 군대와 대학과 사회 진출로 이어지는 원스톱 국가 교육시스템은 탁월하다.

우리나라는 개인의 노력으로 공부를 해야 하지만 이스라엘은 정부가 집중적으로 모든 인재를 총괄하여 육성한다. 이렇게 훈련된 인재는 개인뿐 아니라 나라와 민족을 위해서 사용된다. 우리나라도 이스라엘처럼 IT 산업으로 세계에 알려졌지만 우리나라는 기업이 중심이 되어 특별한 사람들에게만 혜택이 가는 그런 구조다. 같은 혜택을 받지 못하는 불공평한 구조를 안고 있고 그것은 민족과 나라에 기여하기보다는 개인적인 성공에 머무는 한계를 지니고 있다. 다른 나라에 비교하여 약점이라 할 수 있는 군대시스템을 오히려 창의적인 방법으로 적용하여 성공한 이스라엘의 군대시스템은 오늘날 우리나라에게도 적용해 볼만한 교육 프로그램이다.

Tips 탈무드식 한국인 교육법

우리나라는 분단의 특수한 상황으로 의무 징병제도를 유지하고 있다. 그동안 한국의 군대는 젊은이들의 미래의 발목을 잡는 걸림돌로 인식되어 가능한 군대를 가지 않으려고 했다. 고등학교를 졸업하면 늘 군대가 걸림돌이었다. 특히 상류층이나 지도층은 어떻게 해서든지 군대를 면제 받으려고 노력을 했다. 그것은 군대의 폐쇄적인 시스템과 낡은 모습 때문이다. 대부분 군대를 인생을 허비하는 기간으로 생각하다 보니 복무기간도 점차 줄어들고 있다.

그러나 생각을 바꾸어 어차피 군대를 없앨 수 없는 우리나라 상황이라면 이스라엘처럼 군대를 창의적인 시스템으로 전환하여 전문적인 지식과 기술을 익히는 교육과정으로 개편할 필요가 있다. 이것을 잘 구상하면 엄청난 인재 풀이 만들어지는 획기적인 정책이 될 수 있다.

우리나라는 지금 모두가 대학에 목을 매고 있다. 나라 교육정책이 대학에 끌려가면서 국가교육이 혼선을 빚고 수십 년 동안 방향을 잡지 못하고 있다. 서구적인 교육 시스템이 우리와 맞지 않는 것은 군대라는 특수한 상황과 연결되었기 때문이다. 이런 점에서 우리와 비슷한 이스라엘의 군대 교육시스템을 진지하게 검토할 필요가 있다.

의무교육으로 되어 있는 중학교까지는 영성과 인성과 성품과 교양을 갖추는 기초교육 기간으로 삼으면 좋을 것이다. 그리고 군대에서는 국가가 주도한 전문적인 교육을 통해 자기의 강점을 찾는 교육을 함께 한다면 모든 국민이 확고한 국가관과 아울러 개인의 능력을 높은 수준으로 올리는 기회가 된다. 이렇게 되면 지금의 대학입시 위주 교육에서 벗어날 수 있고 모든 국민이 공평하게 고등학교 때까지 인문학적 소양과 교양적인 부분에서 충분한 기초 교육이 이루어질 수 있다. 여자도 군대 제도를 도입하여 전투분과가 아닌 여자에 맞는 분야에서 자기 강점을 살리는 기회로 삼을 수 있다.

이것은 지금의 입시위주의 학교 공부를 인재를 만드는 교육으로 전환할 수 있는 아주 좋은 제도로 생각된다. 군대에서 이런 충분한 교육을 한다면 모두가 대학을 가는 상황은 생기지 않을 것이다. 나중에 개인적인 선택에 따라 대학을 가서 더 공부하든지 아니면 자기 일을 찾아 직장을 다니든지 창업을 할 수 있다. 이렇게 하면 국가적으로 창의적 인재를 배출하는 시스템이 가능하다고 생각된다.

우리나라 교육의 가장 큰 문제점으로 대두되는 인성 교육도 이런 군대시스템에서 충분히 보완될 수 있다. 그동안 우리는 사람이 되려면 군대를 갔다 와야 한다는 말을 자주한다. 그것은 인성 교육의 전당으로 군대가 적당하다는 것을 의미한다. 그동안 가지고 있던 우리나라 군대의 강점을 살리고 문제점을 보완하면 충분히 창의적인 인재를 전국가적으로 키울 수 있는 좋은 방안이 될 수 있다. 군대를 단순히 전투를 위해 준비하는 비생산적인 조직에서 벗어나 새로운 융합을 이루고 전인을 교육하는 공기관으로 생각하면서 구조를 만들면 그 효과는 대단히 클 것이다. 이것은 국가 경제의 많은 부분을 차지하는 국방비와 교육비 예산을 창의적으로 사용할 수 있는 획기적인 방안이다. 이와 연관해서 생각해 볼 때 전국에 산재해 있는 교도소들 역시 이런 창의적인 발상으로 운영방식을 전환하면 사회 부적응자들이 오히려 창의적인 인재로 거듭나는 좋은 기회가 될 수도 있다.

절기축제 :
과거와 현재와 미래를 잇는 창의현장

유대인들은 축제와 함께 하는 민족이다. 그들의 삶을 보면 축제와 긴밀하게 연관이 되어 있다. 축제 없이는 유대인을 생각할 수 없을 정도로 축제는 유대인에게 중요하다. 유대인의 성공과 실패는 축제에서 이루어진다고 해도 과언이 아니다. 역사적으로 이스라엘은 절기와 축제를 얼마나 바르게 잘 지키느냐에 따라 그들의 운명이 결정되었다. 흔히 축제하면 세속적인 춤과 오락을 즐기는 것으로 이해를 하지만 유대인의 축제는 역사와 민족과 연관이 있다. 유대인의 축제는 브라질의 카니발 축제 같은 모습과는 전혀 다르다.

세계에서 가장 열정적인 축제를 꼽으라면 단연 브라질의 리우 카니발이다. 카니발은 본래 금욕 기간인 사순절이 시작되기 전에 가지는 기독교문화권의 공통된 축제로 포르투갈을 통해서 들어온 가톨릭 문화와 본래의 라틴 전통, 브라질 흑인 노예문화가 서로 합쳐진 것으로 추측된다. 노예로 끌려온 흑인들도 이 기간 동안만은 자유가 허용됐다. 이런 축제를 통해서 광란적인 춤을 추며 그동안 쌓였던 울분과 고통을 잊으려 했다. 브라질의 카니발 축제는 억눌림과 욕망을 분출하는 의미에서 육체적인 즐거움에 초점을 두고 있다. 지금은 세계적인 축제로 자리 잡았지만 오히려 성적 문란함을 조장하는 문제 등으로 논란을 빚고 있다. 세계적으로 유명한 축제로는 브라질의 카니발을 비롯하여 스페인의 투우축제와 토마토축제, 네덜란드의 오렌지 축제 등을 들 수 있다.

축제는 개인 또는 공동체에 특별한 의미가 있거나 결속력을 주는 사건이나 시기를 기념하여 의식을 행하는 행위다. 축제를 즐기는 모습을 보면 그 나라와 민족의 정체성을 알 수 있다. 세속적인 축제는 주로 이벤트나 행사를 통해 이루어지지만 품격 있는 축제는 명절을 통해 자손대대로 이루어지는 특징이 있다. 축제를 통하여 가족과 이웃과 민족이 하나가 되며 자신의 역사를 반추하는 발전적인 축제의 성격을 띠고 있다. 유대인의 축제가 다른 나라와 다른 점은 이런 요소를 그대로 지니고 있다는 점이다.

유대인은 가정이나 학교에서 명절을 중시한다. 명절은 그 나라의 전통과 역사가 스며들어 있다. 유대인은 구약성경에 나오는 명절을 기본적으로 따라 지킨다. 그리고 자신들의 역사와 관계있는 절기와 기념일을 축제로 지킨다. 유대인의 축제는 대부분 민족 수난과 관련이 있다. 고난을 승화시키는 의미에서 절기와 축제를 지킨다. 유대인은 명절을 지키면서 자녀교육의 기회로 삼는다. 선조들의 혼을 간직하고 유대인으로서 긍지를 가슴에 품는 기회로 삼는다. 유대인의 절기는 가족이 중심이 되면서 아울러 전국민이 함께 하는 축제의 성격을 띠고 있다. 사실 유대인은 안식과 축제를 매주 지키고 있는 민족으로 유명하다. 아마 이들처럼 축제적인 삶을 사는 사람들은 드물 것이다. 매주 하루를 쉬는 날로 정해서 축제를 즐기고 있다. 일하기 위해서 사는 것이 아니고 쉬기 위해서 사는 것임을 그들은 매주 재확인한다. 안식일을 통해 인생의 사는 목적을 잃어버리지 않는다. 살다 보면 인생 목적을 잃어버릴 수 있다. 물론 나중에 유대인은 안식일을 너무 강조한 나머지 사람보다 우위에 두는 우를 범하기도 했다.

축제는 주로 명절을 통해 이루어진다. 유대인의 축제는 크게 세 가지 기본적인 틀이 있다. 이스라엘은 성경의 지침에 따라 매주 안식일을 지키고, 7년마다 안식년을 지키고, 50년마다 희년을 지키도록 가르치고 있다. 그리고 1년의 기간에는 다양한 절기들이 있다. 일 년 중에 3대 절기는 유월절, 칠칠절, 초막절이다. 민족적으로 지키는 절기는 대속죄일(욤키파), 하누카, 부림절 등이 있다.

유대인은 절기를 통하여 하나님의 은혜를 기억하고 감사하며 자신의 죄를 회개하고 그것을 나누는 의미에서 마지막에는 축제를 즐긴다. 유대인의 절기와 축제는 과거의 반성과 교훈을 되새기는 역사의식이 포함되었다. 과거만 있는 것이 아니고 미래를 다시 다짐하며 기억하는 의미가 있을 뿐 아니라 그것을 현재의 삶에서 즐기는 축제가 함께 연결된다. 유대인이 지키는 축제와 절기는 철저히 과거와 미래와 현재를 통합하는 의미를 지니고 있다. 유대인은 축제를 통하여 새로운 창의를 이루는 시간을 삼는다. 이런 축제를 통하여 가족과 온 국민이 함께 그동안 생각하지 못했던 창조적인 발상을 하고 재창조(re-creation)를 이루어낸다. 축제처럼 창조적인 발상을 하기 좋은 때는 없다. 매년 축제를 즐기면서 우리는 새로운 발상을 하고 그런 세계를 꿈꾸는 효과가 있다. 특히 고난과 어려움이 닥칠수록 축제는 더 필요하고 축제를 통하여 새롭게 일어나는 원동력이 되고 있다.

유대인이 축제를 지키는 모습은 이스라엘에 가면 볼 수 있다. 안식일에는 거리가 한산하고 차도 다니지 않는다. 쉼을 통해 가정에서 조용히 축제를 즐기는 모습을 매주 볼 수 있다. 대속죄일(욤키파)에는 모든 거리가 완전히 철시하면서 참회와 회개의 시간을 갖는다.

유월절은 모세가 이집트에서 노예 생활하던 민족을 이끌고 출애굽한 것을 기념하는 절기로 누룩 없는 빵을 먹고 쓴 나물과 소금물을 먹으면서 그날의 고난을 기념한다.

초막절에는 초막을 집안마당에 짓고 일주일간 생활하면서 축제를 즐긴다. 이것을 통해 이스라엘 조상이 40년 동안 광야에서 생활한 것을 기념한다. 그것을 자녀에게 몸으로 직접 체험하면서 역사를 공부한다. 이때는 아무리 부자라 해도 나무로 얼기설기 가족들이 만든 초라한 움막에서 일주일간 생활한다.

하누카 절기는 유대인들이 자신들의 성전을 되찾은 해방의 날로 기적이 일어난 것을 기념하여 집집마다 촛불을 8일 동안 밝히고 부침개 비슷한 음식을 먹는다.

얼바인 주변의 모습

새해 명절은 '로쉬 하샤나'라고 불리는데 그들은 이날에 생선의 머리를 먹는다. 생선의 머리를 먹는 것은 어디서든지 머리가 되라는 의미다. 그리고 사과에 꿀을 발라 먹는다. 그것은 꿀처럼 달콤한 새해가 되라는 뜻이다. 이날은 새해가 시작되는 날이기에 아무 일도 하지 않고 쉬면서 지난 1년을 결산하고 새로운 해를 설계한다.

부림절은 회당에 모여서 에스더 이야기를 꾸민 촌극을 하면서 온 가족이 축제를 즐긴다. 이렇게 보면 유대인은 두 달에 한 번 정도는 큰 절기와 축제를 지낸다.

유대인은 전통을 중요하게 생각한다. 그것은 절기와 축제로 자손 대대로 이어져 내려오고 그것을 간직하고 있다. 유대인이 5천년의 장구한 역사와 전통을 잃어버리지 않고 그대로 보존할 수 있었던 것은 절기가 그 역할을 했다. 직접 보고 느끼고 경험하면서 자자손손 내려오는 유대인의 전통은 지금의 유대인을 강하게 만드는 비결이다.

유대인의 이런 절기는 이스라엘 뿐 아니라 전 세계에 흩어진 유대인 공동체에서 동일하게 지켜지고 있다. 유대인의 절기와 축제는 전 세계에 흩어져 있는 유대인을 하나로 묶는 역할을 하고 있다. 탈무드는 "전통의 의미를 생각하지 않는 사람은 다른 사람에게 손을 잡혀 길 안내를 받고 있는 장님과 같다."고 말한다. 유대인은 전통을 통해서 사회의 통합을 이룬다. 과거의 유산을 통해 현재를 새롭게 만드는 합리적인 사고를 이루는 것이다. 선진국을 보면 한결같은 특징이 있는데 전통을 소중하게 생각한다는 점이다. 미국 · 스위스 · 캐나다 · 영국 · 스웨덴 · 노르웨이 · 캐나다 등 모두 전통을 통해 그들의 역사를 이어가고 있다.

과거의 역사와 전통은 수직적인 면이다. 이것을 수평적으로 오늘날에 연결하고 미래를 향해 나가는 통합의 자리가 바로 축제다. 전통 축제를 통하여 우리는 민족과 나라와 세계가 하나 되는 비전을 꿈꾸게 된다. 재창조는 축제를 통하여 모두가 함께 소통하고 나누고 현재를 즐기는 삶속에서 일어난다. 그래서 레크레이션(recreation)은 즐거운 창조의 시간이다. 미츠바, 성인식, 결혼식, 명절과 절기 등 유대인의 모든 행사는 모두가 함께 어울려 춤을 추며 축제를 즐기는 모습으로 마무리된다. 남녀노소가 함께 손을 잡고 기쁨에 겨운 표정으로 춤추고 노래하는 모습은 유대인의 삶의 목표가 어디에 있는지 상징적으로 보여준다.

Tips 탈무드식 한국인 교육법

한국인은 OECD 국가 중에서 일을 가장 많이 하는 나라로 알려져 있다. 한국인은 일중독자가 많다. 60년 전에 가난하고 못살던 시절을 탈피하려고 오직 일에만 매달리다 보니까 이렇게 된 것일 수도 있다. 물질과 경제성장만을 추구하면서 생긴 부작용이다.

현재를 즐길 수 없으면 과거도 없고 미래도 없다. 즐기는 삶이 없다면 그것은 죽은 인생이다. 아무리 힘들어도 그 속에서 웃음을 잃지 말아야 한다. 고난 속에서도 노래를 부를 수 있어야 한다. 그것은 하루가 축제가 되어야 함을 의미한다. 어차피 시간이 지나면 죽는다. 모든 것이 사라진다. 일 때문이 아닌 즐거움을 위해서 인생이 존재한다. 그것은 나와 이웃이 같이 즐거워하는 것이다. 일을 하는 것도 결국 쉼을 갖기 위해서 하는 것이다. 평생 쉼을 갖지 못한다면 그 인생은 잘못 산 것이다. 이것을 위해 오늘 어려운 순간에도 명절을 즐기고 축제를 즐기는 삶이 될 수 있어야 한다.

한국사회는 전통적으로 흥이 넘치는 신나는 민족이었다. 그런데 언제부터인가 흥을 잃어버렸고 국민이 함께 즐기는 축제가 사라졌다. 그것은 일제 식민지 시대가 만든 결과이기도 하다. 전통과 역사 축제를 상실하고 지금은 이벤트 축제만 많이 있다. 이웃과 함께 어울려 축제를 즐기는 것이 아닌 이벤트를 구경하는 수동적인 축제가 대부분이다. 우리나라 축제 전문가 의견에 의하면 우리나라에 일 년에 벌어지는 축제가 대략 1,000여개가 된다고 한다. 그러나 그것들은 나와 상관없는 지역과 향토 이벤트 축제가 대부분이다.

전 국민이 함께 즐기고 가족과 온 세대가 같이 나눌 수 있는 축제가 필요하다.

한 지역의 마을 축제로만 머물지 말고 전 국민적으로 함께 할 수 있는 그런 절기와 명절 축제가 시급하다. 물론 우리나라의 전통 고유 명절인 설과 추석이 그나마 명맥을 이어가고 있지만 귀성전쟁으로 제대로 명절을 축제로 승화시키지 못하고 있다. 자손대대로 이어가는 전통의식이 요즈음 자녀와 젊은이들에게 희미한 것은 이런 전통 문화를 제대로 육성하지 못한 결과다. 이것을 이루기 위해서는 명절이 적어도 일주일 정도는 되어야 민족적인 축제로 자리매김을 할 수 있다.

이것이 힘든 것은 아직 명절과 축제의 가치를 잘 인식하지 못해서다. 단기적으로 기업가들은 노동력이 줄어든다는 이유로 반대하지만 길게 보면 역사와 전통을 지키고 쉼과 축제를 통하여 새로운 창조를 이루는 시간이라는 점을 생각해 볼 필요가 있다.

그리고 3.1절, 4.19 혁명, 5.18 민주화 운동, 6.25 전쟁, 8.15 광복절과 같은 국가적인 기념일을 그냥 휴일로만 생각하지 말고 역사와 전통을 이어가고 과거를 반추하며 새로운 미래로 나아가는 방향으로 국민적 기념일과 축제가 되도록 방안을 강구하는 지혜가 필요하다.

특히 다음 세대를 이어가는 의미에서 보면 매우 중요한 일이다. 한국적인 전통과 역사를 통해서 새로운 창의력을 이루는 면에서도 하루 빨리 강구해야 할 일이다.

에필로그 | **깨달았다면 지금 무조건 시작하라!**

> 어떻게 살아야 옳고 훌륭한 삶인가 말하는 것도 물론 중요하지만 그것을 실천하는 것이 더욱 중요하다.
> —탈무드

우리 속담에 '구슬이 서 말이라도 꿰어야 보배'라는 말이 있다. 아무리 좋은 유대인 자녀교육에 대한 책을 읽고 깨달았다 해도 실천하지 못하면 아무 소용이 없다. 이 책을 통해 필자는 왜 유대인 교육이 필요하며, 어떻게 하면 유대인 교육을 우리에게 적용할 수 있는지 구체적인 방법들과 적용점을 다양하게 제시했다.

이렇게 오래 검증된 자녀교육법은 세상 어디에도 없다. 게다가 이처럼 우리 동양적인 한국문화에 맞는 교육방법도 드물다. 그렇다면 이 책을 덮는 순간 더 이상 망설이지 말고 지금까지 읽은 내용을 실천하라. 당장 실천 가능한 단순하고 쉬운 방법부터 하나씩 찾아 실행하는 일이 중요하다.

필자는 그동안 수없이 유대인 자녀교육과 탈무드 공부법에 대한 강의를 했다. 강의를 듣는 분은 필자가 느꼈던 것처럼 대부분 정말 좋은 교육법이라고 말한다. 이대로만 할 수 있으면 우리 자녀도 잘 키울 수 있다는 믿음이 생겼다고 생각하지만, 막상 현실로 돌아가면 바쁜 일에 묻혀 어느 순간에 잊어버리고 시간을 한참 흘려보내는 경우가 많다. 여전히 생각만 하고 실천은 하지 못하는 것이다.

예를 들면 강의를 마치며 "이제부터 매주 가정의 날을 정하여 온 가족이 모여서 이번 주부터 밥상머리 교육을 실천합시다." 또는 "오늘부터 침상머리에서 자녀가 잠들기 전에 이야기를 하나씩 꼭 들려주도록 합시다."라고 말하면 모두가 동의하지만 그것을 직접 실천하는 사람은 아주 드물다.

필자는 15년 전에 유대인 가정 안식일의 중요성을 깨닫고 가정의 날을 정하여 밥상머리 시간을 온가족이 실천하여 지금까지 행해오고 있다. 이제는 하나의 가족생활로 자리 잡았다. 물론 가정 안식일의 시간을 가짐으로 가정과 자녀와 부부간에 많은 축복을 받았다.

이 책을 읽고 깨달은 내용이 있으면 미루지 말고 즉시 실행하자. 실천하지 못한 것은 죽은 것이다. 우선 부부가 마음을 모아 이 책의 매뉴얼 중에 할 수 있는 것부터 하나씩 실행해보자. 바보는 항상 결심만 한다. 바보 같은 게으른 부모가 되지 말고 지금 시작하자. 자녀교육에 헌신할 시간이 그렇게 많지 않다. 0~15세 시기는 한 순간에 지나가 버린다. 귀중한 자녀교육의 방향을 알았다면 이것에 감사하고 즉시 계획을 세워 이번 주부터 시작하자.

모든 핑계를 접어두고 일단 시작하라. 더 이상 우물쭈물하지 말고 깨달은 내용을 지금 당장 실천하라. 제일 적당한 때는 나중이 아닌 바로 지금이다. 시작할 때는 큰 것이 아닌 작은 것을 찾아 할 수 있는 일부터 시작하라. 그러면 크게 이루게 된다.

가능한 데드라인을 설정하라. 배수진을 치고 시작하는 것이다. 부부가 원칙과 규칙을 정하고 그것을 지키기 위해서 체크리스트를 눈에 보이는 곳에 크게 써 붙여라. 그리고 하나씩 실천 스티커를 붙여 나가라. 실행하는 순간 우리 가정에 놀라운 기적이 일어날 것이다. 가능한 자녀교육의 원칙과 실천 방법을 공개적으로 선언하라. 벽에 크게 붙여서 온 가족이 누구나 보게 하라.

그렇게 되면 어쩔 수 없이 하게 된다. 한번 해보자 하는 식이 아닌 가능한 아주 절박한 이유를 찾아내면 더욱 좋다. 처음 1년의 습관이 고비다. 적어도 1년은 한번 버텨 보자는 오기를 갖고 결과에 너무 의식하지 말고 무조건 한번 실행하는 것이 가장 중요하다. 시작이 반이라고 하지 않는가?

유대인의 탈무드식 자녀교육의 실천을 도와주는
자녀교육 부모 세미나

가진 것 없어도 좋은 자녀로 키울 수 있는 유대인 탈무드식 자녀교육을 위한 자녀교육 부모 세미나로 그동안 아무도 알려주지 않았던 유대인 자녀교육법을 소개합니다. 자손대대로 물려줄 수 있는 자녀교육법을 실제적으로 적용할 수 있습니다.

개 설 반	중요 강의 내용
유대인탈무드 자녀교육법 오후 2:00~3:20	- 왜 유대인교육인가? - 자녀교육 로드맵 - 유대인 탈무드식 자녀교육법 이론과 실제
하브루타 지혜공부법 오후 3:40~5:00	- 부모와 자녀 하브루타 - 0.2% 유대인 공부법 - 탈무드식 평생 자기 주도적 공부
018 예즈덤 자녀교육 오후 7:00~8:30	- 6성교육, 전인형 자녀교육 커리큘럼 - 0~3세, 4~6세, 7~12세, 13~18세 교육법 - 탈무드교육과 예즈덤교육

(각반 선택 수강 가능)

- ●대 상 : 부모, 조부모, 예비부모, 교육 지도자
- ●일 시 : 매주일 목요일 (일정과 내용은 예즈덤 (http://cafe.naver.com/je66) 카페 공지)
- ●강 사 : 이대희 목사 (《유대인의 탈무드식 자녀교육법》 저자)
- ●장 소 : 예즈덤교육원 (송파구 가락시장역 3호선·8호선 3번 출구)
- ●신청 문의 : 02-403-0196 / 010-2731-9078